U0111574

習練太極拳之

見聞與體悟

陳惠良 著

余小華 敬題

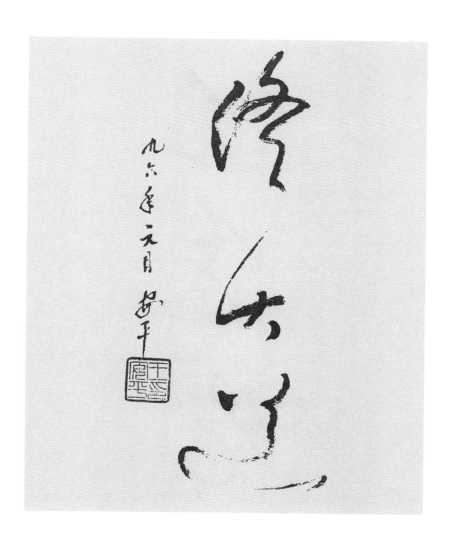

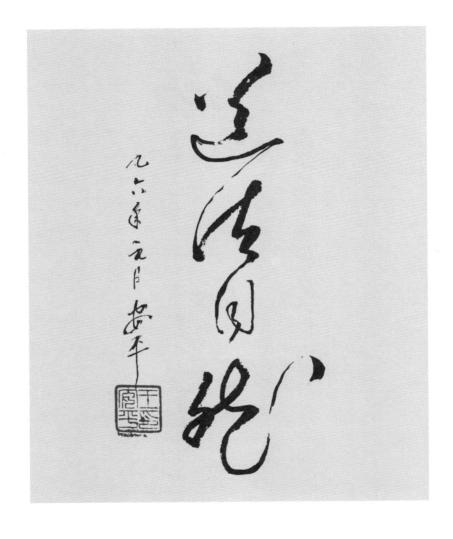

廣採百花釀蜜甜

郝懷木 [①]

　　由衷地高興，陳惠良老師終於將多年來發表的一篇篇有關太極拳的見聞與體悟彙集成冊了！成書前，他邀請我寫序言，我毫不猶豫，欣然答應了。因為他是我忘年之交的良師益友。

　　他比我年長 16 歲，對太極拳共同的愛好使我們深交至今。三十多年前，我們相識於紫竹院公園我老師楊家倉的拳場，當時我剛剛拜師學藝、跨入太極拳學門檻，而他已有二十多年太極拳的修為和功底，此前，他曾師從吳老（圖南）學習太極拳。

　　按說他比我們要長一輩，但接觸中他從不以師長輩分自居，總是恭謙待人，不但十分敬重我老師，稱呼「楊師哥」，就連我老師的教學方法和對我們的要求，也相當珍視，並對初學者，發自內心地從旁及時給予幫助和指點。特別令人難忘的是，他心懷坦蕩，樂於助人，總是根據不同的對象，結合自己的體悟，抓住要點，掰開了、揉碎了給予具體而又透徹的講述，使我們後學者受益匪淺。

　　作者在其《自序》裡自謙是太極拳的業餘愛好者，因為他的專業工作是話劇表演藝術。他是解放軍總政文工團

────────────

① 作者係國家體育總局武術運動管理中心原社會武術部部長。

21 世紀初，筆者（右）引領本書作者登門拜見徐才（中）

話劇團國家一級演員，從藝 40 年，在舞台、銀幕、銀屏上成功地塑造過眾多不同類型的角色形象。當人們問起這方面的情況，他總是非常低調地一帶而過。

我雖也是軍人出身，但他比我軍齡長、資格老，屬於首長級別，然而他待人接物總是平易近人，以戰友之名與我平等相處，令人既感且佩。

後來我轉業到國家體委武術研究院工作。在中國武協主席徐才和北京市武協主席劉哲的關懷支持下，為發揚光大太極拳事業，北京市武術協會批准成立了「吳圖南武術思想研究社」，吳圖南先生的入室弟子，我的師父楊家倉任第一任社長，陳惠良、張國健、黃震寰等幾位老師任副社長，我任第一任秘書長，後任副社長和常務副社長等職務至今。一晃二十多年了，雖是民間社團組織，但也免不了出現些是是非非、溝溝坎坎的事情。在密切的交往和實際工作中，我發現陳惠良老師優點很多，且具有鮮明的個性特徵。最突出一點是為人處世實事求是、剛正不阿，一

就是一，二就是二，有一種武術家們所秉承的以民族和國家利益為重的「一身正氣」。

常言道，文如其人。我在動筆之前，系統地拜讀了他的全部文稿，有些篇章著實令我愛不釋手。總的感受是，這是一本十分難得的好書，一旦面世，必將受到國內外廣大太極拳愛好者的喜愛，並像我一樣猶如面對一個打開了的百寶箱，確切地說，更像是品嚐到廣採百花釀就的一罐甘甜的蜜汁，從中汲取到自己所需的營養，找到自己練拳中遇到的疑難問題的答案。

此外，由於作者直爽、真誠的品性，部分內容也針對太極拳運動中存在的時弊，直抒己見，大膽地對政府管理部門提出一些建議。我作為國家體育總局原武術、太極拳及氣功專業管理部門的管理者，讀到這部分文章時，感到作者關心太極拳運動健康發展的拳拳之心，十分難能可貴。總之，我之所以讚賞這本書、比喻它為國內外太極拳愛好者的「百寶箱」或曰「蜜罐」，緣由如下：

此書所記人、事及景，皆作者親身經歷，屬紀實作品，其史料性及真實性決定了它具有很高的借鑑價值、實用價值和科研價值。書中自始至終洋溢著作者一貫的實事求是風格和好學深思、勇於解剖自己的可貴人品，使人讀起來倍感親切、獲益良多。

請看作者在本書《自序》中是如何「勇敢地挑戰自我」的吧。作者寫道：「回顧自己半個多世紀以來練習武術和太極拳的歷程，初始階段，由於對中華武術的無知，更對太極拳缺乏正確的認識，光從技術層面上看到它神奇的技擊效能，而忽略了它不同於其他拳種的個性特點，加

之好高騖遠、急於求成，雖有明師指點，也把『真言』『忠告』當作了耳旁風，因此走了相當長的一段彎路。」我以為這與其說是陳惠良老師的個人經驗談，不如說是一位已步入耄耋之年閱歷豐富的太極拳痴迷者、研究者奉獻給所有太極拳愛好者，尤其是年輕一代太極拳練習者的金玉良言和極具參考價值的一份厚禮！

此書涉及當代太極拳發展運動的時空範疇之廣，實不多見。從時間上說，作者現年已是 84 歲高齡，書中內容是從 20 世紀 50 年代初大學畢業來到北京當演員時業餘愛好並學練太極拳說起，直到現今仍堅持不懈，天天練習，整整半個多世紀（實際上已經 60 年了）。他的夫人萬世蓮也是部隊的一位藝術教育工作者，兩人婚後育有一男一女，因陳惠良老師過分迷戀太極拳而顧不上家務，萬老師曾一時氣惱地說：「你乾脆跟太極拳結婚好了，還要這個家幹什麼！」痴迷的程度可見一斑。

如作者所說：一有時間，就忘掉一切，東奔西走，上下求索，甚至到外地演出或拍片，得空也不忘對當地的名家、前輩進行走訪或拜見。如北京的高瑞周、徐致一、吳圖南、高子英、姚宗勳、楊禹廷、王兆基、劉晚蒼、汪永泉、朱懷

溫馨的四口之家（和妻子萬世蓮及兒子、女兒）

元、安聲遠、曹震陽和上海的馬岳梁、吳英華、王首先以及天津的吳寶昌，濟南的洪均生等。改革開放後，他正式拜在吳式太極拳著名武術家王培生和遠居江西的中華渾圓功創始人王安平老師門下，成為他們的入室弟子。陳惠良先生篤信「好記性不如爛筆頭」，無論專業工作或業餘愛好，幾十年如一日，他紙筆隨身帶，遇事記下來。每一次拜訪名家、高人，都隨時記下點什麼，並在訪問後及時追記整理。幾十年來，這類實況筆記疊起來有兩大摞，好幾十本。僅從本書彙編的四十多篇文章中就可以看出，他發表的許多文章，大多引經據典，或旁徵博引著名武術、太極拳名家的原話，有理有據，極具說服力。不僅如此，他還透過自己的體悟和感受，把一些深奧難懂的理論、學術性觀點表述得清清楚楚，深入淺出，通俗易懂，實乃一項弘揚太極文化艱巨而又龐大的重要工程。此書還有一個很可貴的特點，是作者沒有把視線只盯在名家（明師）身上，而是十分注重實踐先賢的教誨：「道之所存，師之所存」「三人行必有我師焉，擇其善者而從之」「見賢思齊」「勝人者智，勝己者強」「天行健，君子自強不息」……在日常生活中，他好學慎思，留心收集一切有關太極拳學的珍貴資料。武術、太極拳原本就是植根於民間，來源於民間。許多珍貴的東西深藏於民間，散落在一些名師傳人或並不出名或根本就視名利如糞土的民間武術家、太極拳家手中。作者抱著十分恭敬和謙卑的態度，向他們虛心求教，瞭解他們寶貴的習練方法和教學經驗，諸如楊家倉、李璉、王洪鄂、張全亮、高壯飛、朱春煊、張國建、張子辰（石明）、陳耀庭、崔景林等人。

　　值得關注的是，在書後附錄部分，收編了陳老師愛子陳易合（陳剛）的幾篇文章。易合受家庭的影響，自幼接觸武術，並奉父命先後拜吳老（圖南）的嫡傳徒孫李璉和王培生的嫡傳徒孫王洪鄂為師，刻苦修練，繼承道統。1999 年 10 月，赴法學習，隻身在異國他鄉，課餘練功不輟，唯靠「自強、自立、自尊、自愛」，傳授太極拳，並積極參加巴黎的各項武術交流活動，不但把中華「瑰寶」——太極拳，帶到國外，傳授技藝，更能把太極拳上升到「拳以載道」「拳與道合」「道技並重」「內外兼修」的高度加以弘揚，他在以太極拳為切入點弘揚中國傳統文化方面，開創了自己的一片小天地，並得到從學者和法國政府有關方面的認可和歡迎，為增進中法人民之間的瞭解和友誼，為使太極拳造福全人類，實現前人「太極拳源於中國，屬於全世界」的夢想，做出了積極的努力。不能不說這是後繼者所做的、可喜可讚的意義深遠的一件事！

　　書中部分內容涉及武術、太極拳的組織比賽和行政管理方面的議題，有許多建設性意見，切中時弊。筆者認為對政府加強和改善對武術、太極拳的管理有很高的參考價值。比如《太極「凌空勁」辨析》《當前太極拳推手運動的現狀與思考》等篇章，都以實事求是的態度，不隨波逐流，不人云亦云，坦誠地闡述了自己的見解。如此高尚情操，令人敬仰。

　　祝願武術、太極拳之光永照人間！

初稿寫於 2015 年 1 月 28 日北京通州拉維小鎮寓所
修改於 2015 年 2 月 5 日

目錄

名師引路

「樁法為始」，養基立本

吳圖南傳系

王培生傳系

體悟走架與推手

太極拳與健康

附錄‧家道有傳人

的認識，忽略了它不同於其他拳種的個性特點。

有一位師哥曾坦誠地跟我說：「轉益多師固然好，但必須先精通一門，你現在太極拳只沾點邊，還沒入門……」言下之意就是別滿世界瞎撲騰了，還是把心收回來一心一意學太極拳吧。

這些話，曾讓我感到很委屈，苦惱了很長時間，而之後所走的一段彎路，逐漸讓我認識到這位師哥的話，確實是對我大有裨益的金玉良言。

20世紀70年代中期，我聽一位拳友說起「太極樁」如何如何神奇，不但能增長功力，而且還能使你很快入門，當即到處打聽，總算瞭解到太極十三勢八門五步，即八種手法（勁別）、五種步法。

太極拳歷來有「一字樁」「川字樁」「馬步樁」，而這八種勁別，也是八個樁。那位拳友告訴我，這些知識他是得自在地壇教拳的孫德善老師，而孫德善的老師，就是楊式太極拳大家汪永泉（是位高人）的早期弟子之一。

後來又聽拳友祝大彤說，汪老教人時曾講，「你是船我是水，你是水我是石頭」以及「我站在那兒就是一把撐開的傘」，如此種種令人神往的話，讓人聽了真恨不得馬上能登門請教——但苦於沒有關係，只好等待時機。心裡真是急呀！

趕巧，這時又聽說北京吳式太極拳研究會會長——人稱「蓋地壇劉三爺」的劉晚蒼先生，應邀接待日本友人，給來賓說手時，太極勁兒輕靈活潑，運用得十分巧妙，令日本朋友非常佩服。因我是練吳式拳的，於是就興致勃勃地專程到地壇拜見劉三爺。果然名不虛傳，劉三爺是山東

大漢，身材魁梧，人很豪爽，不但功力很大，手上的擒拿技巧也相當熟練。每天既教拳械，也跟學生們挨個兒推手，基本上是車輪大戰，一個不落。

在劉老師的場子裡，我待了兩年多，收穫很多，還認識了我的良師益友陳耀庭。耀庭先生是杭州人，北京化工學院（今北京化工大學）的著名教授，中等身材，十分友善，總是笑嘻嘻的，是個十足的儒雅書生。他推手也相當儒雅，不愛使拙力，小勁兒特好，聽得敏銳，變化輕靈，他經常向我講解「用意不用力」，給我的印象最深。

後來在地壇，耀庭介紹我認識了余同和。余同和，別人都叫他「小余子」。閒談中，聽說他自打跟汪永泉老師早期的徒弟高占魁老師學習以後，功夫大長。我想，見不著汪老師，能見到高老師也不錯啊！於是就和耀庭商量，透過余同和與高老師聯繫上了。自此向高老師學習了兩年多的身形、手勢和一些楊式太極拳的內功。

高占魁老師身量不高，乾巴瘦，原先是楊澄浦的入室弟子閻月川的徒弟，閻老師逝世後復拜在汪老門下。他周身鬆得很好，內力也非常圓活。愛比畫，一般不教拳架，

年輕時的高占魁

只講身形、手勢，學歷不高，講起拳來很直白、很通俗。他常說：「關鍵在於鬆肩。」「肩不開，胯不開，從生到死都練不出來。」他的徒弟余同和的肩、肘就很活，兩隻胳膊像掛在肩膀頭上一樣。

高老師認為，「胳膊使勁，東西都拘在自己身上。沉肩就是鬆

肩，就是讓肩沒了」。他跟我打過一個比喻說：「丹田好比是水，胳膊就是水上漂浮著的船。根本沒肩什麼事。」為解決鬆肩、活肩的問題，我們學過「撕肩」，意想從大椎穴像撕布似的順兩肩往下撕；也練過兩手交叉相握，擱在腹前，用身軀的前後晃動來帶動肩、肘、手；甚至還在兩腋下夾一個球來體會身軀的晃動帶動肩、肘、手打出的那種冷彈、鬆沉的力道……那一陣雖然沒有學拳架，但在與高老師的接觸中，進一步加深了對胡樸安[1]前輩講的「鬆、固、凝」三字訣的理解。

所謂鬆，體要鬆；固，氣要固；凝，神要凝。總之，無非就是強調太極拳是內家拳，肢體動作固然重要，但更重要的是內功的要求。它由內達外、內外協調一致。而且是其根在腳，根起根落，有去有回。跟日常生活中人們的習慣幾乎完全相反。

為改變日常生活中的習慣，高老師讓我們周身放鬆，雙手放在齊胸高的櫃子上，意想兩掌沾著櫃子，不准用手推，而是「全憑心意用功夫」，蹬之於腳，用由腳到膝、到胯、到腰……節節貫串傳導到手上來的內勁，使櫃子移動。當然，櫃子如果太沉或太大，將會紋絲不動，但這並不重要，重要的是讓你仔細體會這個勁兒不是用手頭上的拙力（也可以說不是局部力）推的，而是「意想」蹬之於腳，由腳節節貫串傳導到手上來的一種整勁。光這個練習，我們就練了很久，似有所得。

---

[1] 胡樸安（1878—1947 年），安徽涇縣人，國學大師。太極拳得於陳微明。

汪永泉老師（前排左二）與弟子高占魁（後排中）等合影

此外，高老師還愛講許多前人不愛公開的論點，如：「球體」的論點、「中」與「藏中」的論點、「尾閭上手」的論點等。因學時基礎較差，體會不深，就不在此一一細說了。

在我和耀庭跟高老師學習過程中，自己心裡那個有朝一日能拜見汪永泉先生的念頭一直沒有泯滅。有一次聽拳友說：「趙紹琴大夫（汪老的摯友、東直門中醫院溫病專家）講，六月一日他要去汪老家，那天我們也可以去。」我聽了既興奮又矛盾，興奮的是「仰慕已久」，矛盾的是擔心弄不好不但傷了高老師的心，再落個「雞飛蛋打」，誰也不教我們了，那就太傷腦筋了！心緒交纏的結果還是沒有去。

到 1976 年秋，機會終於來了，我們總政話劇團在首都劇場公演話劇《萬水千山》，聽說汪老想看戲，我迅即

要了幾張票，請汪老和家人前來觀劇。那天演出結束後，我不等卸完妝，就懷著興奮和恭敬的心情，匆忙趕到台下看望汪老。

汪老端詳了我一下，和藹地對我說：「你在台上還有陰陽！」我顧不得細問指的是什麼，連連表示：「我跟高占魁老師學拳兩年多了。他人特好，但每次去，只講身形、手勢，不教架子，我一個人在家沒法練，想學學您教的架子，個人好練習。」

汪老聽後，毫不猶豫地當即表示：「喜歡就來吧。」從此，我幸運地成了汪老在建國門五號院中國社會科學院汽車庫前從學者當中的一員。

在我印象中，汪老非常重視起步的基礎。第一次到他家，他就問我：「知道太極拳運動與一般運動有什麼區別嗎？」我沒有立即回答。

他說：「運動，運動，運而後動，是太極拳鍛鍊的特點。一定要明白，是以什麼運的，身體四肢又是怎麼動起來的。」接著他諄諄告誡我，沒有規矩不成方圓，日常要按太極拳的規矩來練拳，明規矩、守規矩，而後是脫規矩、化規矩。規矩是什麼？規矩就是練功要領。

當即他就引用《十三勢行功心解》和《十三勢歌譜》中的兩句話「以心行氣，以氣運身」和「意氣君來骨肉臣」，問我練拳時對這兩句話有什麼體悟嗎？

慚愧得很，練拳多年，拳經拳論也看過不少遍，就連鄭曼青前輩在《鄭子十三篇》中講的「所謂以心行氣，以氣運身者，皆運而後動也。即猶電車汽船然，借氣之力，運之後動，與肢體及局部之動謂之為運動，則大相逕庭」

這些話我也能背誦，但結合實踐，認真深究練拳時有什麼體悟，一時還真難以作答。看來自己儘管練拳多年，仍然還只是在「沾點邊，不摸門」的階段。

汪老看我有些發愣，耐心地跟我講，「以心行氣」不是故意努氣，心意一動，也就是腦子一想，如何如何……接著他談到所謂「意氣君來骨肉臣」，就是後者聽命於前者，而且內裡的心意與外在的身體各部既有主從先後之別，又是協調一緻密不可分的，顯現的結果是一動無有不動，周身一家完整一氣。

談到我以前練完拳大汗淋漓，覺得口乾舌燥，似乎有些氣上不來，不願說話，汪老指出這是沒有按「運而後動」的法則鍛鍊的結果。

他告誡：「切記要按要領練，內氣催外形，得養；外形叫內氣，傷身。你口乾舌燥，似乎有些氣上不來，這是傷了氣。」他反覆強調「運動，運動，運而後動」這個特點千萬不能忘。

也就是說，太極拳必須注重內功修練，培養內氣，求得內氣充盈通暢，並使內氣與外形相配合，只有這樣才能達到祛病延年、強身健體的效果。

他認為，目前絕大多數人都是為養生而練的，即使有些人為掌握技擊的功夫而練，也必須在此基礎上（健康的體魄和充足的內氣），加練揉手技法及其他，到能夠「知己知彼」了，才談得上掌握太極拳的技擊本領。所以培養內氣，使內氣與外形相配合，這是根本。

跟汪老學了將近大半年，記得好像是 1977 年大年初四，我去給汪老拜年，汪老對我說：「昨天你老師（高占

魁）來了，他聽說你在我這兒學拳，雖然沒有說什麼，但你還是回到他那兒去吧，以後有機會再說……」汪老等於給我下了逐客令，我只好不情願地離開了汪老，心裡總感到很憋屈——學點東西真不容易！

其實，怪誰呀？主要怪自己，不懂人情事理，關係沒有處理好！記得後來高老師還讓耀庭來叫過我，由於經過這次挫折，加之參加拍電影，工作比較忙，有很長一段時間，我哪兒都沒有去！

到 20 世紀 70 年代末 80 年代初，王培生老師從外地返京，因為從 1956 年起我就耳聞他如何如何，十分仰慕。於是便與外語學院的周毅老師共同策劃組織人利用週日請王老師教吳式拳。

剛邀集了十七八個人，在開課前，忽然有四位拳友撤走了，後來才知道，他們認為石明先生（汪老的早期入室弟子朱懷元的徒弟）雖然名氣不大，但講的、教的從基本入手，通俗易懂，基礎淺的人容易學到，成效快，所以他們就跟石先生學去了。

開始我不以為然，但沒有想到，之後，也就是 3 年左右的光景，這幾個拳友一個個都功夫大長，比起以前在一起玩的拳友來高出了一大截，真是讓人既羨慕又苦惱。若從 50 年代初算起，我練拳也快 30 年了，功夫沒少下，老師也都不錯，自己怎麼就不得其門而入呢？

這時，還是我的良師益友楊家倉兄的一席話點醒了夢中人。家倉兄對我說：你練了這麼些年，身上有東西但用不上，確實還沒入門。比如 1974 年，你向楊禹廷楊老請教，楊老跟你說過「中心、重心，虛實要分清」，可你現

在整趟架子還是虛實不分，從頭到尾，「勁」「意」都攪和在一塊兒，這不行。應有虛有實，分得清清楚楚。

家倉兄還說：所謂虛，即是每一動起始、路線、運行的過程都是虛的（俗稱「虛運轉」）；所謂實，即是在動作到位的那一瞬間勁與意兩者合而為一，這就是「靜之則合」。而且此瞬間極為短暫，稍縱即逝，猶如木工釘釘子，釘之前，意擱在釘子上，眼瞄準釘子，鐵錘往後悠蕩試著要釘（這是「虛運轉」），只有當鐵錘擊中釘子的那一瞬間，勁與意才合而為一，叫靜之則合。分，是勁與意的分；合，是勁與意的合。「動之則分，靜之則合」，這是「太極」的事，不是「無極」的事。而「太極者無極而生」，意思不是無極之外另有一個太極存在，而是無極裡有個虛靈不昧的本體，那就是太極。正因為如此，若不知道無極，太極就無從談起。

記得當時家倉兄特別強調：「石明老師教學生先站好無極樁（先找到無極的那個狀態和感覺），作為習練太極拳的切入點，這是非常高明的。」

家倉兄的直言相告，讓我想了很多。自己進步不快，不是老師不教，也不是自己工夫下得少，更不是自己對拳的熱愛比別人差，主要是腦子笨、沒悟性。一些道理，徐致一老師、吳圖南老師、劉晚蒼老師、高占魁老師、汪永泉老師等很多前輩口頭或在其著作中，都有所涉及。

而在我從各種書籍報刊中所摘抄的學習筆記中，這樣的內容也很多，如張卓星在《太極拳的練拳要領》裡就談道：「太極拳在長期發展過程中，形成了一套獨特的系統和行功原則……一般人由於對太極拳缺乏科學的認識，或

前就有後，有上就有下」的原則。

（4）在王老師的心目中，太極拳是道，道無止境，功夫也無止境。不但有不同的層次，而且進階有級，循序漸進。所以在教學的最初階段，他著重從可抓撓的地方入手，先強調外三合以及內三合；此外還反覆強調「用哪兒不想哪兒」，全憑心意用功夫，在別處做功，達到「自然而動」（不是自主而動）的結果。

比如，以摟膝拗步第五動左掌下按和第六動右掌前按為例，王培生老師在傳授時提示我們：左掌下按，不是左掌著意往前下使力，是在前動左掌前按的基礎上，當對方用右腳向我踢來時，我以左掌食指為引導，用因別處作功，左掌自然產生的一種既鬆且沉的下按勁，對準其膝蓋骨往前下按去（個人練時，按至自己的右膝為止）。這個所謂的「別處做功」，即右腕鬆力，向上提至右耳旁，意想右虎口要貼上右耳門，接著鬆右肩墜右肘，兩眼注視左食指指尖，重心在右腿，意在左肩。此動是左掌順勢去下按對方的膝蓋，待機而發。

第六動右掌前按，是在前動左掌下按的基礎上，因對方一腳踢空，必向其前下落步，落在我下按手的側旁，我則趁勢進左步，用左陽陵緊貼其右陰陵，並迅即抬頭往對方身後看去，發右掌進擊其面或胸（王老師特別強調：眼往哪裡看，掌往哪裡發；掌往哪裡推，不是想推對方的動作，而是想「外三合」，肩、肘、手與胯、膝、足一一相合）。所發之右掌，既不要用力也不要軟，以無名指引導好似穿針引線，向前夠針眼（俗稱「打閃紉針」，形容用時之快速。這就是虛中有實）。這時重心已由右腿逐漸移

到左腿。

當右掌沾上對方後，立掌，凸掌心，中指朝天，接著掩肘使右手大拇指與右食指的第一節橫紋線成水平，此時意在左掌心。接著意想左側下左掌食指往前指、中指欲與左肘尖成水平，略含向後耙摟之意。

實際上是鬆肩墜肘，手臂一曲，左肘向左側後虛空處一沉，身子也隨之下沉，同時右腿從胯到膝到足，節節舒展蹬右腳，開後腳跟，以右腳將要離開還未離開地面時為度。這時前面的右手已完全由虛變實了。

對上述右腿從胯到膝到足的變化，王培生老師曾做過一個形象化的類比，就好比用秤稱物時，把秤砣順著秤桿不斷往後挪，挪到與被稱之物均衡時打住。俗云：「秤砣雖小能壓千斤」，因其中包含著力學原理。基於此，秤砣要想壓住秤，必須是虛懸著並攔在適當的地方，方能起作用，所以後足也必須鬆開虛懸。這就是後腿由實變虛、虛中有實的由來。先賢說，以拳證道，即勢明理。

上述這些，無一不體現著太極拳「重意不重力」「有前有後，有上有下，有左有右」「實中有虛，虛中有實」「此消彼長，同生共滅」和「視靜猶動，動中求靜」「一動無有不動」等道理。

1991 年在杭州的那次學術講座會上，我以 1990 年 2 月 1 日寫的幾句五言作為發言結束語：

> 習拳卅五載，入門何坎坷，
> 一練和二悟，捨此難上路。
> 需要明師點，更需高朋磋，

井蛙當不得，轉益是坦途。

虛心孜孜求，進步日日殊。

從那次講話至今轉眼又過去二十多年了，這期間對我習拳有較大影響的事：

一是拜中華混圓功創始人王安平為師，他有很多認識和理念不斷在影響著我；

二是吳老（圖南）的嫡傳徒孫李璉和王培生的嫡傳徒孫王洪鄂不斷幫我進一步加深理解吳圖南老師和王培生老師傳承的一些東西；

三是透過結合實踐反反覆覆閱讀孫祿堂的《太極拳學》《拳意述真》和眾多名家的太極拳專著，深感各門各派太極拳名家高手，儘管他們各自對太極拳的認識、說法深深淺淺不盡相同，但總的來說在一些主要問題上是相同或相通的。所謂「天下武術是一家」「理唯一貫」。

給我印象最深的是，在孫門武學創始人孫祿堂先生的武學思想裡，對無極學、太極學皆予以充分強調，孫氏指出：「以無極式為之根，以太極式為之體，斯二者乃拳中萬式之基礎」。並作七言四句：「道本自然一氣遊，空空寂寂最難求，得來萬法皆無用，難比周身似水流！」細品之，著實令人有玩味不盡之天趣。

我站在那兒
就是一把撐開的傘

「我站在那兒就是一把撐開的傘」。這句話出自楊式太極拳名家汪永泉前輩之口，是我在 70 年代初聽拳友祝大彤先生轉述的。那時，我還沒有見過汪老，只是常聽大彤談起他和汪老接觸中的一些情況，所以對汪老非常仰慕。

大彤講過這麼一件事：一位外地太極拳愛好者，練了二十多年拳，出差到北京，手持介紹信拜訪汪老，交談中，提出想跟汪老摸摸手，汪老未予搭理。聽後，我留下這樣一種印象：汪老是名家，跟他學點東西可能不那麼容易。1974 年 5 月，我開始跟高占魁老師學習，與高老師閒談中談起上面聽到的那件事，並毫不掩飾地吐露了自己的看法。高老師抿嘴笑了，他對我說：「練二十多年管什麼用？汪老說那人連站都不會站，周身僵得像根棍兒，跟他摸手，他能聽出什麼來呀？還不如多跟他談談練拳應該注意些什麼更有用！」聽他這麼一講，我似乎才懂得汪老當年沒有與此人摸手的原因。

從 1976 年秋到那一年的春節，有好幾個月的時間，每週星期日一早，我都騎著自行車從萬壽寺經公主墳橫貫

善推手者，亦善知機造勢

——難以忘卻的劉晚蒼老師

　　70 年代末到 80 年代初，那幾年正是我練拳處於「苦於不得其門而入」十分困擾的時期。聽說地壇有位劉三爺，功夫如何如何了得，懷著一種仰慕和興奮的心情，直接去地壇找到劉晚蒼老師所在的拳場，自報家門說明來意。當劉老師知道我是部隊的一個演員，對太極拳純屬業餘愛好，陸續跟一些老師學過不少年，非常高興，當即滿口答應「有空就來吧，跟大家一起玩兒」。

　　從那以後，只要我人在北京，每個星期日，都會去跟劉老師學習拳、械、推手，斷斷續續有好幾年。

　　劉晚蒼老師給人的印象是身材魁梧，性格豪爽。他自幼習武，師出名門，功力深厚，武藝超群，雖然生長在舊社會，但思想一點不守舊。他關心政治、學習時事，熱愛新社會，為人處世，言談舉止皆能與時俱進。他待人接物，和藹可親，淡泊名利，不求聞達，但又正氣凜然，不怒自威，時時能感到一種中流砥柱、泰山石敢當的氣概。

　　記得有一次，我向他問及 1974 年參與接待日本太極訪華團的事，他樂呵呵地敘述了當時的過程，極平常的口吻，既不添油加醋，更無一絲炫耀。

20世紀80年代初，劉晚蒼在地壇留影
（劉君彥保存、劉源正提供）

在那次與日方的接觸中，對方說他們有幾種拿法，問劉老師能不能破解，劉老師臨場應答：「那就試試吧，友誼第一，相互學習嘛！」

當時聽劉老師講時，我禁不住發笑，心裡想，老爺子不愧是街道積極分子，經常讀報，什麼場合該說什麼話，不卑不亢，腦子裡一清二楚，表現出了泱泱大國人民群眾的覺悟水準！

後來記不清是在哪本雜誌上還看到一張這次接待活動主要人員的合影，照片上劉老被安排在左側後邊兒上一個不顯眼的地方，記得當時我還有些偏激，認為劉老師是那次接待活動的主角，理應站在突出的位置，心裡有些不平。可是劉老師壓根兒就沒有把這些放在心上，那種虛懷若谷，為而不恃的大家風範和氣度，令人敬佩！

劉老師曾進過帥府，教過葉劍英元帥太極推手，還到國家機關教過國家機關領導人太極拳，像這些非常榮耀的事，他對我們從未提起過。

這不但表明他做人低調，不愛誇耀，而且頭腦裡有「保密」意識。因為按照國家有關部門的規定，黨和國家

縮」。為了將這些特點講得通俗易懂，有時他也跟許多前輩一樣，愛用「形象類比的方法」。

比如談到「合勁」。兩人推手，有的老師提示：「不要把對方當外人，他的胳膊就是你的胳膊，他的手就是你的手。」劉晚蒼老師在他的專著《太極拳架與推手》裡，也說過「推手要求將自己和對方作為一個整體來看待」這樣的話。

劉老師是山東蓬萊人，生長在海邊，他還根據自己日常生活所見，給大家講過：碼頭工人扛著貨物走在搭板上的時候，這裡就有一個「合」字，整個人（連人帶貨）都必須與搭板上下顫動的節奏合拍，稍有不合，不但寸步難行，且有落水的危險。

同樣的理兒，他還講過一個例子：設想你在大卡車上，下面有人要上車，你伸手要拉他一把，別看這種司空見慣的日常生活小事，什麼時候拉，怎麼拉，其中也有學問。拉早了、拉晚了都費力，如果對方身體較重、力氣較大，一不小心，說不定還會把你拽下去。

所以，當你向他伸出手時，起初還不能真給勁，這有些像推手，在微微送勁的同時，時刻待機而動，當對方拉著你的手想使力，沒想到（你並沒有給力）他拉空了，為維持自身不至失衡墜落，將會拽著你的手奮身往前上竄，此時你只需稍用一點勁，就會輕易地把對方提溜上來。

他說，這就是得機得勢，跟對方的神、意、氣、勁相合。吳圖南先生的《凌空勁歌》裡所說「彼此呼吸成一體，牽動往來得自然」就包括上述這種情況。

劉老師技藝精湛，非比尋常，平時看他比畫、跟他摸

手，我們幾乎是「無跡可尋尋不得，有跡可尋不能尋」。
為了能儘快掌握太極內功的奧秘，我私下裡曾不斷向耀
庭、三趙（趙德奉）、小余子他們這些功夫好的師兄弟討
教。他們經常給我餵手讓我體會，當時我印象最深的一點
是，他們的手是那麼輕靈，「小勁兒」使得真好。而若跟
劉三爺出手相比較，各位師兄內裡勁路的變化尚依稀可
感，三爺出手則只有一，沒有一二三，伸手就是。

　　他既不是柔勁也不是剛勁，而是不剛不柔，亦剛亦
柔，剛柔相濟的一種彈性力，他一沾上你，壓根兒沒有討
價還價的餘地。

　　我琢磨過很久，時間長了，才逐漸明白，由於劉老師
有彈腿、八卦的功底，且在太極拳架上又下過大工夫，招
法嫻熟，功力過人，招中有術，術中有招，有化有打，化
打結合，無跡可尋。

　　特別是，通常練吳式拳的人，往往強調「捨己從人」
「走二不走一」「後發先至」等。功夫一般者更是恪守成
規，謹小慎微，不願貿然出勁，生怕與對方「頂」上，犯
雙重之病。

　　而劉老師與人搭手，大都完全採取主動，以意探之，
以勁問之。用深沉猛烈之勁專注於對方重心，迫使對方立
即做出反應（亦即「我問你答，有問必答」），待對方稍
加抵抗（實乃「聽其動靜」「問其虛實」），則迅即實則
虛之，虛則實之，變化莫測，黏走相生，順勢給以摧枯拉
朽的一擊（所謂「功夫全憑會借力」「借力打力」）。由於
他問得緊，聽得準，化得淨，拿得嚴，所以能得心應手，
出手便得，致使對方騰空而出！

　　按吳公藻的說法，「功夫高者，能知機，能造勢」。所謂能知機，這個「機」，也就是「動之於未形的太極先機」；所謂能造勢，這個「勢」，就是有利於我、不利於對方的陣勢、局面。

　　既然對方尚未採取行動，我就能預先知道他意欲何為了，我設法造成他的錯誤和缺失又有何難？這就是所謂的「知虛實而善利用，在敵不知吾之虛實，而吾處處知敵之虛實的情況下，我必然得其機，攻其勢，如醫者視病而投藥」（參吳公藻著《太極拳講義》）。試想，到這種地步，對方焉有不敗之理？

　　個人認為，劉晚蒼老師不同凡響之處，就在能知機，能造勢，是善於知機造勢的一位太極高手！劉培一兄在劉老師百年誕辰時概括得好：

　　「（正因為劉老師）基本功瓷實，功力過人，且注重實踐，博採重長，在傳統的基礎上逐步發展形成了『沉黏古樸、靈潛宏偉』的自己的獨特風格！」

即勢明理，以拳證道
——我的師叔王兆基

　　「王兆基」這個名字，第一次是 70 年代中期從吳式太極拳老前輩楊禹廷口中聽到的。當時為了擺脫因一些糊塗認識帶來的困擾，我曾隨拳友祝大彤去拜見楊禹廷先生。當楊老得知我是一個太極拳的痴迷者，也接觸過一些名家的情況後，便語重心長地提示我：「中心，重心，虛實要分清。」

　　他提到北京線廠有一位工人出身的車間主任王兆基（後提升為廠長），1963 年開始學拳，是他晚年收下的一個入室弟子，由於刻苦上心，不急不躁，練拳時專心致志，不貪多，就練針尖兒那麼丁點兒東西，年頭不長，拳打得就有模有樣，入門兒了！言下之意，依我當時存在的問題，可以去向王兆基取取經。

　　記得那天，大彤還興致勃勃地要我見識見識楊老的太極內功：

　　楊老坐在一張老式的太師椅上，大彤站在楊老身前一米開外，準備往前近身襲擊楊老。楊老好似眼前無人，心如止水，不為所動，只是漫不經心地眯著雙眼，注視著前方。可是大彤卻呆呆地站在原地，連聲對我說：「我邁不

（左腳）開始動的，乍看上去，整個身體好似靜止不動，實際上內裡已經發生變化了。然而同時第一動（兩拳變掌）和第二動（左掌前按）表面上看起來是在變動著，但實際上，內裡中正安舒支撐八面，基本的渾圓狀態並沒有任何變化，所以它又是「超其象外，得其環中」——「視動猶靜」的。

王師叔的示範講解，使我們進一步加深了對太極拳作為內功拳的理解，覺得「純以神行不尚拙力」「其根在腳……形於手指」「心為令氣為旗」「變轉虛實須留意」等要求真是太重要了！

聯想自己的拳術實踐，幾乎很少在這方面一絲不苟認真研習，今後在「怎樣才能姿勢正確」和「動之得法」方面，還需要做很大的努力補課！王師叔曾贊其師兄王培生先生「幾十年的修練，舉手投足神意氣勁（形），全是那麼協調到位」，高（壯飛）師兄有一次也對我講：「王培生老師高就高在，我們走到王老師面前，剛想伸手，他的神意氣勁早就協調到位，內裡不知道已經變化多少次了，而我們處在被動挨打的局面，還不知道呢！」

王、高二位所言，不正如三十多年前，大彤兄和我站在楊師爺面前試著想近身襲擊楊老而不能的情況嗎？當時之所以大惑不解，不過是那時自己周身鬆得不好，內功修為差，不敏感，感覺不到而已。

太極拳與其說是「肢體的運動」， 不如說是「心意的鍛鍊」

　　「太極拳與其說是『肢體的運動』，不如說是『心意的鍛鍊』」。這是吳式太極拳名家王培生老師在 20 世紀 80 年代中期，接受《中國日報》英文版記者採訪時說的一句話。王老師言簡意賅，一語道破了太極拳鍛鍊時的大要與精髓。

　　《太極拳論》云：「凡此皆是意」，《十三勢歌》講「勢勢存心揆用意」，也就是說意識問題是太極拳的首要問題。各式太極拳也無不強調心意為先，以及意識存在的重要性。太極拳體用之四要：意專、氣斂、神聚、勁整。「意專」乃四要之首，太極拳的行功要領為「以心行氣、以氣運身」。

　　具體來講就是「以心行意，以意導氣，以氣運身」。因此「以心行氣」絕不是故意努氣，而是心意一動，「意之所至，氣即至焉」。也就是腦子一想，意為嚮導氣隨行。意到氣到，氣到勁到。此乃太極拳內練要義的根本所在。始而意動，繼而內動，然後形動，是內動帶動外形，外形合於內動，由內及外，內外一致，這就是太極拳運動規律的一大特點。內，指的是意氣；外，指的是骨肉（形

體），也就是身體姿勢的變化和四肢動作的屈伸。

在封建社會，君王的權力是至高無上的，臣子是聽命於君王的。「先在心，後在身」「意氣君來骨肉臣」就是以君王和臣子的主從關係打比喻，強調後者要聽命於前者，而且內裡的意氣與外在身體各部既要有主從先後之別，又必須是協調一致、密不可分的。

呈現出的結果，則是一動無有不動，一靜無有不靜，周身一家，完整一氣。具體到練拳，就是要求頭腦中摒除所有思想雜念，未動之前，先想動作的要領、方法以及動作運行的軌跡，前一動開始以後，隨著意動而考慮下一動的開始、發展和結束。這樣，週期性地進行下去，直至練拳停止。這裡充分說明太極拳的一切動作都是在意識的引導下進行的，意動形隨，身心合一，「如秋風之掃落葉」（吳圖南語）。

80 年代中期，王培生老師曾對「以心行氣、以氣運身」「意氣君來骨肉臣」做過一個通俗易懂的比喻，他說：「外形動作好比是年輕人，心意內氣好比是老年人，年輕人是照應老年人的，不能自顧自，想怎麼動就怎麼動，要時時刻刻聽命於老年人的支配和調遣，一點也不能摻雜自己的想法和意識。老年人要往東，他就得往東；老年人要往西，他就得往西；老年人要慢點，他就得慢點；老年人要快點，他就得快點；動作的大小亦復如是。」

也正因為太極拳運動的特點是由靜而動，由內及外，全憑心意用功夫，一切動作純以心意為主、不妄用力為最重要之原則，所以，也有人詼諧地把太極拳運動說成是「意識體操」。

漫談太極拳的「中」

「中」，就這個字的字義，在辭典裡，主要是指跟四周距離相等，即中心、中央。但在太極拳推手時，「中」字一般指重心。所以有「守中」（守住自己的重心）、「失中」（失去了重心）、「得中」（控制住了對方的重心）等說法。

1974年5月，我跟高占魁老師習拳時，他經常愛說「藏中」，意思就是要把自己的「中」藏在衣兜裡，不能讓對方輕易摸到。

楊澄甫的高足、太極名家董英傑在《太極拳釋義》一書裡也告誡說：「務使我之重心對方不能捉摸，對方之重心時時在我手中。」

金庸先生在為吳公藻著作《太極拳講義》而寫的一篇跋裡，把上述的意思闡述得更具體，他說：「太極拳的基本要點是保持自己的重心，設法破壞對手的平衡，但設法破壞對手的平衡並不是主動出擊，而是利用對手出擊時必然產生的不平衡。」他認為，「對手所以失敗是他自己（失中後）失敗的，他是被他自己的力所擊倒的。如果對手自始至終保持他的重心和平衡，或者他根本不來打我，

他就不會失敗」。他強調「在太極拳中最主要的是永遠保持平衡和穩定」。為什麼呢？

按吳公藻的話說：「重心，為全體樞紐。重心立，則開合靈活自如；重心不立，則開合失去關鍵，如車軸為車輪之樞紐，若使車軸置於偏斜而不適於車身之重心處，則車輪轉動、進退失其效用矣。」（見《太極拳講義》）因此，他把重心比喻為「戰時全軍之司令」，應敵時，「必須時時保持自己的重心而攻擊他人的重心，即堅守全軍之司令而不使主帥有所失利也」。

翻閱拳經拳論，強調所謂「腰為纛」「腰如車軸」「命意源頭在腰隙」「刻刻留心在腰間」「腰為主宰」「活潑於腰」等，不只是因為腰為人體上下相連之部位，所謂「全身變化的關鍵」「好比九曲珠中間珠子的所在處」，而且最主要的是，人體之重心繫於腰脊，「腰脊重心穩固，則得機得勢；腰脊重心失中，人體則有顛倒之虞」（見《太極拳講義》）。

從楊澄甫的長子楊振銘取號守中，就不難理解「中」「守中」對練太極拳的人來講是何等重要。

那麼，在推手時，如何才能時時保持自己的平衡和穩定，不讓對手摸到我之重心，做到所謂「藏中」呢？吳公藻在《太極拳講義》的「基礎」這一段中說道：「太極拳以拳架為體，以推手為用，在初學盤架時，基礎最為重要，其姿勢務求正確而中正安舒，其動作必須緩和而輕靈圓活，此係入門之徑。」

作者對中、正、安、舒、輕、靈、圓、活這八個字及其相互間的關聯，都做了深入淺出的講解，並在解釋「中

正」這兩個字時，特別指出了「拳架之姿勢務求正確（即中正），則重心平穩，要不自牽扯其重心，而辨別虛實也」。也就是說，要在用時能做到「藏中」「守中」，首先在個人盤架練體時，必須打好基礎。盤架和推手本是一個整體的兩個部分。前人常說盤架以求懂自己之勁，推手以求懂他人之勁，一是知己之功，一是知彼之功，知己知彼百戰不殆，若不知己，焉能知彼？《四性歸原歌》所謂「世人不知己之性，何能得之人之性，若能先求知我性，天地授我偏獨靈」，也即此意。

所以，只有從習拳之初，盤架練體時，重心處在固定的情況下，鍛鍊每個動作、每個姿勢，或轉動，或進退，不論怎樣運動，都能始終保持身體的平衡和穩定，進而才能在與人推手時，重心處在活動的情況下，雖有對手推逼，不僅仍能保持自己的重心，而且還能設法引動對方失掉重心。

盤架、推手此兩者乃太極拳體用兼備、循序漸進的進階之道。通常，有不少人急於學推手，不太重視盤架子，也有人誤以為架子練好了，一切就都有了。誠然，架子練好了，對強身健體有百益而無一害，但若論推手乃至技擊能否得心應手，應該說，還需要下大工夫在實踐中不斷去體悟。姑且先不談太極推手的發放，僅順化方面就要做到最基本的：聽勁要準確靈敏、要能捨己從人、不犯雙重之病，所謂沾連黏隨不丟頂。

一般來講，在推手時之所以被摸到重心或身體的某一部分被人打著，其原因大都是犯了虛實不分的雙重之病。要想避免此種現象發生，就必須使身體的任何一部分都能

很迅速地、連續不斷地有虛實的變換，所謂「左重則左虛，右重則右杳」「隨其伸，就其曲」，主動地去適應對方虛實的變化。這裡，特別需要強調的是，《太極拳十三勢歌》開門見山地指出「命意源頭在腰隙，變換虛實須留意」，就是提醒人們身法虛實的變換，必須留意重心不能輕舉妄動。

正如吳公藻在《太極拳講義》一書裡談重心時所說，「重心與虛實本屬一體，虛實能變幻無常，重心則不然，只能移動，因係全體之主宰，不能輕舉妄動，使敵知吾之虛實」，否則自己將陷入被動挨打的境地。

解決這個問題的關鍵在哪兒呢？「命意源頭在腰隙」，是「以腰脊命門穴為軸心的左右腰隙（兩腎）的抽換，腰隙向左抽，左實而右虛；向右抽，則右實而左虛。這兩腎抽換變化虛實，是全身總虛實的所在，也是源動腰隙，內動不令人知的訣竅所在」（王培生著《太極拳的健身和技擊作用》）。

不過，這還是屬於虛實變換的初級階段（即重心的轉移問題），也就是《十三勢行功心解》所提到的「意氣須換得靈，乃有圓活之趣，所謂變動虛實也」。到高級階段，在重心和氣的方面，幾乎都可以保持平衡了，只是在心意和勁頭方面來分虛實，最後，不分虛實自有虛實，方為最高。到此境界，「中」已是無在無不在，隱現無常，玄妙莫測了。

實事求是，
道正乃興

2002 年 8 月底 9 月初，有幸與友人一道參加了中國焦作第二屆國際太極拳年會。喜出望外的是，來自上海的吳式太極拳同門——鑑泉拳社秘書長李立群師叔在賓館就住在我隔壁。

20 世紀 80 年代，我們單位曾計劃從上海吸收一兩個受過專業訓練的話劇演員，特命我回母校上海戲劇學院瞭解應屆畢業生的情況。

閒暇時，一個偶然的機會，耳聞有位老同學當過吳式太極拳第三代傳人馬江豹的業餘老師，於是迅速找到這位老同學幫忙，聯繫並請馬江豹師叔引領登門拜見馬岳梁、吳英華兩位吳式太極拳老前輩。

當他們瞭解到我跟吳圖南學過拳，是王培生的入室弟子時，讓我演示了一段吳式拳，並跟馬江豹師叔推了一會兒手，甚至還有幸跟馬岳梁師爺打了不到大半個輪兒。剛一搭手，馬老突然一變，渾身透空，我頓覺失去重心，如墜五里雲霧之中，幸好老人家沒有出手，而是哈哈一樂，立即用雙手扶住了我。印象深極了。

隨後不久，馬岳梁、吳英華二老來京議事，北京吳式

立群師叔贈書　　與吳式太極拳老前輩馬岳梁、吳英華
　　　　　　　　　在香山合影留念

20世紀80年代，吳式太極拳南北兩代名家馬岳梁、吳英華、王培生
在香山雙清別墅會客松前合影留念

太極拳同門負責接待工作的是我的恩師王培生，議事之餘，有一項內容是陪二老逛香山，作為王老師身邊比較親近的入室弟子之一，我也有幸參加了那次活動。

那一天，不但王培生老師和馬岳梁師爺、吳英華師太三位名家在雙清別墅會客松前合影留念，就連我們這些陪同者也跟著沾了光，與他們三位一起在好幾個地方照了相，真是記憶永存。

特別是我，因以前曾登門拜訪過二老，基於昔日的交往，加上這次跑前跑後，忙忙叨叨，我還單獨跟二老合照了一張相。照片洗出來以後，二老看了，非常高興，對會客松前那張三人合影讚不絕口！

由於有上述這些情況，2002 年在焦作與李立群師叔雖然是首次見面，但一見如故，交談甚為融洽。透過年會安排的一系列活動，幾天當中，深感開闊了眼界，結交了朋友，增長了見識，學到了東西，真是受益匪淺！這是主流的一面，美中不足的是，會間有些見聞又著實不能盡如人意。

會後我寫了一篇觀感，隨即寄給上海的李師叔，請他提提意見，他不但完全贊同我的觀點，而且還在電話中跟我補充了美國、香港等國家和地區的一些相關的資料。我立即把他提供的資料補充到文章裡，並徵得李師叔的同意，聯名寄給《武當》雜誌編輯部譚大江，不過發表時，因李師叔熟人多，礙於情面，用的是筆名「潤吾」；我理當亦步亦趨，署名「丹明」。

這就是《實事求是，道正乃興》這篇文章的由來。言歸正傳，文章歸納起來感受最深的有以下三點：

關於太極拳推手比賽的規則問題

這屆年會的太極推手擂台賽，給人的主要印象是名不副實，仍然是摟抱、摔跤、頂牛。沒有太極拳推手的味道。

這是個由來已久卻一直沒有解決的問題，如果沒有切實有效的措施，無論在哪裡舉行太極推手比賽，仍舊是不倫不類的摔跤、散手、頂牛等。其表現就是雙方交手後硬推硬拉，只想把對方推出圓圈得分。這種現象不僅在中國大陸，在國際比賽上也屢屢出現。

例如，美國的中國武術節、中國國術比賽、中國五大流派太極拳比賽以及香港武術大賽等競賽活動中的太極推手項目，也嚴重地存在這種現象，以致讓真正學練太極拳的人士感嘆太極拳的「捨己從人」「即化即打」「引進落空」等心法技法，在比賽中一點也沒有體現出來。

更有人指出，像這樣的比賽，只要讓柔道或摔跤等相關項目的選手臨時訓練一下，利用其原有的戰術動作，就能奪得太極推手比賽的獎牌。

競賽是促進普及和推動提高的有效手段。太極推手比賽，旨在推動選手的太極技法的訓練，促進群眾性太極拳活動的開展。而目前的比賽根本達不到上述目的。

中國的武術正在同國際接軌，一旦被納入奧運會比賽項目，太極拳項目怎麼列入？以什麼面貌列入？如何真正體現太極拳引進落空、四兩撥千斤的技巧和理念？這些都是不能迴避的問題。專業武術家和有關組織領導都應該認真思考。

太極拳是一種拳術，但又不僅僅是一種拳術，它包含著哲理、心理學、力學等內容，更是中國傳統文化中儒家文化、佛家文化，特別是道家文化在強身健體、自衛搏擊等方面的體現。因此，在探討源流的同時，一定要探求究竟，深入到各個文化層面，幫助人們更全面地去理解。很多太極拳練習者都深刻認識到，太極拳吸引人的地方不只是它的技藝，更重要的是它所體現出的中國文化哲理，這些都是人們終身學不完的課題。可以說，如果不能突出太極拳的特點，太極推手比賽就沒有其存在的意義。

2002 年，《武林》發表了陳龍驤先生的《向太極推手進一言》，建議有關領導組織力量認真研究參照。

關於太極拳源流問題

在這次年會上，有關地方領導在講話中提到「太極拳源於河南」。作為地方領導，受眼界與知識所限，即使說法不對，尚能理解。但是中國武協、國家武術運動管理中心的領導在會上也說「太極拳源於河南」，就很不恰當了。「太極拳源於河南溫縣陳家溝，創始人為陳家九世陳王廷」，這一說法曾在一段時期內占主導地位，加之社會上廣為流傳的各大派太極拳都與陳式太極拳有著直接或間接的淵源傳承關係，故加重了此說的權威性。就連《中國武術簡明辭典》等書中也均用此觀點。

但是，經過近幾年諸多專家學者和門內傳人考證，陳家溝創拳說早就難以成立。況且，隨著新的資料不斷披露，大量事實和調查材料也證明，趙堡太極拳與陳式太極拳同源而異流，它絕不是陳式太極拳的一個分支，它們的

源頭同屬武當派，共尊王宗岳──蔣發為先師。

按說，不同觀點和論據一經出現，國家有關部門就應趁熱打鐵，引導大家結合前人提供的資料對現存的很多問題進行深入思考、核實，乃至修正。但遺憾的是，武術界這麼一件大事，卻未引起有關方面的重視，也未採取相應的措施進行正本清源的考研工作。

相形之下，在中國焦作第二屆國際太極拳年會期間，溫縣宣傳部門有關人員，到賓館看望外地與會代表並散發了一本名為「太極拳秘籍珍藏」的小冊子，其封面左下角注有「政協溫縣文史委員會」字樣，在封底畫面上方印有非常醒目的兩句話：「河南溫縣陳家溝為陳氏太極拳故鄉，相傳，陳氏第九世祖陳王廷，在祖傳拳基礎上，理根太極而創造了太極拳。」其做法和說法，就顯得十分狹隘和愚昧了。

這裡姑且不去詳細剖析小冊子的目錄和內容。因為只要有一定的太極拳方面的知識就有這樣的印象：

陳家溝只是陳式太極拳的發源地，創始人是陳長興，而不是陳王廷。因為陳王廷練的是炮捶，他所著的《拳經總歌》，純屬炮捶演練和應用的心法、技法，與太極拳的理法技法相去甚遠。

倒是陳長興遺留下來的兩篇珍貴的資料中，所提到的「理」「氣」「陰陽」「動靜」「開合」「剛柔」「動無不動」「靜無不靜」「內外相聯」「上下相隨」「以靜待動」「氣分陰陽」「內外三合」以及「沾連黏隨」「掤捋擠按」等，與歷來人們印象中張三丰──王宗岳所傳太極拳理法技法非常相同。若非一脈相承，怎能如此一致？另

如小冊子裡存在著的張冠李戴、名不副實，以及有待重新認識的一些問題，就不一一細說了。

最令人忍俊不禁的是，今人吳式太極拳名家楊禹廷的一位傳人不久前寫的一篇文章《技擊訓練》，也被輯錄在陳家溝的《太極拳秘籍珍藏》之內予以珍藏了。至於收入張國棟先生的《忽雷架拳譜》，實乃武當趙堡太極拳用以增長功力和練習發勁的拳架。而陳青萍宗師根本不屬陳式太極拳的傳人，竟也被收入……

按說，陳溝與趙堡是鄰近的兩個武術之鄉，同屬溫縣管轄，趙堡一次又一次提供了那麼多言之鑿鑿的史料、事實，向世人說明太極拳的源流、理念及其來龍去脈，而很多人居然視而不見，聽而不聞，對本鄉本土、咫尺之遙發生的事也不想努力去把它弄清。

作為陳溝人，基於眾多的歷史原因，固然情有可原。但令人費解的是，許多領導，特別是武術管理部門的有關領導，面對這樣的問題，怎能不正視之、重視之！

關於楊露禪跪拜雕像

在陳家溝學拳房，擺放著與真人比例等同的一組塑像，內容是楊露禪跪拜在陳長興腳前。塑像直觀地表述了陳楊之間的傳承關係，乍看起來沒有什麼可指責的。但仔細想想，我們看問題應該運用科學辯證的方法，實事求是，如此才能更準確更真實地反映事物的本質和全貌。反之，如果抓住一點，不及其餘，甚至誇大一點，不及其餘，那就不是科學的態度，容易誤入迷途。

楊露禪到陳家溝學藝，拜陳長興為師，這在楊露禪創

造楊式太極拳的全過程當中，只是短暫的一個起點。儘管這個起點是極其重要的，不可低估，而且陳長興的偉大，也正是在於他被楊露禪潛心向學的精神所感動，打破了「拳不出村」的陳規陋習，傳給了外姓，這在當時確是極不平凡的一件事。

而楊露禪雖師從陳長興，爾後又創造了不同於陳式的楊式太極拳，就這件事情來講，他們二人的學術地位乃是平等的。

倘若看不到這一點，一味地著眼於他們倆的師徒關係，並用學生跪在老師面前的樣式給予永久強調，就顯得十分低劣和缺乏歷史發展的眼光，而且也是極不準確的。因為楊露禪如果僅僅對老師陳長興頂禮膜拜，跪服在老師腳下，不僅學不好，也不可能在後來另創楊式太極拳。

楊露禪的偉大，正是在於他學陳而沒有為陳所囿，學陳而沒有食陳不化。他不但學陳，還勇於創新，另闢蹊徑，從內到外，自成體系，創造了老少咸宜、流傳更廣的楊式太極拳。

準確地講，楊露禪偉大的成就不是跪拜在陳長興的腳下，而是站在巨人肩上繼續開拓所取得的碩果。

「塑像」的構思者、製作者，思想水準不高，封建宗法觀念嚴重，為了一己私利，做不出真善美的東西來，作為發生在一個小地方的事，情有可原。但各級各層領導對此不能視而不見、放任自流。

我想，作為領導，如果責任心強，理當高瞻遠矚，透過耐心細緻的工作，幫助這樣一個對太極拳發展做出巨大貢獻的武術之鄉，加強精神文明建設，引導它從文化層面

上對前人的歷史和創造進行實事求是的探索和研究，相信他們的貢獻將會更大，他們的影響將會更深遠。

何況，太極拳是武術，更是一種文化，對它豐富的內涵和深刻的哲理進行科學的剖析、研究，並用通俗的語言和形象的類比來加以表述，使人們便於理解、掌握，這個艱巨的任務絕不是哪一個門派獨自能完成的。必須從弘揚中華民族優秀傳統文化的高度，提倡門派之間相互尊重，團結一致，並結合各自的特點，做認真的理論研究工作。

因此，期盼武術運動管理部門在管理上不能抓而不緊、管而不嚴、聽之任之、放任自流。武術界歷來門戶之見嚴重，陳規陋習眾多，需做好教育引導工作。只有這樣，才能對內對外消除很多不良影響。

境生於象外

　　解守德先生的專著《太極內功心法》面世後，據出版社的朋友講，是近年來銷量極火爆的武學書籍之一。研讀後，除個別地方（習拳 3 年後才能站無極樁等）尚不大理解外，總體來講，十分親切，受益匪淺！書中的《太極思維假修真》，很有意思，就此聯繫實際談一點學習體會。

　　「太極思維」這個詞，早在 20 世紀 70 年代初，我就從太極泰斗吳圖南老師口中聽到過。吳老武學淵博，技藝精湛，他是學者型的武術大家，說話比較含蓄，不愛強加於人。那時我已跟他學拳多年，但進展不大，他也不明說，像聊天似的啟發我：

　　「天冷了要加衣服，加多少應根據天氣的情況，學太極拳亦如是。要具有太極拳的思維方式，瞭解太極拳的特點，深研太極拳的鍛鍊要領，只有按太極拳的規矩辦事，才能弄明白太極拳練什麼、怎麼練。不能主觀主義，用自己的主觀認識來代替客觀事物……」

　　我當時年輕氣盛，受武俠小說影響很深，喜歡拍樹，踢樹，擰千斤棒，練偵察兵搞的那一套。乍一看到太極拳打人挺神奇，頓時迷上了。但好高騖遠，急於求成，光看

吳老比畫拳勢之雄姿

到武術的共性和太極拳的特有魅力，沒有認真去研究太極
拳的個性特點，所以對吳老一次又一次的忠告，沒有往心
裡去，當作了耳旁風，因此走了很長一段彎路，其間幾經
反覆。後來又有幸接觸了石明、高子英、姚宗勳、楊禹
廷、劉晚蒼、高占魁、汪永泉等眾多名師，潛心向他們學
習；並結交了李璉、楊家倉、陳耀庭、黃震寰、朱喜霖等
許多相識相知的良師益友，幫我遠離迷津。

　　改革開放後，我先後正式拜在王培生、王安平兩位老
師門下。一晃半個多世紀過去了，由於前不久正跟拳友們
探討什麼是太極拳以及它與太極操有什麼不同之處，有人
曾引用郝少如老師的話說：

　　「何謂太極拳？簡單地說，太極，是由人體內在的物
質所產生的辯證運動；拳，是肢體動作的外形運動；太極
與拳，即內形與外形的運動辯證統一結合。必須以內形的

運動變化來支配外形的運動，即用太極運動支配拳的運動，這便是太極拳。如果只有外形的運動，而沒有內形（太極）的支配，只能稱為拳操。而不能謂之太極拳，所以練太極拳必須求達內外運動的統一，使之名副其實。」

　　看到解守德先生書中「太極思維假修真」這個小標題後，它使我聯想到，他說的這個「假」，指「假想」，我的理解即「想像」。「假想」「想像」都是一種具體的意念活動，屬心意活動範疇，從可視性角度講，肢體活動是看得見、摸得著、有形的東西，「假想」「想像」是看不見、摸不著、無形的東西，按太極思維的方式，習練者必須要藉助內形的東西來「支配」有形的肢體，也就是由無形（內形）來支配有形（肢體），修練同樣是看不見摸不

楊禹廷師爺盤拳時演示擠手（左掌打擠）和捋手（右掌下捋）

著，而且還是目前科學一時難以解釋的、真真切切存在的那個「東西」。

據王培生老師講，早先我師爺楊禹廷傳授老架 83 式吳式太極拳時，有個比喻是「人與球遊戲」。開始雙手捧著氣球往上，當氣球慢慢落下後，人要踩到球上去，鬆肩墜肘，就像獅子玩球似的，手腳隨機隨勢運動以保持平衡穩定，但是這種「運動」，只能動之於無形而不能著相，這就是在「假想」中做文章。

又如王培生老師傳授《乾坤戊己功》「八樁」裡的「乾」樁時，要求鬆肩墜肘，兩手自然抬起至兩手中指尖與太陽穴相齊，繼而兩手背外勞宮和兩肩井穴前後對正，接著意想兩手心裡各有一隻眼睛，從這兩隻眼睛裡又長出一隻手，手心裡仍有眼睛，再從眼睛裡長出手，手裡長出眼睛。眼睛裡又……如此意想之後，就等於從原來的兩手，各長出三隻帶眼睛的手來。

隨後意念轉到眼睛上，用意如前所想，眼中長出手，手心裡長出眼睛，重複三次，從自己的兩眼中又各長出三隻手來。從手中長手，眼中長手，反覆意想三次後，這樣從自己的兩手、兩眼總共就長出 12 隻帶眼睛的「意念手」來了，猶如《封神榜》裡的楊任……此動結束後，使兩手之掌根與頭維穴左右對正之後，意念轉移到兩手中指指尖，直插入天空，同時想像百會穴亦升到天空，雙腳似要離地，身體便有懸起之感。

隨後兩手中指一橫並相互接觸於頭頂，繼而使兩手食指、中指，無名指和小指之指甲蓋相貼，手背相貼並往下伸，含有欲將地穿透之意。兩手下穿後，再將兩手拇指指

甲蓋相貼，接著兩手分別往後一扒，使之有扒地感。同時使腦子裡頓時產生一種假想──眼前的地面出現一條大裂縫，自己順勢唰地一下就往地縫裡鑽下去了，前胸後背會感到特別舒服，此動俗稱「土行孫」。「楊任」和「土行孫」是「乾」樁「乾三連」的兩個方面，用時威力很大。

另外，在教吳氏太極拳簡化 37 式和 16 式時，王老師提示我們：攬雀尾第四動，左掌打擠到位後，右手順勢翻轉，意想從大拇指指甲蓋托天，同時指縫內嫩肉芽滋出一指多，繼而食指、中指、無名指到小指，依次邊翻邊做同樣的念想。下面攬雀尾第五動右掌回捋，接前動，右掌到位後，右掌不是急著往回捋，而是在意想（動之於未形）右掌向右側前延伸出一手之距的同時，邊想右小指指肚按地，指縫內嫩肉芽滋出一指多，繼而，從無名指、中指、食指，到大指，依次做如是想，這時右掌將隨身後退並曲臂微向右側後轉……其他各式，不同的部位也有各種無形的、細緻的「假想」要求。

吳圖南老師傳授太極拳練架中，定勢的第一式「太極勢」（一般叫太極起勢），對於入室弟子，在姿勢動作及各部位要領正確以後，吳老就會提示增加「蓄

吳老演示練架定勢第一式「太極勢」。入室弟子此式的身法各部位要求達標後，則進一步開始練內功「蓄外意」

外意」，站「六面勁」等的意念活動。練架子中的連勢則要求意氣的進退抽添，至於用架和太極功，在意念方面的假想要求就更是豐富多彩了（難怪有人說，太極拳是一種平衡穩定身肢放長的彈性運動）。吳圖南老師認為：「太極拳的奧妙就是『一切以意為之』。能如是，則將體會到其大無外，其小無內，放之則彌六合，卷之退藏於密，大小由之的樂趣。其變化猶如孫悟空的金箍棒，說大可以是定海神針，說小可比繡花針，能放進耳朵眼裡去。」

這些既是無形無象地地道道的真功夫，又是經由看不見摸不著無形的「假想」，年復一年，日復一日刻苦修練出來的。因此吳老曾說：「要想修練出太極拳的上乘功夫，必須有萬夫不當的勇氣，堅韌不拔的毅力和脫胎換骨的精神。總之，非有夙慧而不能得。」

汪老（永泉）的徒孫石明先生在傳授無極樁時，先要求在內環境（體內）開溝挖渠，便於內氣充盈暢達，繼而要求內氣能鬆、散、通、空，隨後則強調要在身外設一意唸點。他認為，飄、走、接（意思即是腳下能飄起來了，勁兒能在身上遊走了，才談得上能跟別人接手）和鬆、散、通、空，及肩、腰、胯三個圈，這就是太極拳內功的全部。

再比如，意拳一代宗師王薌齋先生開創的大成拳站樁功，無力中求有力，平常中求不平常。從初始階段的渾圓樁到技擊樁，到試力、發力，四個階段要求雖有區別，但都是以意念誘導和精神假借為主要手段，具體如「遍身皆掙力」「無點不彈簧」「身動似山飛」「力漲如海溢」「筋肉似蛇驚」「履步風捲席」等各種意中力的力道，無

與王安平師父在渾圓山莊
合影留念

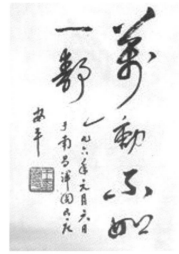

安平師父贈我手書
「萬動不如一靜」

一不是從抽象中求具體的切實。內中奧妙，只可意會，難以言傳。因此薌翁無私坦言：「執著己身永無是處，離開己身無物可求」，一語道破了個中玄機。

我的中華渾圓功老師王安平，曾針對一些人對「意」的作用和「無形的」東西置疑，感慨頗多地說：「意雖然是看不見摸不著的東西，但它是一種物質。」「世人就是這樣，只重外不重內，只重多不重精。愈是簡單、科學、有用的東西，愈接受不了。」又說：「人們喜歡有形的東西，不喜歡無形的東西，相信有形的東西，不相信無形的東西，可又迷信看不見的東西。」

太極拳的鍛鍊，在精神假借方面，不似意拳那樣神氣活現，而是斂神聚氣，附於一招一式之中。要求「先在心，後在身」「意氣君來骨肉臣」，也就是盤拳時，先由

意動，繼而內動，接著氣動，最後形動，由內達外，內外協調一致。究此而言，並沒有什麼不同。所謂「意」，就是意念，也可以說是假想。

清代中醫巨著《醫宗金鑑》中談道：「意者，心神之機，動而未形之謂也。」就是說「意」產生在形體未動之前。人無論做什麼事，行動前必須先有意，打太極拳更是如此，一招一式無不是用意節節貫串，循環往復，直到整趟架子結束。

人說「拳」是「有形的意」；「意」是「無形的拳」。

1999 年秋，在西班牙探親期間參加中西文化交流，演示吳式太極拳「玉女穿梭」——左掌斜掤到位後接著意涵左掌食指指尖往前延伸追眼神，同時墜左肘，鬆左肩；繼而右掌下落，摸左膝，摸右膝，身形後坐，即自動出現「左掌反採」一勢

練拳時，「意到氣到」「氣到拳到」「意動形隨」「形隨意動」；走劍時，「劍掩身形」「身隨劍走」，身劍合一。當然，這說的是高級階段，不是初學者一下子就能達到的境界。

對於初學者而言，儘管太極拳強調「重意不重力」，要求「先在心，後在身」「意氣君來骨肉臣」，但在初始階段，還是「先形後意」，不是「先意後形」，只有這樣，才便於大家學習，否則皮之不存，毛將焉附？而況初學時，人們想的只是努力要記住每個動

作的姿勢、順序、要領等，而這必須要思想集中，排除雜念，實際上此時這種「動作思維」的過程，已經是「以意導體」，是用意的第一步了。

不少人練拳多年，每天都在比比畫畫，練時也相當認真，拳是一套接一套，劍也是一趟接一趟，能說其中沒有意嗎？如果一點意都沒有，練拳、練劍時，早就亂套了，不足之處是拳意不夠濃，還不夠到位。比如做「弓步前刺」，目標在哪？刺上了沒有？感覺刺透了嗎？還有「回身劈」，劈上了沒有？劈開了嗎？有的人意還在自己胳膊或手腕子上呢！還有「撩陰劍」，撩哪兒？撩上了沒有？內勁怎樣才能貫到劍尖上？！再如盤拳，一式一式比比畫畫動作都做了，但關鍵不在步子邁多大，蹲身有多低，而是在意，在精神貫注到位了沒有。

我認為，要想使自己練的是太極拳而不是太極操，首先需把姿勢動做作對，掌握好每個式子的要領，努力體悟由內達外，內外協調一致。有一天，一位楊姓拳友跟我說，她練「合太極」這個動作時，兩手從頭維穴左右兩側合抱到頭頂上空，徐徐往下落時，胸口不憋，也不難受，但感到有些發緊。我說，妳太介意肢體這個有形的東西了。「太極思維假修真」，所謂的假，是假想，它是無形的，應忘掉有形的雙手，藉助無形的假想來「支配」（影響）有形的肢體。

當時，我提示她由「假想」，想像兩手謹小慎微捧著一個大氣球，勁兒大了氣球會炸掉，勁兒小了氣球會飛了，似挨非挨專心捧著氣球，從頭頂上方徐徐落下，整個過程中，不想手，就想著手內無形的氣球。她按我的話一

練，果然心口既鬆快又舒服。這個例子雖小但理兒不小，原先的練法有一點類似操，後來按要求一絲不苟地做了，應該說練的是拳。為什麼說有一點類似操，因為這位同志腰腿基礎比較好，鬆得也不錯，平時練拳能掛上一點意了，只是動作銜接之處，意還不到位，要不就不會「胸口不憋悶，也不難受，只是感到有些發緊」了。

　　談到這裡，我必須提一提孫祿堂先生創編的孫式太極

孫祿堂演示開手
（右轉）

孫祿堂演示合手
（右轉）

孫祿堂拳照手揮琵琶

拳。孫式太極拳也叫開合太極拳。在孫先生《太極拳學》一書的「開手學」一節裡，他這樣寫道：「兩手如同抱著氣球，內中之氣亦如同往外放大之意」；在「合手學」裡，他寫道：「……兩手如同抱著氣球，內中之氣亦如同往裡縮小之意……」這種形象類比的「假想」，在此書中比比皆是，如：「身子如同立在沙漠之地」「兩手如持長竿徐徐向左右分開」「腳尖仰起，足後跟著地，如同螺絲軸旋轉之意……兩手於右足扭轉時，要同時亦如同抱著氣球往回縮小之意……」「身體之形式，如同一鳥在樹上，束著翅，斜著往地下看著一物飛去之意」「兩手同時往下往回拉，如同拉著一有輪之重物，拉著非易亦非難之神氣，身體又徐徐往上起，頭亦有往上頂的形式，身體雖然徐徐往上起，而內中之氣，仍然往下沉注於丹田，所以拳要順中有逆，逆中有順，身往上起為順，氣往下沉為逆」「兩手從前（往後）如揪虎尾之意，徐徐落在兩胯裡根」……此外，還有「如撕絲棉」「如拔鋼絲」「如拉硬弓」「如按氣球」「如同藤子棍曲回」等，不勝枚舉。

孫祿堂先生在此書中特別強調：「此拳內無論如何形式，不外乎頭頂，足蹬，腹鬆，塌腰，並兩肩兩腿裡根鬆縮之理」，而「一切之伸，縮，頂，塌，揪等之勁，亦皆是用意不用拙力」。

孫先生在講解「縮勁」之意時說：「兩肩裡根並兩胯裡根，同時極力虛空著往裡收縮，收縮之理，喻地之四圍皆高，當中有一無底深穴，四面之水皆收縮於穴中之意。」這是多麼生動形象的比喻啊！應該說，孫祿堂的《太極拳學》是一本「太極思維假修真」最佳的教材！

「明師」石明

　　楊式太極拳汪脈傳人石明老師，祖籍山東。幼時體質不佳，曾隨父學小洪拳，1949 年進京後，又向北京十老之一恆壽山的弟子崔省三學習武式太極拳和吳式太極拳。參加工作以後，又學習楊式太極拳，正式拜在汪永泉的弟子朱懷元老師門下，並得到師爺的點撥。1979 年冬至1980 年初，開始正式設場授徒。2000 年 4 月 18 日，因病在北京與世長辭，終年 61 歲。

　　石明先生對拳理有較深的理解，特別是教學方法能脫窠臼、有創見。我們研究社部分主要領導成員曾向他學習，並拜在他的門下。我雖沒有直接跟他學習過，但間接地受到他教學理念和方法的啟迪和影響。

　　就在石明先生去世這一年的五六月間，我聯繫石明先生第一批入室弟子之一的張子辰兄，策劃以他的名義講述並執筆協助他撰寫了一篇悼念石先生的文章，最早刊登在2000 年初秋的《中華武術》上，當時圍於版面限制，壓縮得只有六七百字。後來我又加以修改和補充，寫成《和石明老師學太極的日子》一文，找到當時負責中國太極網的周荔裳同志幫助，全文刊登在 2000 年秋冬之季的中國

太極網上。這篇文章，讚揚石
明先生「是一位不可多得的太
極拳明師」，表達了石明先生
的弟子及得其受益者由衷的心
聲。

石明老師敏而好學，深究
拳理，刻苦練拳，轉益多師。
為了追求太極拳的真諦，節假
日走遍京城各大公園，拜訪名
師大家，曾駐足於天文館吳老
（圖南）授徒的現場觀摩學習

石明先生在家中的個人照

很長一段時間。在研究中，他不斷結合自己所學，細細品
味太極拳深刻的文化內涵，從中體悟老子「夫唯不爭，故
天下莫能與之爭」。領悟老子的「道」，加深對《太極拳
論》中關於「太極者無極而生，動靜之機，陰陽之母也」

石明先生在紫竹公園八宜軒前教拳

的理解，以求「明法、明勢、明理」，專心修練太極拳之真意。他以異常的勤奮、較高的悟性以及驚人的痴迷，終於探得太極拳的奧秘，並總結出一套獨具特色、功效顯著的教授方法。

　　石明先生致力於教學的時間並不很長，如子辰兄等——他的第一批入室弟子，在拜師之前都已接觸甚至正式師從過一些名師練拳多年，儘管如此，他們還是被當時並無名氣的石明先生所吸引。石先生對太極拳透徹的理解和與眾不同的訓練方法，讓眾人心悅誠服，認認真真地跟他學習了起來，隨後從學者日漸增多。

　　到 20 世紀 90 年代初，國畫大師李苦禪之子李燕先生也慕名來到石明先生處。據說，當時他深感太極拳不但與易經融合為一，而且其理也與繪畫相通。他是抱著探求和

在石先生拳場專心拓印李燕先生
雕刻的「明」字

吸取太極文化豐富內涵的願望前來學習太極拳的。本節標題之所以定名為《「明師」石明》，還是得李燕先生啟示，所謂「明師」，固然跟「名聲」和「資歷」不無關係，但最關鍵的還應該是對所從事的專業有深透的理解並教學有方，能為從學者釋疑、解惑、授業，是出色的入門引路人。

　　李燕先生與石明老師

經過一段時間的接觸，有一天，他忽然帶著雕鑿工具來到紫竹院公園八宜軒石明老師教拳的地方，在一塊寬約半米、長有一米左右的大石頭上鑿下了巴掌大小的一個象形字──「明」，表達了從學於石明的感觸，也成就了一段武林佳話。余深以李燕先生之舉為然。

石明先生教學的迷人之處，是能按太極拳的道理循理求精、循序漸進、因材施教。首先，他把「無極樁」作為入室之基，入門先站樁。並結合單操手、探海樁、活胯功等輔助功法，幫助不同的對象先在「體」上完成「挖溝開渠」的任務，使其能逐步體悟到太極內功的諸般內容。

在拳架的一著一勢、左顧右盼、前進後退之間，他把太極拳的神、意、氣、勁、形的動分靜合，根據不同層次的要求，強調得是那樣細膩、得當、井然有序，真是看似平常卻非常，使習練者在不知不覺中很快地踏進了太極拳內功修練的門徑。

石明先生的教學，重在實作，以事實說話。

有一年，由馬來西亞太極拳院院長率領的一行五人，專程來北京到紫竹院公園向石明老師求教。在切磋中，石老師讓他們摸摸手、聽聽勁。一搭手，對方就身不由己地整個身體被黏了起來，腳跟離地，手足無措。五個人挨個試，無不如此。

石老師告訴他們，這不是靠力氣硬拿、硬要，一切都是意氣使然，一切都是捨己從人、順其自然求自然的結果。為了進一步幫助客人體悟到其中的奧妙，他從垂柳枝上摺下一段二寸多長的細柳條，自己捏住一端，囑咐對方一個人捏住另一端。沒有任何動作，更沒有使什麼力氣，

就見對方整個身體同樣被「提溜」了起來，腳跟離地，手足無措。客人們驚訝不已，挨個兒體會了一遍。

那天石老師還乘興表演了「千斤墜」。他坐在那兒，讓對方身材最高、體格最棒的一位朋友用力拉他。這位朋友憋足了勁，不管怎麼使力都拉不起他，而石明先生卻心氣平和，紋絲不動，像沒事兒似的。也就是在這位朋友欲罷不能之際，他忽然感到有股巨大的力量把他拽了過去，離地蹦起好高。

最令馬來西亞朋友們叫絕的是，石明先生請客人們面對自己排成一行。後面的每一個人都用雙手推著前一個人的後背，第一個人則雙手前伸與自己雙手相搭。而且他提起一條腿，只用一隻腳支撐全身，站立在地上。這時他請客人齊心協力合成一股勁把自己推倒或拉動，同樣依然紋絲不動，奈何他不得。

不僅如此，他還用心意和內勁控制住對方，讓五個人，從最後一個開始，一個接一個，彈跳而出……太極神功，如此玄妙，使來訪者乘興而來，滿意而歸。

石明先生經常強調，太極拳非常奇特的一點是，練什麼扔什麼。練著扔著、練勁扔勁，練意扔意。從有形到無形，走向自如，才是太極拳的真諦。正因為如此，他夢寐以求，想把自己傳授的太極拳術稱之為「如意太極拳」。

說起來很有意思，我與石明先生非親非故，平時也沒有什麼接觸，既不是他的入室弟子，也沒有直接跟他學過拳。石明先生逝世後，為什麼我會想到應該為他寫篇悼念文章呢？非它，實在是「有感而發」！

20 世紀 70 年代末 80 年代初，石先生在紫竹院設場

授徒的第一批八位弟子，如楊家倉、黃震寰、張國健、張子辰、范理寶等都是我的良師益友，包括在石先生拳場站了一年多的樁後，方才被石先生收為入室弟子的「小朱子」朱喜霖，也與我過從甚密，互通有無。所以對石先生教拳的情況，包括他對太極拳的認識和教拳的理念、步驟、方法等，我林林總總知道得不少。

尤其是我親身感知到家倉、老黃、大張、子辰、老范等這些良師益友，經過石先生的點撥和獨特的傳授，短短幾年工夫，一個個就突飛猛進，道技精進，比起以往在一起玩兒的拳友來高出了不是一星半點，而是很大一截，甚至可以說不是同一個層次。差別在哪兒呢？

差別就在對太極拳內功勁法的深入理解和掌握的程度。80 年代初，我就是面對這種現實，認識到了自己的差距，從而頻頻向他們求教，在他們的影響和幫助下，我也曾結合自己此前跟汪永泉老師和高占魁老師習拳所得，認認真真練過石先生傳授的那些東西。

石明先生對太極拳真諦的努力探求和授徒時不因循守舊，獨闢蹊徑自創一套卓有成效的訓練步驟和方法，功不可沒，因為這大大有利於太極拳的弘揚和發展，理應予以肯定，所以我萌生了一種應該就此寫文章，引起有關部門的重視和加以研究的想法。

說到這裡，我認為特別要提到上述那幾位第一批拜入石明先生門下的拳友，他們的經歷，可以說是對石明老師教學成就的最好詮釋。

在諸位良師益友中，楊家倉兄是我最難以忘懷的一位。他曾先後拜吳圖南先生和八卦掌名家李子鳴先生為

師，學習太極拳、八卦掌、形意拳等拳藝。家倉兄追隨吳老學習太極拳可謂十分執著，但又絕不故步自封，當他瞭解到石明對太極拳有獨到的見解和獨特的傳授時，毫不猶豫地執弟子禮，向其學習。

他不是一個心浮氣躁、見異思遷的人，他是以吳老的傳授為主導，本著「他山之石可以攻玉」的思想，吸取各家之長來豐富、充實自己的。家倉兄穎悟過人，用我的另一個拳友朱喜霖的話講：「他跟石明老師學拳時，學了一個攬雀尾，整趟架子就全明白了。」但就這麼聰明的人，卻從不自恃聰明而偷懶懈怠。

他練石明先生教的「無極樁」一站就是個把小時，在公園的僻靜處站，在家裡看電視時也站，他幾乎從不坐著看電視。練習胯圈兒（也是石老師傳授的一個基本功），每天不是轉幾百幾千，而是一轉就是四五十分鐘到一個小時。因為「胯」關係著底盤的平衡、穩定以及虛實的輕靈轉換。而且腰與胯關係密切，腰胯鬆靈才能便於周身透空。

據說，他就是從活胯開始突破的，他的胯一動，肩、肘都跟著動，能單動（一邊），也能雙動（兩邊），由於他在活胯上下了工夫，外動帶內動，原先丹田內轉的功能更靈便了，因此他成了石明老師弟子當中的佼佼者。

還有一件值得提起的事。按太極拳傳統的教法，學者眾，成者稀，有人十年二十年也不一定能入門。但拳友「小朱子」朱喜霖，跟石明老師前前後後學了三五年，太極內功的一些東西，基本都能掌握了。

他應邀給老拳友們講課，談及自己學拳的體會時說，

石明老師把王宗岳的《太極拳論》悟透了，並根據拳論要求精心設置了一整套訓練的方法和步驟。

頭三年著重讓學生們理解和解決的只是拳論的第一句話：「太極者無極而生，動靜之機，陰陽之母也。」無論是站無極樁，練探海樁還是轉胯圈兒及其他，首先要解決的就是何謂無極？何謂太極？何謂動？何謂靜？何謂陰？何謂陽？不搞清楚這些不行，因為這是基礎。

「小朱子」具體舉例說：「太極者無極而生」，望文生義，無極是太極的媽媽，不知道無極，找不到無極的感覺，太極就無從談起。因此，石老師一開始就強調站無極樁，先在靜態中讓你找到「無極的狀態」和體悟到「無極的感覺」，然後再求什麼是太極……一步一步練下去。正

早期在紫竹院公園練拳的良師益友們
前排左起：本文作者、黃震寰、楊家倉、張國健、祝大彤
後排左起：小蘇、小楊、郝懷木、張子辰、老范、蔣志明

因為他設置的方法和步驟與拳論要求相互吻合，所以習練者就比較容易入門和提高。

「小朱子」還談道，他後來跟王培生老師學拳時，大家都認為他領悟得比別人快，而按他自己所說，就是跟石老師學了幾年拳，使他對太極內功具備了一定的基礎（心知和身知）。他曾打過一個比喻：「就好像王老師在台上表演，石老師給我搭了個梯子，使我能走到台上，在近處觀看。王老師的動作、神態等細微處，都看得非常真切，領悟起來，自然也就非同尋常了！」目前「小朱子」在美國教拳已有十餘年了。

其他像老黃、大張、子辰、老范等拳友，他們按石明老師的要求站無極樁，練探海樁、轉胯圈兒等，首先在「體」上「開溝挖渠」，打通氣道，練得非常認真。原因是，太極拳要求「氣遍身軀不少滯」「以意導氣，以氣運身」「用內氣運動拳架」，否則內氣不足或沒有內氣催動姿勢運行，既不得養，也將流於人常說的「空架子」「花架子」或「太極操」。

所以石老師認為，無論什麼時候教拳架都不能「一刀切」，應以各人不同的進展情況為準（石先生教的架式，是在楊式的基礎上，看上去既非汪脈老六路，亦非武式，是他根據自己對《拳經》的理解按照神、意、氣、勁動分靜合、陰陽變化的理念自創的），結果一個個在原有的基礎上，都有所突破，取得各自的進展。轉眼間石先生離開我們已經15年了！

有一次，我跟曾任《武魂》副主編的常學剛老師談起與「明師」相關的話題，他講過幾句既通俗又極富哲理意

味的話，他說：「不忘當日的『明師』，與今日自己被後學稱為『明師』，並不矛盾；隨著時間的推移，幾十年前無知的小學生，透過好學深思，勤奮努力成為現在的『明師』，是歷史發展的必然。」

細想起來，現實情況正是如此！「明師」石明先生門下，當年的學生，如黃震寰、張子辰、張國健、范理寶、楊家倉，張永生、肖維佳等先生，現如今不是一個個也都被後學者看成「明師」，並追隨其左右，跟他們學習地地道道、貨真價實的太極拳嗎？！

除了這些拳友獲得的成就之外，筆者自己也有親身的感受和所得。石明先生曾於 1988 年 11 月 23 日星期三晚，在北大 201 室有個專題講座，題目是「太極拳及其技擊的特點」，我翻閱當時的筆記，共講了什麼是太極、什麼是太極拳以及太極拳技擊的特點三個問題。

其中談到了「太極圖的中極線」，這不禁使我回憶起王培生老師生前講過的一件事：有一次石明來到金獎胡同 11 號王老師家登門造訪，向王老師請教有關太極拳理論方面的一些問題。

據王老師講：那次交談中，圍繞著什麼是「太極」的問題，兩人談得很深、很細。王師認為：先哲云，「一陰一陽之謂道」；「陽非道，陰非道，道在陰陽之間」。按常人思維，陽就是陽，陰就是陰，道在陰陽之間，這個「之間」是什麼？似乎難以理解。

王老師補充說：「這個按常人思維似乎難以理解的『之間』，既非這，又非那；既是這，又是那，恰恰體現著太極陰陽變化的哲理——對立雙方共存於統一體中此消

彼長，同生共滅，相互轉化的規　。」為了把問題說透，王老師甚至還跟石明老師詳細剖析了太極圖。

王老師說：「太極圖裡的『S』線，俗稱中極之玄，就是『陽非道，陰非道，道在陰陽之間』最生動的寫照。因為按陽魚這半邊看，這條『S』線是陽；若按陰魚那半邊看，這條『S』線是陰。因此這條『S』線，既是陽，又是陰；既非陽，又非陰。可以說它是亦陰亦陽，非陰非陽。而且陰魚的小圓眼兒是陽；陽魚的小圓眼兒是陰。進一步表明，陰中有陽，陽中有陰，無處不是陰陽的對立統一，也就是說，宇宙萬事萬物無處不太極。認識到這一點很重要，否則就難以體會到盤拳中招招式式神、意、氣、勁動分靜合、陰陽變化的益處和樂趣！」

記得王老師談起那次與石明先生接觸的情況，讚歎石明先生很「鬼」（指非常聰明），石明先生當時聽後一拍大腿說：「對！道在陰陽之間。」似有所得。

石先生在北大的那次講座中是這樣說的：「什麼事都有個極限，那極限的一剎那──中極之微，就是太極。好比太極圖裡的中極線，亦陰亦陽，非陰非陽。具體如：我想出這隻手，要出前的那一瞬間（即出與未出的一剎那）；我想拿回那隻手，要拿回前的那一瞬間（即拿回與未拿回的一剎那），這兩個瞬間，都是太極。」他認為，「打拳就是有無之間、陰陽之間、同生共滅，此消彼長，不斷變化的過程」。

石明先生談到「邁步如貓形」的含義時說，這絕不是讓你邁步時蹺著腳趾，腳跟先著地走路，誰家貓這麼走啊？「邁步如貓形」和「如履薄冰」主要強調的是要求你

把腳下的「作用力」降到最小的限度。如果腳下老蹬著力就沒戲了。要在腳下做文章,這就是俗話說的「悟性就在腳下」。

他談到在自己的訓練中有兩個樁,一個是無極樁,一個是探海樁。一動一靜。站無極樁的結果不是腳下有力,而是飄起來了。他在這裡又強調說:「飄、走、接、散、虛、空,肩、腰、胯三道氣圈兒就是太極拳體用的全部。」

所謂飄,就是全身關節肌肉節節鬆開,僵力拙力完全除掉,腳下沒有一點死力,有一種升騰感,輕飄飄的;所謂走,就是「意為嚮導氣隨行」,內氣能在身體內任意遊走。如果不具備「飄」和「走」這兩個條件,根本就談不上用太極拳的方法與人接手。

他還談道:「所謂太極勁,就是意動和體動諧和的產物。」他認為,太極拳是一種哲學拳,是研究「自身和諧」和「自身與外界和諧」的人體科學。它有利於開發人的智力,提高人的思辨能力,增強人的素質。作為武術它有健身、防身的作用,但不是用來與人爭強鬥勝的手段,應該說它是一種極為高尚的、修養身心的大道。

2015 年是石明先生逝世 15 週年,距 2010 年先生逝世 10 週年時,我在《武魂》雜誌上寫《「明師」石明》轉眼又過去了 5 年,拳上的事情似乎又懂得了一些。翻看舊稿,感覺意猶未盡,遂又從「石明先生的創新探索」著手,寫下了一篇《勇者的足跡》,發表在第 7 期的《搏擊》雜誌上。

先是「明師石明」,再是「勇者石明」,5 年的時間

裡，兩篇文章題目的變化，反映了筆者對石明先生的認知與理解的深化與昇華。

石先生不是專業武術工作者，只是外貿進出口單位的一個普通幹部，業餘酷愛太極拳，在武術界當時並沒有什麼名聲。他的好處，不僅僅是師出名門，敏而好學，深究拳理，刻苦練拳，更突出的是始終不滿足已知的東西，總是孜孜不倦，勇於探索，不斷地挑戰自我。

為了印證和探求太極拳的真諦，他遍訪名師大家，為了學習能打動他的東西，很長一段時間駐足於吳（圖南）老的拳場；為請教太極拳的有關理論，登門造訪太極拳大家王培生。在本門師承的基礎上，博採眾長，結合自己所學細細品味太極拳深刻的文化內涵，不斷加深了對《太極拳論》中關於太極本質的理解，專心修練太極拳之真意。奇特的悟性和驚人的痴迷勤奮，使他能夠不斷感知太極拳的奧秘，並且在以後的教學中獨闢蹊徑，取得超常的成果！

石先生致力於教學的時間並不長，此事在我記憶裡，印象特深。1979 年冬至 1980 年初，石先生「敢」字當頭，在紫竹院公園八宜軒，毅然決然設場子，開門立戶，按照自己的太極拳理念，精心創編了太極拳入門的步驟和方法，開始正式課徒。他根據不同層次的要求，把太極拳的神、意、氣、勁、形的動分靜合強調得至為細膩、得當、有序，使從學者能在不知不覺中很快理解和掌握太極拳內功修練的門徑。

在互聯網上曾看到有網友在帖子裡說：「師從石明學有所成者，不是一兩個，而是一片。著實令人欽佩！」對

此我有同感。難怪他當時所收的第一批八位老弟子，儘管多數都有曾經或者正在受教於名師的背景，卻還是被這位不是「名師」的老師所吸引，跑到紫竹院公園去拜師，心悅誠服，認認真真地跟他學了起來。

石先生敢於打破傳統太極拳神祕的光環，不但能深入淺出地把拳理掰開了揉碎了講給他們聽；而且理論聯繫實踐，一一具體地演示給他們看，並讓他們在身上仔細感覺太極拳「用意不用力、全憑心意用功夫」的奧妙。

楊式太極拳在台灣的開拓者鄭曼青前輩說過：「論致用，必先於體上著力，體為本。」石先生正是由可見、可感的方法，耐心細緻、不厭其煩地口傳心授，使弟子們耳目一新，興趣盎然。

概括地講：石先生的教學，無論是強調站無極樁、練探海樁，還是轉胯圈兒等；無論是用「無極是太極的媽媽」來解釋無極與太極的關係，還是「狠抓根本」，在「體」上著力，宗旨都是把看似虛無縹緲的拳術，變得實實在在，可見可感。其教學的高明和迷人之處，正是他的勇於思考，勇於探索，勇於創新。

2000 年 4 月，石先生不幸逝世，耳聞有人對其生前頗有微詞，如說他態度狂傲，嘴上沒有把門兒的，說話經常得罪人云云。但筆者以為，「金無足赤，人無完人」，與其琢磨石明先生的態度是狂傲還是謙遜，倒不如研究研究他對探求太極拳真諦做了哪些努力來得更有意義。這個想法，得到中國武術院原社會活動部部長郝懷木兄的贊同。

太極拳是「道藝」，「道」是無止境的，它有很多不

同的層次，王培生老師說得好，「活到老學到老，學到死就算到頭了」。我們說石先生是「明師」，不是說他高不可及，無所不曉或功夫了得，我們只是從「入門引路的角度」，比較「教學成果的快、慢、高、低」。

傳統太極拳教學方法中有哪些是必須繼承和發揚的？又有哪些是亟待改進的？面對這些問題，石明老師是一位勇敢的探路者，他授徒時不墨守成規、因循守舊，在理論與實踐的結合上勇於創新，他為改變長期以來太極拳習練者「不得其門而入」「不得其要」的狀況，做出了令人讚歎的努力，成效斐然。

他勇敢且無私，快言快語，把自己的研究所得，毫無保留地告訴給每一位願意瞭解太極拳真諦的求教者。「把以往秘不外傳的竅要和成功的經驗之談用通俗易懂的方法，公之於世，是一種高風亮節」，這是中國武協顧問徐才先生讚揚著名太極拳家馮志強先生的一句話，這個讚譽，對於石明先生，應該也是當之無愧的。

相信所有得過石明先生教益的太極拳習練者，都會永遠銘記石明老師勇往直前的探索和創新精神。

大智若愚，穎悟過人

——記太極拳家楊家倉

　　我痴迷太極拳五十餘年，不但有幸接觸過不少真正明白的名師，更為難得的是結識了不少能與我相識相知的良師益友。楊家倉兄就是其中最讓人難忘的一位。

　　他中等身材，精瘦，外貌極其平常。待人接物心平氣和，從不逞強好勝，也絕不欺軟怕硬。他是屬於「不說硬話，不做軟事」的那種人。別看他一般不苟言笑，少言寡語，但心地卻無比善良，對人誠懇，穎悟過人。如果說他有什麼特別之處，那就是在他的眼神中，往往能看到一種睿智的神光。

　　1937 年 12 月 16 日，家倉兄生於浙江天台，自幼酷愛武術。1972 年始，先後拜太極泰斗吳圖南先生和八卦掌宗師李子鳴先生為師，學習太極、八卦、形意等拳藝。80 年代末，在人民體育出版社編審、《中華武術》副主編周荔裳協助下，他秉承吳老「弘揚太極拳術，把武術推向世界」的意願，牽頭籌組吳圖南太極拳研究社，並得到時任國家體委副主任兼中國武協主席徐才和北京市武協主席劉哲、秘書長范寶雲等領導的大力支持和幫助。

　　批覆申請報告時，劉哲根據研究社成員組成的情況

楊家倉拳照

（高級知識分子為主），認為更名為「吳圖南武術思想研究社」比較名副其實，具有特點。家倉兄既是該社創始人之一，也是首任社長和北京市武協第三屆委員（1990 年 5 月—1995 年）。由於他為人厚道，善於團結人，加之練功刻苦，悟性極強，深得周圍拳友們的擁戴，皆尊稱他為「楊師兄」。

他隨吳老學習太極拳十分執著，但又絕不故步自封。當他瞭解到楊式太極拳汪永泉前輩的再傳弟子石明（朱懷元的徒弟）對太極拳有獨到的見解和獨特的傳授時，便毫不猶豫地執弟子禮向其學習。他這樣做，不是心浮氣躁，見異思遷，也不是「狗熊掰棒子」。他好學，善學，是以吳老的傳授為主導，本著「他山之石可以攻玉」的思想，汲取各家之長來豐富充實自己的。

　　一位拳友講：家倉兄跟石明學拳時，學了一個攬雀尾，整趟架子就全明白了。他這種善於「提綱挈領，心領神會」的能力，不是一般人所能企及的。

　　確實，有一次他到北京外語學院（當時尚稱「外院」，即今北京外國語大學）王培生老師教拳的場地來找我，就站在王老師身後不遠處，王老師對大家說著說著，突然轉身回頭，指著家倉兄對大家說：「我說了半天，就他明白了。」原來，隨著王老師講的要領，家倉兄在那裡靜靜地體悟，心領神會呢，其穎悟過人之處可見一斑。

　　但就這麼聰明的人，從不自恃聰明不做努力，該下苦功的地方他一點也不吝惜汗水。他練吳老教的用架，一遍又一遍，經常大汗淋漓，衣衫濕透。他練石明先生教的「無極樁」，一站就是個把小時。

　　吳老生前強調功是練出來的，他曾說：「我不是賣拳的，你們也不是說拳的。」要求從學者切實下工夫練，不要當嘴把式。同時吳老還提出「光一味地苦練、傻練也不行。鍛鍊貴在堅持，但『學而不思則罔，思而不學則殆』。練習太極拳先學靜，次學悟（體會），再學練。而練時還要苦練加巧練，研究著練，分析著練，身心並用。」

　　在這方面楊家倉兄堪稱我們的楷模，他的「練拳必須明理」，執著得幾乎到了「痴迷」的程度。

　　比如，當他發現「以根帶梢」和「以梢帶根」這兩種練法有很大的區別時，就向吳老詢問。吳老說他的練法是外帶內，即梢帶根。問罷之後，家倉兄仍不放心，第二次又去問吳老，是「外帶內」還是「內帶外」？結果招來吳

老一頓臭罵：「我這麼大年紀還騙你呀！這個問題你問過我兩次了，去年問過一次，明明告訴你是外帶內、梢帶根。你不相信我，走人啊，幹嗎還跟著我呀？」

又過了一年，家倉兄在鋼院、北大教拳，因為看過了《周易參同契》，他感到這兩者區別挺大，忍不住又去問吳老。他這次改變了問法：

「打拳裡面的路線是從西北角（指會陰部位的上面）開始到梢上，然後再回到西北角對嗎？」

這次吳老說：「當然也可以，這樣練可以出功力，但那是玩命的練法，你要是想多活幾年，就別這麼練！東西都擱在梢上，玩兒。」

後來家倉兄對我講：「實踐證明『以梢帶根』（即以手帶身）同樣也能出功力。都在梢上，裡面人家根本進不來。」他建議我，年歲大了，東西擱在梢上，意也不宜放得太遠，只在一指開外即可，這樣不會傷身。他還說，「看起來練吳式拳的人長壽者居多，恐怕跟這點有很大的關係。如馬岳梁快九十了，楊老九十多了，吳老更是如此……」

據家倉兄講：吳老經常說「要在梢節上解決問題」，不要老停留在「根催送」，那樣慢了容易被對方捂死，一定要把東西練到梢上。

1988 年 4 月家倉兄提示我：「由外轉向內，用心意做功很好，但要注意仍然是『以手帶身』不是『以身帶手』。也就是說要按吳老要求的，必須梢先動，裡面才跟著動，不是從裡面翻上來，形之於外的。」

又如還有一次，他講：「如要提手，應是指甲梢先

動，意若不在指甲梢，腕子上有勁，根本就提不起來了。因為手腕子上的拙力將與對方的按力相頂。意在指甲梢，由指甲梢前端好似捏著絲線的一頭均勻緩慢地往上抽⋯⋯」後來他還說過，「動於中形於外，讓勁都出來，掌握不好，練久了，對身體有傷害；動於外，形於中，得養」。[1]

家倉兄這一連數年對「外帶內」還是「內帶外」的追尋探索，在我的師兄弟和拳友的圈子裡，被傳為了佳話。

前面曾經提到，楊家倉兄對太極拳十分執著，但他既謙虛好學又絕不盲從。他跟石明先生學拳以後，沒有改架子，仍按吳老傳授的架子練習和課徒。吳老在他心目中的威望是任何人都無法替代的。每每談起吳老的「真東西」，他總是津津樂道。

有一次講起吳老教的「用架」，他說：「小架子是個寶，好使極了。剛學那陣，自己都不知道，就把一個徒弟打出好幾丈遠。」他對吳老的「用架」有所體悟以後，曾向吳老發問，而且一問就問到點子上，這也能充分反映出他穎悟過人。

80 年代後期，外語學院有位周姓教授跟吳老交往頻繁，後來又跟石明老師學拳。他弄不懂無極、太極之理，

---

[1] 兩種方法孰好孰差，在理法上究竟又有些什麼不同，還需結合吳式太極拳著名武術家王培生老師談太極推手時說過的一段話聯繫起來思考、研究。他說：「太極推手是一種知覺運動，是鍛鍊身體神經末梢靈敏性。要練得和蟋蟀頭上兩根觸鬚的觸覺一樣敏感，它的動作反應不僅是那樣的快速，而且能指揮身子的進退和變化⋯⋯」我認為，這好像是「以手帶身」最形象的比喻了。

手上也不知道分陰分陽。那時周教授追吳老追得很緊，隔三岔五地帶個錄音機去找吳老問這問那。

據說吳老夫人對此有看法。有一次周教授又去了，問起「何謂陰陽」，老太太沒好氣地接過話茬兒說：「首先要看你具備不具備理解陰陽的基礎。若不具備，說了也白搭。就像候鳥，天氣冷了的時候，它就往南飛。是它自己身上有感覺，不是別人告訴它的。」幾句話把這位周先生噎回去了。

有人向家倉兄提起此事，家倉兄說：「這事兒我知道，老先生確實沒有告訴人家。」家倉兄認為：「老先生是從舊社會過來的，不可能像我們一樣，直言不諱，有一說一，有二說二。特別是他若對你有所顧忌，那就更是金口難開了。」

演示吳老所傳太極拳連勢下勢一動

接著家倉兄談起自己學拳的體會：「有些東西也是我在原有的基礎上，經吳老、石明老師點化後，才慢慢有所悟的。比如打連勢時，這種『打出去，拿回來』的練法，開始也不是老先生直接告訴我的。是我悟到以後跟吳老說『我感到有一種回來的勁』，他才一捋長髯抿嘴笑問：『誰告訴

你的？」」家倉兄認為「太極拳說簡單也簡單，就這麼點東西，但不是誰都可以輕易得到的。」

在家倉兄的幫助下，我打連勢時，很快對「打出去，拿回來」也有些體悟了。後來有一次家倉兄陪我去看望吳老，我練了一段連勢，還受到了吳老的讚揚。

每一勢「打出去，拿回來」的練法，用吳老的話來說就是「想打人，忽然又不想打人了」。這樣神、意剛要合上，突然又分開了，神先回，意接著又追神，「東西」不就自然回來了？這時，待機而動，一旦得機得勢，毫不容情，一往無前……後來家倉兄就把它發展成「我不打人，永遠不想打人，不是不能打人」。

有一陣，我「拿回來」老拿不乾淨。家倉兄認為這個問題很重要，一定要解決。

他說：「你上面放鬆了，腿和腳下的問題沒解決，那裡也應該鬆開。」接著他補充說：「不光上面『拿回來』，下面也要『拿回來』，特別是眼神連同目標也得一同拿回來。」

他比試給我看：「打出去」剛一動念，神意很足，目光如炬，一動無有不動，手腳齊到；「拿回來」剎那間，神意稍縱即逝，神光收斂，一靜無有不靜，看上去，人好像沒動，手勢自然盪回，「東西」放下後，整個人是輕飄飄的。我學著練了幾遍，他認為很好。

自己的感覺則是：只要腳下鬆開，連目標一塊拿回時，身上就相應有一種鬆開來了的變化——特別是丹田以下，立即有一種類似張開一個空布兜的感覺。再有，家倉兄提示我「拿回來」時，不要在身上「咕蹎」（指「以身

帶手」），應該是身上看上去紋絲不動，先走梢，「以手帶身」。

楊家倉兄學拳、練拳、教拳跟他為人處世一樣，都是看似平常其實並不尋常。他為人，正直善良，坦誠無私，為而不恃，平易近人；他學拳，尊師重道，能者為師，不迷信，不盲從，且具有一種堅韌不拔和窮理求極的精神；他練拳，苦練加巧練，身心並用，在實處下工夫，在虛處做文章；他教拳，目的明確，想方設法因材施教。

一般是學生追著老師學，他是老師追著學生教，他費盡心思，用汗水、智慧和真情，培育自己的弟子。弟子們的點滴進步，都是他最大的快樂。他對來自師兄弟、拳友間的求教，更是有問必答，傾囊相授。

然而世事難料，天妒英才，1998 年家倉兄英年早逝，到現在離開我們已經快 20 年了，他平日裡的音容笑貌，言行舉止，都深深地銘刻在我的心坎裡，使我難以忘懷。吳老謝世前曾經常念叨：「人死道不能滅」，「天滅我人，難滅我道」。

2001 年 6 月 16 日，家倉兄的弟子們團結一心，集資為家倉兄的骨灰遷葬，並決定每月抽一定的時間聚在一起，繼續研習吳老、家倉兄傳授的太極拳學。

我認為，這是在家倉兄人格魅力的感召下，為實現吳老、家倉兄未竟之業意義重大的舉措。由衷地期盼太極拳學之研究大業，蒸蒸日上，走上健康發展的道路。

「太極拳啊，
你魂兮歸來！」

　　本節標題是借用四川太極拳家張義敬先生《太極拳的沉思》一文中的一句話。張先生的文章 1992 年發表於《武術健身》第 2 期，主旨是慨嘆當代太極拳逐漸真義盡失，名存實亡的窘境。

　　我在 2003 年 2 月參加老友黃震寰先生七十壽辰暨他組織的「大道」太極拳研討會上的即席發言中有感而發，第一次提到了張先生的那篇《太極拳的沉思》。

　　張義敬先生是楊式太極拳在四川的開拓者李雅軒的弟子。《太極拳的沉思》一文中談道：「太極拳和其他任何武術在內容上大相逕庭，它不僅僅可以作為一種『體育運動』，更是一種『智育運動』，或者稱為『意與氣的運動』。『意氣君來骨肉臣』，拳譜上明明提出骨肉是次要的，意氣才是太極拳的主要內容，如果真要提倡、弘揚太極拳，就應該承認它的特殊性，承認它的與眾不同。」

　　但是「近幾十年來，我們在太極拳上的成就之一，就是有學不完的套路，只看見形式，不知其內容，強調外形動作的規範化，而不考慮怎樣以太極拳的內功內容作為規範化的標準，這就只能使太極拳滑向一般體育和外家拳的

軌道，太極拳遂名存實亡」。

文章還對太極拳推手比賽名實不副的情況做了深刻的剖析，最後在結尾憤然寫道：「太極拳啊，你魂兮歸來！」作者公開為太極拳叫開了魂！

無獨有偶，1992 年，《武當》雜誌連續三期刊登《太極拳之道，道傳有心人》這篇文章，作者是美籍華人、美國太極拳基金會會長周宗樺。按周先生自己的話講，他先在台灣學習太極拳垂 10 年，後遷居美國，義務授拳 15 年。漸漸感到自己所學、所教都是有太極拳之名而無太極拳之實的「太極拳」。

為了拓寬視野，他多次專程到台灣、香港、中國大陸尋師訪友，到過武當山、陳家溝、北京、西安、鄭州、廣州等地，會見最孚時望的名師高手，有的甚至是簡化和綜合式太極拳的「創造人」。

據他講，「說來令人失望，只有已經過世，享年 105 歲的吳圖南老先生，那時他已年近百歲，依舊身輕體健，精神矍鑠，為太極拳後學提供人證，為張三丰祖師『欲令天下豪傑延年益壽，不徒作技藝之末』做了有力的註腳」。周先生多年僑居國外，對中華武術愛之至深，尤其對太極拳做過長期精深的研究，雖多次來中國大陸尋師訪友，但由於陰錯陽差，接觸有限，以至對大陸名家高手的評估未必全面，但瑕不掩瑜，他對當今中國太極拳運動中存在的問題，以及如何才能真正把太極拳的精髓繼承下來，弘揚開去，使中華武術百花園中這朵奇葩——太極拳，不至淪為「老人拳」「太極操」等見解，應該說都還是有的放矢，發人深思的。

　　如他認為「太極拳技近乎道，其困難更凌駕一般技術之上，現在若再不追根究底，窮本溯源，太極拳將名存實亡」。他還說：「太極拳之所以式微，不外：一，打太極拳的人對拳經拳論都耳熟能詳，但能身體力行，持之以恆的人，真正做到的能有幾人？二，在傳授過程中，只傳架式，而失落了太極拳的萬能鑰。有此二因，即使政府民間大力提倡，並已傳播至全世界，練習者雖多，前景仍著實令人擔憂。」

　　當時我看了這篇文章，立即產生了強烈的共鳴，總以為一石激起千層浪，在武術界會引起很大的反響，打電話一問，沒想到出乎意料，不僅沒有引起重視，相反不少人對這篇文章說三道四。後來一想可不是嗎，作者把很多人認為的大好形勢說成一團漆黑，把很多人心中的名家都否了，人家能高興嗎？

　　這兩篇文章一呼一應，從發表後到 2002 年，一晃就是 10 年，老一代的前輩名家，又有一些人離開了人世，可謂老成凋謝，後繼者青黃不接，原本就令人十分擔憂的太極拳運動，卻情況依舊。在 2002 年 9 月中國焦作第二屆國際太極拳年會上，太極拳推手比賽還是抱摔、頂牛、「推小車」，沒有一點太極推手的味道，太極拳的套路比賽，也還是光強調動作的規範化，仍沒有把太極拳內功內容提到議事日程上來。

　　事實上，正是由於太極拳運動在相當長的一段時間裡正軌偏離，靈魂缺失，才使得相當一部分人對太極拳的認識日漸虛無起來。從 1992 年起，時隔二十餘年，這股虛無之風愈刮愈烈。

筆者在網上曾讀到過一則署名「遊吟劍客」的文章，該文作者看起來應該是熱衷於太極拳且熟悉各派太極拳的情況，故有多方面的點評：

例如，他評說吳式拳：「沒有什麼可誇耀的歷史」「吳公儀與陳克夫的錄像，實在沒什麼東西，比現在的散打還沒內容」「練吳式的推手有好手，但跟汪永泉的玩藝兒相似，玩玩勁兒還行，不能真用」，還說「汪永泉是說拳的主兒，北京話『老頭拳』，老頭兒的玩意兒，離實用遠了點」。當然他也承認「汪永泉是有些功夫的，但屬於俗手」。他還提到「朱懷元、孫德善……石明等是有功夫的，但都沒有脫俗，要吹，都還有些資本」。

他甚至具體談到在地壇，「親眼看見孫德善讓幾個人排成縱隊來推他，他讓誰出去，誰就一準兒被發出去，排隊的人並非都是他的徒弟，所以並不是作秀。作為玩意兒，這功夫夠得上高妙，但也只是作為玩意兒」。

還說，「朱懷元黏人的功夫也可以說是高超，當時一塊兒玩的有位翁師傅，看見朱懷元來了，從後面拍了一下朱懷元的肩膀。結果怎麼著，手拿不下來了，亦步亦趨跟著朱懷元屁股後面走，惹得大家哈哈大笑。這沾勁能讓老翁的手找不著著力點，夠神的吧，但還是俗手。因為拍他的是老翁，而不是泰森」。

此公還說到馬岳梁、楊禹廷、孫劍雲、洪均生、陳正雷、陳小旺，包括吳圖南等人如何如何。甚至還提到筆者——「吳老沒教出像樣的徒弟，什麼于志鈞、陳惠良等，功夫太一般了」——我應該跟此人不認識，他壓根兒沒提吳老嫡傳馬有清、楊家倉、李璉等人，說明他對吳老

還不是十分熟悉，提到我可能是因我寫了《太極凌空勁辨析》那篇文章的緣故，誤把我列入吳老的門牆了。

此人所談說明，他的接觸面相當廣泛，而且對太極拳可謂執著，到處尋訪。哪個地區，哪個門派，稍有點名聲的人，差不多他都能說出個子午卯酉來。他有很多話說得還是有些道理的，但也有不少太離譜兒了。

比如為了達到「虛無」的效果，他說：「朱懷元黏勁不錯，夠神的，但還是俗手，因為拍他肩膀的是老翁而不是泰森。」該文作者之所以如此「強詞奪理」，關鍵是因為他對太極拳本質的認識發生了嚴重偏差，在他的腦子裡，好像就只有一把尺子、一個標準，那就是「打」——不能打的一切都談不上。

靜下心來細想想，此人有此看法也不奇怪。因為當前武術部門領導的思想深處，不正是突出的這個「打」字，並決心要在武術的技擊性上大做文章嗎！在這樣的氛圍中，民間也有人搖旗吶喊，助陣喊威，又有什麼不好理解的呢？可以說，此人的看法，也代表了相當一部分人的想法，應該視為是對「以往武術部門為歷史條件侷限，長期偏執一端，基本上不強調、不提倡武術技擊功能」的一種逆向思維的批判，所謂「物極必反」「矯枉過正」是也。

雖然人們一提太極拳，大都知道它的功能可以發揮在養生和技擊兩個方面，但對這本來是一件完整事物的兩個方面，由於主客觀等多方面的原因，長期以來，被割裂成互不相干甚至互相對立的兩件事情，並居然成為人們一直爭論不休的焦點，不能不說，這是這一歷史時期太極拳習練者特有的悲哀！

　　太極拳的功能可以發揮在養生和技擊兩個方面，這是顯而易見的事，正如汪永泉前輩在他的專著《楊式太極拳述真》一書中所說：「早期，楊式太極拳拳架就有養生架和技擊架之分。目前廣為流傳的太極拳就是以養生為目的的養生架，注重內功修練。使內氣和外形互相配合，從而達到養生的目的。一般來講，單練這個套路是不能技擊的，需要補充揉手技法、散手等。所謂技擊架是前人把勝人之招綜合在一起，編成套路。它雖長於技擊，但也必須有內功做基礎才能充分發揮技擊的功能。」

　　汪老在書中還提到，「楊式太極拳的技擊架子只傳給了自家子弟和部分門徒。目前練習太極拳者絕大多數都是以養生為目的的，即使有些人以提高技擊功夫為目的，也得首先具有健康的體魄和充足的內氣。因此，必須從養生架子學起。總之練習養生架是根本」。

　　為什麼長期以來人們總愛說太極拳難修、難練、難以致用，我想只要仔細琢磨琢磨汪老上述這一番話，就不難找到其中的一些原因了。

　　汪老是一位既得真傳又願意往下傳人的名家前輩。20世紀 90 年代中期，市場上有關太極拳的書一本又一本，琳瑯滿目，但像汪老在他的專著《楊式太極拳述真》中，把楊式太極拳內功勁法講得那麼具體細緻，通俗易懂，並不多見。汪老從不自我吹噓他能打人和在這方面如何如何，然而他在傳授太極拳時，講技擊比講養生要多得多，目的是教人先明理，理備才能法精。晚年他甚至建議有關部門選派 10 名青年學生由他來培訓。只要按照他的教案和練法，3 年之內就可為國家培養出確有功夫的人才來。

遺憾的是，老人家到臨終時都未能如願。

像這樣一位武術大家，在那位「劍客」眼裡，竟被看作是「說拳的主兒，老頭兒玩的玩意兒，離實用遠了點」。我不知道這位「劍客」是直觀推理還是與其摸手後親身有所體會得出的結論。

筆者認為，重視這些前輩留下的「玩意兒」，破譯出如何「離實用近一點」的奧秘，尋找蘊含其中的「太極之魂」，應該是當今太極拳修練者最重要的任務。

說到這兒，我感到有必要重溫一下中國近代太極拳實踐家孫存周先生的觀點。孫先生以其父孫祿堂先生的「拳以道合」的武學思想為指導，形成了具有自然、簡約、圓融、致用、中庸五大顯著特徵的極具實踐性的武學體系。他強調「學以致用，透過打來檢驗練的成果」，這是一方面，另一方面，他又反對「以勝負結果代替一切」。

他認為，一場較技的結果，要從技擊技能、身心素質、戰術經驗、臨場機遇四個方面分析發現問題。實戰才具有檢驗理論的效用。世界上任何地方，任何打法，只要是對抗性的搏擊，究其勝負的原因，都離不開孫先生提到的這四個方面，這是帶有規律性的認識。

一切較技的結果，不是單看誰輸誰贏，更要研究「贏」，贏在哪裡，「輸」，輸在哪裡。用孫先生的話說，就是「打中求理」「拳與道合」。像網頁上「劍客」那種看問題的方法，屬於褊狹，缺乏實事求是的科學態度，這種態度，對武術事業的發展是不利的。

讓人喜出望外的是，我周圍的一些師兄弟和拳友，始終不渝地堅持著探尋和重塑太極拳之靈魂的工作。比如黃

震寰、楊家倉、張國健、張子辰等結束了跟石明老師的系統學習，在石明老師的點撥和獨特的傳授下，他們對太極拳內功勁法的理解和掌握，達到了一個新的水準，並根據自己的學習體悟、實踐經驗，教了不少學生，有了自己的拳場，不自覺地在進行太極拳內功的普及工作了。

　　我自己痴迷太極拳近 40 年，結交了不少志同道合、相識相知的拳友。我們通常愛稱他為「老黃」的黃震寰教授，就是我眾多拳友中，給過我很多幫助並使我受益匪淺的良師益友之一。雖然他的年齡比我小幾歲，但他接觸太極拳的時間並不比我短，尤其是他頭腦聰明，悟性極高，勤研不已，樂於助人。他既能無私地跟別人分享他在不同階段鑽研太極拳學獲得的珍貴成果，同時又能對別人在研習太極拳過程中的點滴體悟及時加以肯定，引導你一點一點紮紮實實地前進。他是一位善良、坦誠、熱情、隨和的學者型太極拳家。正因為如此，多年來，在他周圍匯聚了很多來自不同行業的太極拳愛好者。

　　他教拳的拳場和課堂有一個最大的特色，就是沒有一點江湖氣，沒有什麼打鬥聲，總是人氣很旺，武事文備，乃武乃文，充滿了濃厚的學術氣氛。拳友吳子玉撰寫的《活躍在科學城的太極拳研究學者》就真實生動地介紹了這方面的情況。

　　老黃在 80 年代中期出師後，先在北京航空航天大學院內離家不遠的一個小花園內課徒，繼而又擴展到科學城一個學院的大禮堂傳授學生。十多年來，陸陸續續收了不少弟子，從學者和受益者也很多。我翻閱了自己在 80 年代中期記下的筆記，他給我比較重要的提示有：對無極、

太極及其相互關係的認識；對無極椿功的練法及其重要性的認識；強調胳膊不能成棍棍，身軀不能成板子；強調要在腳下做功，不要在手上爭霸，等等。

老黃不是武術的專業工作者，他是北京航空航天大學的一位教授，業餘酷愛太極拳，勤研數年，造詣很深。他做過「大道太極」的專題講座，有人誤解他是在自吹自擂研究的是「大道」。其實老黃是在講自己求的是太極之道，也就是太極拳的大道即「身心並練，性命雙修，益壽延年，天人合一」，而不是太極拳的「末技」。

多年來，老黃把自己所學的太極拳的經驗體悟和認識成果，無私地奉獻給別人，默默無聞地在做著太極拳的拳理和內功勁法的宣傳普及工作，在為弘揚中華民族傳統文化中的瑰寶太極文化而盡心盡力。那位「劍客」在網上說汪老傳承的那些「玩意兒不實用」，這些年不是也有人對老黃講的、傳的以及推手實作持懷疑的態度，也認為是互相配合，真遇上力大手快的就不實用了嗎？為了避免無謂的爭辯，老黃胸懷坦蕩，安詳自在，他索性申明自己所練的、所教的都只是養生太極拳、養生太極推手，在我看來，他非常高明，這很符合吳老（吳圖南）的主張。

老黃清楚自己正在做什麼。它不僅是涉及眼前我們這些人太極拳鍛鍊是否正確、能否得益的問題，而是直接關係到廣大的太極拳愛好者，應該繼承什麼、追求什麼以及太極拳運動發展方向的大問題。

吳老生前曾經講過：「我們研究太極拳的人，認為技擊乃餘事耳，就是說太極拳修的是大道，技擊乃太極拳的餘事。為什麼這麼講呢，道理很簡單，因為你的技擊技術

無論多麼高超，當你人死了就沒有用了，故還是應該以養生長壽為主，以技擊為輔，這是創造太極拳的先哲的本意，也是歷代太極拳先賢們的一貫主張。」所以，吳老通常愛講：「你是想推手贏人，還是想活得長一些。講發放，傷人、傷己；講柔化，得養。」

對於「應該搞搞推手比賽和散打的主張」，吳老1984年在《太極拳之研究》中提出：

「這是應世界潮流和社會之需要，但是否人人都去這樣做呢，大可不必。要看你的職業，你是從事武術專業的，像外國拳王，那你去幹是沒有人限制你的。不過，如果是太極推手，就應該突出太極拳的特點，按照太極拳應有的要求、步驟、方法去訓練，在比賽中可採取推而不打的辦法，就像摔跤中的摔而不打一樣。倘若技術發揮得好，連護具都可以不必要，因為太極拳是以柔克剛、以靜制動、以小勝大、以弱勝強的技術。」也就是神意氣的運用和變化，而不是較力和撕扯。

我是一個太極拳的業餘愛好者、痴迷者，在近40年的歷程中，由於各種主客觀原因，特別是主觀原因，如急於求成、好高騖遠、缺乏耐性和毅力等，走了很長很長的一段彎路。

我深切地體會到，在求知的過程中，別人給我哪怕是一星半點的幫助和指導，都是一種極大的享受和快樂。所以我非常敬重和欽佩老黃孜孜不倦、熱情普及太極拳的拳理和內功勁法，幫助愛好者認識太極拳，走近太極拳，掌握太極拳，尤其是在外界各種龐雜思想干擾下，依然能一往無前，鍥而不捨。能說這沒有意義嗎？應該說很有意

義，意義很大。我堅信：在太極拳發展史的功勞簿上，人們將會用金字為老黃記上一大筆的。

前不久，我去看望吳式門中的王兆基師叔，閒談中，他提起我楊禹廷師爺生前曾嘆息：「很多人學習太極拳，由於不瞭解太極拳的特點，沒有對《太極拳論》和《十三勢行功心解》進行仔細的研究，練習方法不對頭──『主動了』，所以練了一輩子太極拳，也還是不沾邊、不摸門。」

是啊！練了多年太極拳，如果仍不懂「太極十三勢乃研求一氣伸縮之道」，不明白「先在心，後在身」「意氣君來骨肉臣」以及「『靜中觸動動猶靜』『視靜猶動』『視動猶靜』」，做不到「屈伸開合聽自由」等，必然還是門外漢一個！

因為，太極拳的發展，雖如日中天，已成為國際知名的體育品牌，但由於它「在內不在外，在氣勢不在架子」（郝月如語），是在中國傳統文化的土壤上成長起來的「中華武術百花園中一朵奇葩」。它有著豐富的文化內涵，融儒、釋、道三家為一爐，涉及眾多學科，博大精深，道技並重，內外兼修，是一門難修、難練的拳術！

因此，長期以來，「學如牛毛，成如麟角」。正如吳老（吳圖南語）所說，不但「需要習練者具有萬夫不當的勇氣、百折不回的毅力、脫胎換骨的精神」，更需要很多很多明明白白的老師熱情地給予指點、引導。只有這樣，才能使太極拳的「真髓」綿延不絕，廣為流傳。

所以在這裡，我也要學一學張義敬先生，大聲疾呼：「太極拳啊，你魂兮歸來！」

道傳有心人

2011 年，在吳圖南老師仙逝 22 年之際，吳圖南武術思想研究社召開了「定勢」研討會。這次研討會，再次研究吳老傳承的東西，不但促使我加深對故人的懷念，而且也是促使自己對半個多世紀以來，習練太極拳的歷程，再一次進行深入的反思……

我是 20 世紀 60 年代中期開始跟吳圖南老師學拳的。吳老秉承楊、吳兩家太極拳之學，他傳承的練架屬於太極拳的傳統練法，也就是太極拳的行功架，受教於吳鑑泉，是吳鑑泉 1928 年南下前傳授的架子，分定勢和連勢兩個部分。此兩者從形體動作上看基本上是一致的，只是練時在意念和聯貫的程度上有所區別。

據吳老講：「定勢，是吳家練習太極拳基本功的功架，其目的在於加強習練者自身毅力、體質的修練，使太極內功得到不斷的增長。」

當時吳老每週上一次課，每次只教兩三動，一勢一勢，隨著時間的推移，越練耗的時間越長。對此我認為進展太慢，也太費力了，不如一開始就學連勢來得痛快，可是吳老對我的急迫情緒並不理會，他說：「我寧願把人都

與吳老夫婦合影於吳老家中

參加中日太極拳交流活動後，在首都體育館門前，
與吳老、楊家倉、李璉等合影留念

練跑了，也要按老輩兒傳下來的、行之有效的方法教！」

在跟吳老學拳前，我已經學過將近 10 年的拳，那時年輕，而且受武俠小說影響很深，迷戀拍樹、蹬牆、撐千斤棒和擒拿格鬥以及所謂外家拳見招拆招那一套。

後來看到太極拳挺神奇，頓時迷上了，因為對太極拳這門內家拳種缺乏認識，雖學習興趣很濃，但還是急功近利、急於求成。

對我的這些情況，吳老一直在訓導我，啟發我要用「太極拳的思維方式」深研太極拳的鍛鍊要領，可惜當時我卻如「東風吹馬耳」，沒有往心裡去。

到了 1974 年秋，我聽說一位拳友跟楊式汪永泉一脈的傳人孫德善先生學得「太極拳樁功」。於是曾一度中止跟吳老學習，去追求這個「樁功」。這位拳友學到的是太極十三勢內的八法，每一法就是一個樁，共八個樁。此人私密得很，將每一個樁的姿勢怎麼站和它的練法視如珍寶，只演示了一個無極樁，其他各樁的站法，連看都不給你看，更談不上告訴你怎麼練了！

這期間，我先後到過劉晚蒼、楊禹廷、高占魁、汪永泉等名家前輩的拳場，在汪老的拳場學了不到半年，中途有些變故只好離開。就這樣轉來轉去，轉眼又七八年過去了。

到 80 年代初，首先是我的良師益友楊家倉兄，再後來是我的忘年之交李璉，他們熱忱地幫助我，使我逐漸迷途知返，我開始反思自己這一段時間的「折騰」。從跟高瑞周老師學拳算起，而後是徐致一、吳圖南、高子英、姚宗勳、高占魁……前前後後我所接觸到的老師，個個都是

地地道道的名師大家，為什麼自己練拳多年，依然「只是沾點邊，還沒有入門」（拳友對我的評價）呢？是自己悟性差？是自己不刻苦？還是……

此時，我雖然開始不斷向自己發問，但仍處在委屈和迷茫中。內心深處急於求成的心思並沒有完全打消。

到 90 年代初，一次我去北京圖書館（即現國家圖書館）翻閱武術雜誌，讀到美國太極拳基金會會長周宗樺先生撰寫的《太極拳之道，道傳有心人》，如醍醐灌頂，頗有頓悟之感。

周先生認為，「按吳圖南能享高年，從外形上看，得力於他的太極拳和虛領頂勁」。他說：「我們打太極拳的人，哪個不曉得虛領頂勁呢？……但有多少練拳的人真正能做到虛領頂勁呢？」

他說，1985 年專程去拜訪吳老時，合照了幾張相片，照片上年近百歲的人，虛領頂勁如一柱擎天奇峰突起，他時刻警醒自己，您要延年益壽活 100 歲嗎？就學吳圖南的虛領頂勁吧。

他還說：「幾年下來，體會到頭為諸陽之會，領起一身之氣。頭不合，則一身之氣不入，要想做到形如搏兔之鶻，神似撲鼠之貓，靈敏不測，變化無窮，絕不可能。」

由此筆者聯想到五絕老人鄭曼青諄諄告誡他的學生：「脊為多節，如串珠然，壘壘而起，稍不注意，則傾斜而倒，不復有力支撐頭部與軀幹矣。」他要求從學者「豎起脊樑弗令傾側，但若緊張矜持，矯枉過正，也為病」。

我記得 1988 年 11 月 27 日，我與楊家倉兄去看望吳老，臨走時，吳老讓老伴取出照相機，命家倉兄為我倆照

一張相。底片沖洗後,我去畫報社取相片,旁邊一位陌生人見了驚嘆道:「呵!瞧這老爺子的神氣!」

是啊,相片上的吳老,當時已年過百歲,雖因病小腿有些浮腫,但正襟危坐,頂勁虛領,那神態確似一柱擎天,奇峰突起,哪想留影44天後,也就是1989年1月10日凌晨竟會與世長辭了呢?

是的,吳老確實自始至終都是頂勁虛領,脊柱正直無曲。從學者有目共睹。而且吳老也不知囑咐過我們多少次,對《心會歌》中「腰脊為第一主宰,喉頭為第二主宰」以及《周身大用論》中「三要喉頭永不拋,問盡天下眾英豪」等字句要用心揣摩,並提示「喉頭指的是人的頭頂」。

這是吳老自覺不久於人世時用自家相機命楊家倉為我們倆拍的一張合影。四十多天後,老人家就離開了人世,睹物思人,心潮起伏,思緒萬千⋯⋯

他認為，頭占人體七分之一，頭若不正，勢必影響人體重心的穩定。因此，習拳之初，就必須注意下巴頦兒微收，目平視，頭頂百會（「百會」乃諸陽經的交匯處——筆者注），似有繩繫著微微上提但切不可刻意上頂，以免用意過大造成頸項強直的毛病，故曰「虛領」。能如是，頭面也就自然中正，面容端莊，神凝於耳了。他不但這樣說，而且言傳身教，對虛領頂勁（即頂頭懸）我們可以說是司空見慣了！

周文還談道：「拳論又云：『虛領頂勁，氣沉丹田。』若僅有虛領頂勁，而沒有氣沉丹田，即患上重下輕之弊。」在這個問題上，吳老也是經常不厭其煩，「氣沉丹田」「氣聚丹田」「意氣相守於丹田」「意存丹田」等，奧妙精微，娓娓道來。

他認為，「氣沉丹田」這個「沉」字，容易使人誤解，要努氣從上往下壓；若說「氣聚丹田」，好處是讓人想到不僅要從上往下，而且還要由下往上，上下兩頭都有往丹田聚攏之意，但前面強調了一個「氣」字，又恐怕使人著意在「氣」，易犯努氣和意大的毛病。他比較傾向於「意存丹田」的提法，當然如說「意氣相守於丹田」亦未嘗不可。總之，吳老認為，「虛領頂勁」和「氣沉丹田」有助於脊柱節節鬆沉，尾閭中正神貫頂，形成上下兩頭對拉拔長一氣二奪之勢。這是太極拳身法中的重中之重。然而遺憾的是，由於自己淺薄無知，當時對此竟然未予重視，漠然處之。

回想那些年在習拳的過程中，我聽老師講，倒也很專心，甚至聽到緊要處欣喜異常，可是時過境遷，個人練

時，往往又不能時時刻刻按老師所講和拳經、拳論上的要求，一絲不苟，嚴格以求。若說「持之以恆」，更是使我汗顏了！特別是，當我聯想到忘年之交李璉練拳的情形，每次他到拳場，不言不語，吳老怎麼教，他就怎麼練，思想單純，練功專一。

私下裡閒聊，他心裡裝的就是吳老當年練功的艱苦情況：練定勢時，一定就是個把小時，定得汗流浹背，筋疲力盡，冬天鞋碗兒裡能倒出水來；三伏天，人站的地方，下面就是一攤水……

對照自己，練拳時腦子裡經常轉的念頭是：「這樣練太費勁兒了吧」「進展太慢了」「用意不用力能行嗎」「八卦六十四手的『雙鞭壓肘』『進步挑掌』『鷂子抓肩』真好使」，心猿意馬。

我開始深切地反思：自己業餘酷愛太極拳，為了向汪老學拳，大冬天我能騎著自行車，從萬壽寺途經公主墳橫穿東西長安街到建國門社科院學拳；我對太極拳的痴迷，廢寢忘食，東奔西走，有時甚至連家務事也全然不顧，常惱得妻子氣急了就說：「你索性跟太極拳結婚去好了，還要這個家幹什麼！」執著之情，可見一斑。雖然我也是有心的，但我的「心」，卻往往是三心二意之「心」。

實踐證明，李璉才是一個真正的有心人！楊家倉才是一個真正的有心人！吳老生前強調功是練出來的。要求從學者切實下工夫練，不要當嘴把式。同時吳老還提出「光一味地苦練、傻練也不行。鍛鍊貴在堅持，但『學而不思則罔，思而不學則殆』。練習太極拳先學靜，次學悟（體會），再學練。而練時還要苦練加巧練，研究著練，分析

著練，身心並用」。在這方面李璉和楊家倉兄堪稱我們的楷模。周文說得好：「太極拳之道，道傳有心人。」命運在這裡是公平的！

記得吳老生前常告誡我們：「要想把太極拳學好，你必須有萬夫不當的勇氣、百折不回的毅力、脫胎換骨的精神，否則是功敗垂成。」我根據自己走過的彎路和教訓，又補充了自己的四點切身體會：

第一是要努力提高和加深對吳老傳承的認識。我學太極拳走了很長恨長一段彎路，跟缺乏正確的認識有關。

第二就是要不斷端正學習的目的和態度，具體情況前面都已經說了。

第三就是要牢記吳老教誨「先學靜，次學悟（體會），再學練。而練時還要苦練加巧練，研究著練，分析著練，身心並用」。練時身心並用的重要性姑且不說，就說這個「靜」字，王安平老師曾一再囑咐我：「靜為萬法之宗」「靜練出高功」。生活中應「心平氣和」，練功時要「心靜意專」。吳老說先學靜，次學悟（體會），再學練。把「靜」字放在第一位，可見也是十分強調「靜」是如何重要了。

第四是勿忘吳老臨終遺願：「人死道不能滅。」他為什麼不說「人死拳不能滅」，而是說「人死道不能滅」，這「拳」與「道」，一字之差，境界不同。他認為自己傳承的不僅是拳技，更是一種道。因此，臨終遺願明示我們要警惕，不要誤把拳技當作道。因為世俗間，人們熱衷於大肆渲染太極拳的健身效應、技擊功能、表演觀賞和陶冶性情……特別是所謂的技擊功能，殊不知上述一切，只是

人們學道、證道的一種手段和派生物，絕不是道的本源，所以要弄清什麼是「太極拳之道」，才能為實現吳老遺願，弘揚「太極拳之道」竭盡全力。

總之，正因為太極拳融儒、釋、道三家於一爐，涉及眾多學科，它博大精深，道技並重，內外兼修，是一種人生心性的「修為」。

吳式拳傳人吳公藻在《太極拳講義》「捨己從人」一節裡談道：「在吾道中，其寓意至深，學者當於惟務養性，四字下工夫。」可見若不知本末，盲修瞎練，總想急功近利、偷懶取巧、不上心不用腦、不肯下苦工夫的人，是難以窺其門徑，悟真得道的！

人常說：「道不遠人，人自遠道。」因為，「道」是一種客觀存在，它對任何人都是一視同仁，平等對待，不分親疏遠近，從不厚此薄彼，關鍵是看你對它持什麼態度。因此，我把「道不遠人，人自遠道」和「太極拳之道，道傳有心人」這兩句話當作自己的座右銘。不但牢記心頭，以示警鐘長鳴，而且願意把它說出來與大家分享！

「椿法為始」，養基立本

──《李仲軒解析象形拳法真詮》讀後之一

　　2009 年 9 月，《武魂》雜誌開闢「李仲軒專欄」，我懷著濃厚的興趣，逐期研讀了《李仲軒解析象形拳法真詮》，深感獲益良多。尤其令我興奮不已的是，我習拳五十多年，有幸接觸過眾多武術名家，在向他們學拳、請益的過程中，耳聞目睹領悟的一些東西，在研讀中得到了印證、豐富和深化。

　　文中李老談道：「拳術之道，尤宜先立基礎，故初學，以椿法為始」，「形意拳的三體式，就是形意拳、象形拳的根本椿法」，「三體式是天、地、人，頭頸為天，腿腳為地，天地生人。所以練拳先要擺正頭頸和腿腳，如此才能蘊養五臟，端正脊椎」。

　　李老還談道：「《象形拳法》的實修大綱：正身法、調息法、修身法。正身法強調，無論行止坐臥，務要使脊柱正直無曲……道經云：『尾閭中正神貫頂，氣透三關入泥丸。』此姿勢宜常保守，不但練時為然，無論何時何地，勿忘卻此法」，因為「『脊柱中正才能練精化氣』，薛顛已重複過多少遍了，可見其重要」。這寥寥數語，引發了我的回憶和深思……

　　我想起了那位被王永泉先生批評為「不摸門，連站都不會站，周身僵得像根棍兒」的太極拳愛好者，因為沒有明白人指點，在築基練體時，不知道正確的訓練方法，用李仲軒先生的話說，就是不知道「擺正頭頸和腿腳……端正脊椎」，所以，儘管練了 20 多年拳，從上到下，從內到外，仍然是既不沾邊，也不摸門。

　　其實，前輩明師歷來對站樁都非常重視，太極拳名家馮志強老師為幫助練習者儘快入門，在《陳式太極拳入門》中把拳理和步驟編成順口溜，如「練拳須從無極始，陰陽開合認真求；不入無極圈，難成太極圖」，用通俗易懂的語言告訴大家：學拳初期，要從無極入手，靜站無極樁，是進入陰陽太極圖的一把金鑰匙。談的也是「以樁法為始」。

　　吳圖南老師傳授的太極拳有練架和用架，用架即快架亦稱小架子，師從楊少侯。通常，吳老一般傳授的是練架，練架分定勢和連勢，受教於吳鑑泉，是吳鑑泉 1928年南下前傳授的架子。所謂定勢，是吳家練習功力的拳法，是太極拳的基本功。

　　前面提到，吳老的教法是把每個勢子分解成幾個小動作，每一動不但要求姿勢正確，中規中矩，而且姿勢到位後，還要求堅持不變，停頓六個呼吸，如同站樁，名之曰「耗」。

　　當時我認為這樣進展太慢，要求不如一開始就學連勢（連勢是把定勢中每個動作聯結起來，連綿不斷）。而現在讀李仲軒先生的文章，與吳老的傳授處處恰合，因此也對吳老當年之所以「寧願把人都練跑了，也要按傳統的方

法教」有了更深刻的認識和理解。

　　吳老的教學，重在言傳身教。談到「頭頸」，吳老本人隨時隨地都是頂勁虛領，脊柱正直無曲，他認為，頭占人體七分之一，頭若不正，勢必影響人體重心的穩定。至於「腿腳」部分，在第一式太極勢中，下肢他要求鬆腰圓襠，鬆胯鬆膝，腳掌平鋪於地，勁氣鬆落湧泉（腳掌的感覺，好似一滴墨汁落在宣紙上，向四面自然散開）。練拳時他不但要求手上不要用力，腳上亦復如是。有人說：「手不擎風，腳不沾塵。」這種比喻十分恰當。

　　看吳老平時走路非常輕靈、飄逸，好像生怕把腳下的螞蟻踩死似的。有一次閒聊，有人說，有位武術家，年輕時練功刻苦，一個月穿破兩雙鞋。吳老說，現在他一雙鞋能穿兩年，把大家都逗樂了。無怪乎吳老說：「定勢，是吳家練習太極拳基本功的功架。」至於說到「習練定勢」又如何能「使太極內功得到不斷的增長」，吳老嫡傳徒孫李璉專著《太極拳練架真詮》內已有詳細論述，我就無須在此一一細說了。

　　按說，在吳老這樣一位名師指點下，我的進步會很快、很大。確實，有一陣，我的自我感覺也非常良好。腿變粗了，力量增大了，對太極拳的理論也知道得越來越多了。平時跟拳友們交談、通信，總是興奮得侃侃而談，願意把自己直接或間接從師友們那裡得到的東西加上個人體會與他人分享。

　　湖北的一位拳友，曾經把我與他通信中有關談拳的部分，摘錄下來彙編成冊，作為跟朋友們一起練拳時的參考。在自己心裡和拳友們的眼中，我似乎也算得上是個學

得不錯的「明白人」，這是一方面；可是另一方面，靜心細想，我當時的進步跟吳老平時的要求和有的拳友們達到的水準比較起來，又存在著很大的差距。

因為太極拳是人體文化，正如李璉所說：「太極拳的修練跟讀經一樣，讀經朗之於口，修之於心。太極拳是用之於體，修之於心。是用意念的感知與身體動作自然而然奏出的和諧樂章。」

所以，既要求心裡明白（心知），更要求身上明白（身知）。而且只有達到身上明白（身知）了，才算得上是真的明白了。

「先死後生」，本立道生

──李仲軒《解析象形拳法真詮》讀後之二

　　李老仲軒在《解析象形拳法真詮》中談道：「習拳之道……初學，以樁法為始。」所謂樁法，即「站立不動之法」。「站立不動之法」，不是讓人「站死樁」。李老說：「死站著不動是錯誤的。」這不由使我想起 2004 年，我第二次赴江西南昌灣裡渾圓山莊向王安平老師學習中華渾圓功的情況。王安平老師是我磕頭的老師，他教我站樁時，也強調不要「站死樁」，應「死樁活練」。為引起我的重視，他經常給我書寫一些「警句」和「要言」，如：「靜為萬法之宗」「靜練出高功」「獨立守神，抱圓守一」「只求耕耘，不問收穫」「求人不如求己，求外不如求內」等，離開山莊時，又寫了一條「先死後生」。

　　內中含義，臨行匆匆，未及細問，返京後，由於種種原因，練功受到干擾，沒能堅持，所以把老師寫的「先死後生」也擱置一旁，無暇細想。轉眼過去了四五年，及至看到李老的專著《逝去的武林》和《解析象形拳法真詮》的文章，方才恍然大悟，並勾起我無限的想念……

　　李老在他的專著中說：「站樁的要點是『學蟲子』，冬天的蟲子鑽進地裡如死了一般，等到了春季，土裡生機

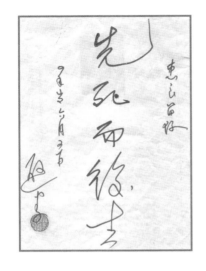

一起，蟲子就又活了，站樁要站出這份生機，如蟲子復甦般萌動。」原來王安平老師臨行贈言——「先死而後生」，這「生」和「死」，是比喻「動」和「靜」，他曾囑咐我每天站樁累計要達到 6 小時以上，而且每次不能少於 2 小時。他還說，若站得時間不夠數，好比燒水煮飯，水還沒燒開就揭鍋，米飯永遠是煮不熟的！

　　我當時曾坦言：「自己塵緣未了，很多事難以放下，每天能累計站上兩三個小時，就很不錯了，累計 6 小時以上，實在難以做到。」王老師聽後，只淡淡地一笑，雖然沒有說什麼，但從類似情況，引發他在《隨感錄》裡寫下的話語：「相識是緣道牽連……緣深緣淺任人選。」不難想像，我的回答，無疑更加重了他內心深處這種無奈的感嘆！回想起來，真是愧對恩師的一片深情啊！我有位師兄，他曾說過：「站不死就站。」這是多麼震撼人心的直白話語啊！

　　談及「靜中求動」的方法和「靜極生動」的竅要，個人體會，此兩者，究其功法能否產生效應，必須有一個前提，即「先要擺正頭頸和腿腳端正脊椎」。實際上，這就是從上到下，從內到外，要把身法一一調試到位，否則即便老老實實，靜止站立，也不會產生如李老

在文章裡所說忽而「自然一動，流暢之極」（似流水、似流血）的感覺來的。

我理解，這種感覺用武術詞彙來表述，就是「周身一家，完整一氣」「沖氣以為和」的預動之勢。而這又正是歷來各式太極拳，在練拳之初，要求習練者由「起勢」「預備式」「無極樁」或「太極勢」的練習，經過「澄源清流」（楊禹廷語），達到最理想也是最基本的狀態。嚴格地講，也只有在此基礎上，才談得上「無極而太極」，繼而「動之則分，靜之則合」，並在行拳的過程中，把「陰陽開合認真求」（馮志強語）落到實處。

正由於太極拳藝是在身法的基礎上建立起來的，所以，各式太極拳名家、前輩，都十分重視身法的鍛鍊。恩師王培生生前就曾強調：「（太極拳）基礎訓練要從身法著手，因為身法既是最基本的，也始終是最重要的一個法規。」比如，「涵胸拔背」，這是大多數太極拳習練者耳熟能詳的主要身法之一，但並不是所有的習練者都能正確地瞭解並掌握的。特別是初學者，往往望文生義，刻意使胸腔向內吞縮，背部抽拔呈駝背狀。

王培生老師認為，「涵胸拔背」只是要求前胸後背肌肉放鬆，前胸不要挺凸，意氣內含，後背脊柱調直，不要過度鬆弛，使有彈性。涵胸的作用有二：一是可使氣下沉而不上浮，二是便於腿的起落和變化，故《拳經》有「腿之運化，運籌在胸」之說。

涵胸鍛鍊的方法，是意想胸腔有一種「含苞待放」的感覺，或是意想兩乳垂直向下，不超過天樞穴即可。拔背是意想大椎貼衣領；楊式太極拳前輩汪永泉老師則認為，

「涵胸拔背」的主要目的，是為了把身形調直，因此理應稱為「開胸和闊背」，使胸背在意氣內含的前提下，開闊舒展。不但練拳時感到舒服不揪心，而且也有利於技擊中支撐八面，自如地運用招術。

李仲軒在《解析象形拳法真詮》中也談到了「涵胸拔背」。他說：「『涵胸拔背』容易讓人理解為凹胸凸背，結果練成了駝背。薛顛解密『涵胸拔背』不是外形，而是胸口後背的筋撐開了。以撐傘做比喻，『涵胸』指的是雨傘底部的枝條都撐開，形成空間；『拔背』指的是雨傘頂部的枝條都撐開，形成棱。『涵胸拔背』是打開了一把雨傘，撐滿了筋，不是彎曲脊椎。『筋』參與練精化氣的過程，胸背筋撐開，氣才能降（落）丹田。」筆者認為，這比喻太形象了，從撐開胸背筋的角度，來談「涵胸拔背」參與練精化氣的過程，更是彌足珍貴。

聯想到汪永泉前輩的一句話：「我站在那兒就是一把撐開的傘。」既然這把傘可以由下往上撐開（汪老講的），也可以由前往後撐開（薛顛講的）。當然也可以充分發揮想像，以我的丹田為中心，同時有一把由下往上、由上往下、由前往後、由後往前、由左往右、由右往左撐開的傘。這樣假想的結果，我整個人不就成了一個渾圓大球了嗎？實際上，這種人體即「球體」的感覺，各家太極拳差不多都提到過。

如武式太極拳家郝月如在「太極拳走架和打手」中就說道：「太極拳不在樣式而在氣勢，不在外而在內……全身好似氣球。」恩師王培生在講練拳和推手時也談道：「身體要練得像氣球一樣輕靈。」他反覆強調：「皮球不

行，籃球不行，一定要像擺放在那兒的氣球，人從旁邊走過，它都有反應，你要是按上它，它就扁，你若不按了，它又隨著你往起鼓直至恢復原狀。」

汪老在講楊式太極拳揉手內功時也說過：「老譜……不論是盤拳架或是揉手，都特別重視神、意、氣的練習和運用……可想像置身於大氣球中……由氣球的收縮與膨脹還可形成彈簧力……（而且）八種勁法的使用，也可比喻為氣球的前、後、左、右和斜向的旋轉，以及膨脹、收縮、前移、後挪的變化……」中華渾圓功脫胎於意拳，意拳要求「形不破體，力不出尖」，中華渾圓功要求「獨立守神，抱圓守一」，希望達到延年益壽，精滿渾圓身，也沒有脫離「體圓」的概念。

王安平老師曾說：「（人的）身體雖是長形體，但體內氣血的運行卻是圓的，川流不息，連綿不斷。『圓』字不但在人體氣血的運行上體現出來，在自然界、社會生活中同樣能體現出來；意識上有了圓的概念，精神就會振作、飽滿；骨骼就會支撐肌肉；皮膚就會鬆脹；血管就會擴張；人體新陳代謝就會加強……」

李璉在他的專著《太極拳練架真詮》裡對「體圓」的概念談得既深入又具體：「眾所周知，練太極拳者，其氣場宜圓……（此時）要以『太極勢』為核心，以蓬鬆為基礎，逐漸用意向外擴展出前、後、左、右、上、下六個面。六個面隨意氣的開合擴大縮小，不知不覺中自然成為一個渾圓的球，隨著功夫的增長蓬鬆出來的氣場也不斷地擴大，以致功夫深厚者有將其『放之則彌於六合，卷之則退藏於密』的能力。」所言皆同。

道本自然一氣遊
──孫祿堂武學探尋之一

　　孫祿堂先輩仙逝八十多年了！他是中華武術史上傑出的、受人尊敬和愛戴的一代武學宗師！他好學不倦、勇於探索、習武、創新的一生，為中華武術的傳承和發展做出了不可磨滅的貢獻，值得大書特書。

　　民國初年，孫祿堂先輩年逾 50 歲，習形意、八卦數十年，久負盛名，已有「活猴孫」之美譽。但他好學不倦，傳聞曾欲向盟兄楊澄甫請益太極拳，因澄甫「各守所長足矣」之語而未能如願。

　　後來，適逢武式太極拳第三代傳人郝和（為真）赴京探親染疾，孫祿堂先生為其延醫治療，親自侍奉。

　　約月餘，郝病癒後，因感其至誠，自覺無以回報，願以太極拳傾囊相授。孫祿堂先生喜出望外，朝夕演練數年之久，逐漸體悟到太極拳「乃研求一氣伸縮之道」，並「深思體驗，將夙昔所練之形意拳、八卦拳與太極拳，三家匯合而為一體，一體又分為三派之形式」。嗣後，便在武式太極拳的基礎上參合三派之長，精心創編了獨具特色、架高步活的孫式太極拳。

　　中華武術源遠流長，歷來只憑口傳心授，無有專著。

至民國初年雖偶有論著，卻無實練入手之法。在孫氏學習
形意拳的時候，曾聽老師說「元、明兩代，因無書籍，幾
乎失傳」。

後來他在北京白西園先生處得一拳譜，雖非原本，所
論亦不甚詳，更無解釋之詞，唯篇首有跋數行，頓時激起
自己奮力續譜著書的宏願。

從民國四年（1915 年）開始執筆，花了十多年時
間，終於先後寫下了《形意拳學》（民國四年）、《八卦
拳學》（民國五年）、《太極拳學》（民國八年）、《拳
意述真》（民國十二年）、《八卦劍學》（民國十四年）
五部令人歎為觀止的武學專著。

更令人敬佩的是他胸懷坦蕩、為而不恃。在他的五部
武學專著中，貫穿著一種「述而不作」的思想。在自序中
不是強調「書中皆述諸
（位）先生之實理」，就
是講書的內容「因本聞之
吾師所口授，期盼志同道
合者，能廣為其傳。不令
湮沒庶不負古人發明此道
之苦心」。在《拳意述
真》一書裡，他更直截了
當地表示「述真」乃「述
而不作」之意，並非自己
的什麼發明。那種謙遜的
崇高美德躍然紙上。

在孫祿堂先生的武學

孫祿堂銅像

思想裡，他對「無極學」「太極學」皆予以充分的強調，指出：「以無極式為之根，以太極式為之體，斯二者乃拳中萬式之基礎。」

他認為：「形意、八卦、太極三派姿勢雖不同，其理則一也。」即「技與道合」，皆是「一氣伸縮之道」，並引先人詩曰：「道本自然一氣遊，空空寂寂最難求，得來萬法皆無用，難比周身似水流。」

在《太極拳學》裡，孫祿堂先生具體談道：「人乃是先後天合一之形體……人生天地之間，本有先天渾然之元氣……先天元氣賦予後天形質，後天形質包含了先天元氣……斯氣即為中和之氣……平時洋溢於四體之中，浸潤於百骸之內，無處不有，無時不然，內外一氣，流行不息。於是拳之開合動靜即根此氣而生，放伸收縮之妙即由此氣而出……太極即一氣，一氣即太極，以體言則為太極，以用言則為一氣。」

說到形意拳，他轉述形意名家劉曉蘭的話說：「形意拳之道無它，不過變化人的氣質，得其中和而已。從一氣而分陰陽，從陰陽而分五行，從五行而還一氣。十二形之理亦從一氣、陰陽、五行變化而生也。」（見《拳意述真》）而練八卦拳之道，他又轉引八卦名家程廷華的話說：「其實，八卦本是一氣變化之分（一氣即太極也），一氣乃是兩儀、四象、八卦之合。」（同上書）無一不是言簡意賅的真知灼見。

應該說，孫祿堂先生是我中華民族的驕傲，他武事文備、理備法精、乃武乃文、德藝雙馨，堪稱一代武聖。他的武學思想及對中華武術的貢獻，早已超越了姓氏、超越

在武學宗師孫祿堂銅像揭幕儀式上留影。前排左起：
李傑、張耀庭、孫劍雲、徐才；後排左起：陳耀庭、陳惠良、
黃震寰、孫永田、周荔裳、周世勤、張國建、祝大彤、曹一民

了門派、超越了拳種和區域的侷限，是全中國乃至全人類
的共同財富。

今天，中國土生土長、有著本民族文化特色的體育運
動項目──武術，日益引起國人、愛好者、專家，特別是
專業領導部門的重視。出台了一系列保護非物質文化遺產
的政策，有專家認為，中華武術作為非物質文化遺產的瑰
寶將迎來全面發展的春天。

但仔細查看國家非物質文化遺產的名錄，至今尚未見
到武聖孫祿堂這個光輝的名字及其貢獻，不禁使我由衷地
感嘆：長期以來，我們對孫祿堂武學思想的研究遠遠不
夠，對他的歷史地位也缺乏應有的認識！

急切期盼有關方面及主管部門能認識到孫祿堂先生貢
獻給人類的這份珍貴的武學遺產，進入聯合國人類口頭和
非物質文化遺產代表作名錄，是當之無愧的！

「道在陰陽之間」

——孫祿堂武學探尋之二

　　先哲云：「一陰一陽謂之道」「陽非道，陰非道，道在陰陽之間」。這個「之間」，體現著太極陰陽變化的哲理——對立雙方共存於統一體中相互轉化的規律。

　　20 世紀 80 年代初，吳式太極拳著名武術家王培生老師曾明示我們：太極圖中的「S」線，俗稱中極之玄，就是「陽非道，陰非道，道在陰陽之間」最生動的寫照。他說這條「S」線，可以說它是陰，也可以說它是陽，它「亦陰亦陽，非陰非陽」。

　　太極拳習練者認識和掌握這一點至關重要，否則練拳就難以為繼，體會不到太極拳鍛鍊中那種「動分靜合，機先動靜」的奧妙和樂趣！

　　近來，仔細拜讀著名孫式太極拳家孫劍雲先生的弟子孫永田先生贈送的《孫祿堂武學錄》，深感孫祿堂先生本著「武術非私有，惟有德者居之」的宗旨，為使從學者能透徹理解其傳承，書中凡能用文字表述清楚的地方，他盡量言簡意賅、深入淺出予以表述。

　　具體如，在《太極拳學》裡，孫祿堂開宗明義一語道破：「太極拳乃研求一氣伸縮之道」，他認為：「人自賦

性含生以後，本藏有養生之元氣……所謂中和之氣是也。其氣平時洋溢於四體之中，浸潤於百骸之內，無處不有，無時不然，內外一氣，流行不息。於是拳之開合動靜即根此氣而生；放伸收縮之妙，即由此氣而出。」他甚至認為，「形意、八卦、太極，三派姿勢雖不同，其理則一

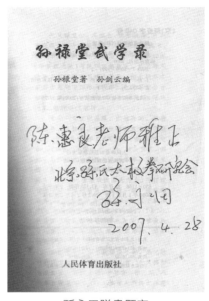

孫永田贈書題字

也」。即「拳與道合」，皆是「一氣伸縮之道」。

　　在他的武學思想裡，他對「無極拳學」「太極拳學」皆予以高度的強調，認為「斯二者乃拳中萬式之基礎」。又說：「太極即一氣，一氣即太極。以體言，則為太極；以用言，則為一氣。時陽則陽，時陰則陰……陽而陰，陰而陽。一氣活活潑潑，有無不（並）立，開合自然，皆在當中一點子運用，即太極是也。古人不能明示於人者即此也，不能筆之於書者即此也。學者能於開合動靜相交處悟徹本源，則可以在各式圜研相合之中得其妙用矣。」（參孫祿堂《太極拳學》）

太極陰陽圖

　　舉凡涉及拳經拳論裡諸如「陰中有陽，陽中有陰」「虛中有實，實中有虛」「有上即有下，有前即有後，有左即有右」「意欲向上即寓下意」「下就是上」「上就是下」「靜中有動，雖動猶靜」「動靜循環，相連不斷」「黏即是走，走即是黏」「黏走相生」等奧妙難言處，他皆頻頻運用形象類比法，啟迪人們發揮想像、聯想，得其竅要，以廣其傳。

　　具體如：「（無極學圖解）——身子如同立在沙漠之地」「起點身法，由靜而動……起點之時，心意如同人在平地立竿，將立定之時，心氣自然平衡沉靜，亦無偏倚」「（周身上下）內外一氣，與太虛同體」。

無極圖　　　　單鞭　　　　懶紮衣一動　　　懶紮衣二動

懶紮衣三動　　進步指襠捶　　披身伏虎　　　肘下看捶

「（單鞭學）兩手腕橫平著從心口如拃長竿徐徐向左右分開到極處」。

「（懶紮衣學第一節）兩手心相對……徐徐同時一氣如抱著大圓球相似」。

「（懶紮衣學第四節）左足尖翹起，足後跟著地，如螺絲軸之意，左足尖與身手同時向右邊旋轉，右足跟亦同時徐徐著地，兩眼望著左手看去，不可停住」。

「（開手學）兩手如抱著氣球，內中之氣亦如同往外放大之意」。

「（合手學）兩手如抱著氣球，內中之氣亦如同往裡縮小之意」。

「（進步指襠捶學）先將兩眼望著前邊低處，如同有一物看去，隨即將兩手往前伸著往一處併去，將左手扣於右手腕上，右手捲上拳，右拳如同指著兩眼所看之物之意，再將左足與兩手合併時，同時往前邁去，次邁右足，或兩步，或四步均可，勿拘。總要右足在前為止。右足落時，隨後左足即速跟步……兩足往前邁時，身體之形式，如同一鳥在樹上，束著翅斜著往地下，看著一物飛去之意」。

「（如封似閉學）先將右手往回抽，左手於右手往回抽時在右胳膊下邊挨著，同時往前伸去。兩手一抽一伸，至兩手相對為止……身子往回撤時，要一氣著，身子如同立在船上，面向西看，船往東行，要一氣撤回，身子要平穩，不可忽起忽落，高矮要一律」。

「（披身伏虎學）兩手同時一氣著往下、往回拉，拉時之情形，如同拉著一有輪之重物，拉著非易亦非難之神

氣，身子又徐徐往上起，頭亦有往上頂的形式，身子雖然往上起，而內中之氣仍然往下沉注於丹田，所以拳要順中有逆，逆中有順，身子往上起為順，氣往下沉則為逆矣」。

「（肘下看捶學）將左手仍用掌往前極力用意伸住，腹內亦用神氣貫注，身子不可有一毫俯仰之形。隨後將右手握上拳，胳膊如同藤子棍屈回，靠著肋，拳從臍處往左肘前伸去」。

「（彎弓射虎學）兩手心相對，如同抱著四五寸高之皮球，一氣著，於右足落時，同時往下又往左邊，如轉一圓圈。轉至上邊，與脖項相平。兩手心朝下著，往左斜角伸去，左手在前，右手在後錯綜著，仍與脖項相平。兩胳膊似屈非屈，似直非直。兩眼望著兩手中間前邊看去」。

「（三通背學）兩手再從前邊，如揪虎尾之意，徐徐落在兩胯裡根。左足於兩手往回揪落時，同時亦往回撤，撤至足後跟在右足當中約二三寸處落下，足尖著地。身子於兩手往回揪時，亦徐徐往上起，頭要往上頂。身子雖然起直，兩腿總要有點彎屈之形。腹內之氣仍要縮回丹田，腰仍要往下塌住勁。一切之伸、縮、頂、塌、揪等等之勁，亦皆是用意，不要用拙力」。

僅以「縮」字為例，在「右通臂掌」中，是這樣描述的：「……兩肩裡根並兩胯裡根亦同時極力虛空著往裡收縮。收縮之理，喻地之四圍皆高，當中有一無底深穴，四面之水皆收縮於穴中之意。」這是多麼生動、形象的比喻呀！試想，習練者如能精神專注，用心體悟，怎能不在「寂然不動，感而遂通」之中，加深對「陽非道，陰非道，道在陰陽之間」的理解與體悟呢？

吳圖南傳系

吳圖南前輩是集吳、楊兩家太極拳精髓於一身的武術大家，老人家學識淵博，造詣精深，他的武術思想及其傳承很值得研究和發揚。

吳圖南武術思想之研究[①]

　　吳圖南先生是享譽海內外的武術大家，他自幼習武，精太極，後又涉獵各家。他不但博學多才，思想豁達，而且技藝精湛，理論造詣也很高。他的武術思想涉及範圍極廣。

　　吳老一生致力於太極拳科學化、實用化、大眾化的研究，並以年逾百歲之高齡，現身說法，印證了太極拳益壽延年之功效為「我命在我不在天」。

　　吳老的武術思想涉及範圍極廣，僅 1936 年出版的一本十餘萬字的《國術概論》，就包括了國術之特徵、提倡國術之意義、方針、目的、方法、國術原理（包括當時風行一時的太極拳、八卦拳、形意拳、少林拳、通臂拳、摔跤這六門拳術的原理、技法、史略、優長）的研究方法及途徑，國術的行政組織、管理、設備、教學（教學內容、教學方法、教學程序）及器械、考證等內容。

　　1984 年又有以吳老講授、其弟子馬有清編著之方式

---

① 本文是筆者 1991 年在北京市武術協會吳圖南武術思想研究社「太極拳學術研討會」上的發言摘要。

周荔裳在《中華武術》上為
《吳圖南太極拳精髓》一書專門刊發的通稿

出版的《太極拳之研究》一書問世，更把吳老大半個世紀以來為太極拳科學化、實用化所做的努力，諸如太極拳的源流、特徵、練法、技法、體療，太極拳與健康長壽，太極拳的養生與技擊，太極拳運動今後之發展，吳老拳論精選以及秘不外傳的楊式小架子等方方面面和盤托出，令人目不暇接。

聯想到 1990 年《中華武術》第 2 期上，吳老的弟子楊家倉為緬懷吳老而發表的《斯人已去，風範猶存》一文中談到的：「由於吳老從自己的體驗中認識到了武術可以造福於人類，是寶貴的民族遺產，因此，他幾十年如一日，花費大量心血，致力於武術理論的研究，特別是太極拳理論的研究，在中華武術發展史上做出了貢獻。」家倉兄所言，確非妄語。

下面我就平時學習和練拳的體悟，談幾點研究吳老武術思想的粗淺認識。

研究吳圖南武術思想，要學習吳老研究問題的態度和方法

吳老不是馬列主義者，但由於他是從事科學的，研究問題既嚴謹又客觀，非常符合馬列主義辯證法的要求。

例如，早年他在研究國術原理時，就主張「正確的途徑，惟有放棄個人之主觀，用純粹客觀的態度，虛心接受古人名言至理，今人之優美意見，再能精密探討，審慎分析，取其精華，去其糟粕，所得之結果，即可為所欲求之健全真理」，「然後實際體驗，細心改革，自能得出效率之真實理論與實踐之根本原則」。在這裡，他首先強調研究問題要尊重客觀，切忌主觀，既不能厚今薄古，又不能厚古薄今，既要尊重前人，也要尊重今人，更要尊重實踐。在理論與實踐的關係上，他認為，正確的理論和方法，來源於正確的實踐，而實踐要有正確的理論做指導。總之，他堅持的是實踐第一的觀點。

又如，關於如何寫武術史的問題，他提出：「要客觀的保存歷史的真實性」「第一不冤枉古人，第二不欺騙今人，第三不欺騙後世。要把歷史的真相實事求是地、真實地記載下來」。

為了釐清太極拳的源流和發展這一重大的武術理論問題，吳老查閱了大量的武術文獻資料，不辭辛勞去往西安、寶雞、武當山、少林寺、陳家溝等許多地方，進行實地調查研究，考證了有關楊露禪、陳長興、宋遠橋、俞蓮舟、王宗岳和張三丰等人的各種資料、逸聞，大致梳理出了從南北朝韓拱月開始，經由程靈洗、許宣平、陳希夷、

賈得升、張三丰至王宗岳、蔣發、陳長興、楊露禪等人的傳承脈絡。吳老認為，考證太極拳的發展史，目的在於正本清源，這不僅對中國，對世界太極拳的發展也是有益處的。

從上述例子中，我們可以進一步看到吳老治學嚴謹，做學問是理論聯繫實際的。他尊重客觀，實事求是，抱著對人民、對歷史負責的態度。

研究吳圖南武術思想，要學習吳老為弘揚中華武術特別是科學化的國術太極拳，使其造福社會而孜孜不倦、不遺餘力的鑽研精神

20 世紀 80 年代初，據中央有關部門調查，由於工作、生活條件差，中年知識分子患病率和死亡率較高。改善知識分子的工作、生活條件仍然是當務之急。吳老對此十分關注。他感到：「一個人在四五十歲學識正淵博的時候，忽然夭折了，不僅是個人的損失，也是國家的損失。尤其是現在中國正在搞『四化』，要用很多人才，可是有些人不到歲數就死了，這不是很可惜嗎？」

一種社會責任感促使吳老從自己力所能及的角度，開始專門研究太極拳與健康長壽學。

他現身說法，介紹自己幼年的情況和感受。那時他先天不足，百病纏身，家人擔心他長不大，後請名醫診治才逐漸好轉。到 9 歲時，在醫生的建議下，開始練功習武，身體大有起色，不僅轉弱為強，而且頭腦也靈活起來，精力也旺盛起來了。到 1984 年，他已是 98 歲的老人了，但

身體仍然很健康，耳不聾，眼不花，牙不掉，臟器完好，記憶力奇佳。他說：「我本人就是這個長壽學說的試驗品。」他認為，由於人的先天稟賦不同，才有壽命之長短，這是一方面；可是另一方面，人的壽命的長短，又往往不取決於先天稟賦的厚薄。實踐證明，人之後天對先天又有巨大的能動作用。

他從研究如何推遲衰老來延長人的壽命這一指導思想入手，提出了「要補充身體消耗，講究飲食並使它減少消耗有積存來延長壽命」；提出了「注意存神是健康長壽的要旨，經常保持心情舒暢，沒有煩惱則能百病不生」；提出了「生命在於運動，運動莫過於練太極拳」等一系列主張。我們經常聽吳老談到太極拳這種鍛鍊形式是一種最完美最完善的醫療體育項目。它外增體力內固精神，道技並重，內外兼修。對於生理、心理、醫學、力學、哲學等均有莫大之關係。

就醫療方面而言，吳老在他早期的著作《科學化的國術太極拳》一書內，曾從西醫的角度談到，經常鍛鍊太極拳能對人的中樞神經、血液循環、腸胃消化、呼吸調節、新陳代謝起促進作用。但是 1984 年，他著手研究太極拳與健康長壽學說之時，對這個問題並沒有停留在以往的認識上，而又不厭其煩地從傳統醫學的角度以中醫臟象學說為基礎，結合導引術、按摩術、經絡學說等較透徹地講述了太極拳鍛鍊對於身體五臟六腑的相應作用以及如何由意念的活動，集中於五指的導引，從而達到內臟的平衡。

嗣後不久，他又在《武當》第 4 期上，發表了《太極氣功──宗氣論》，側重從中國傳統哲學和傳統醫學理論

及氣功養生理論等浩如煙海的經典著作中，旁徵博引、深入淺出地闡述了「人與天地生生不息者，蓋一氣之流行爾，是氣也，具於身中，名曰宗氣」，「此宗氣在人體內流行百脈，貫串臟腑」，乃氣之宗主，它能「支配全身，上至頭頂下至腳，四肢百體無微不至」。

吳老認為，「後人只知營、衛」，而不知「此宗氣當與營、衛並稱，以見三焦上、中、下皆此氣而為之統宗也」。而太極拳氣功的妙用，也正是端賴宗氣之鍛鍊，方能收到不藥而醫祛病延年之功效。在這個階段，應該說，吳老從醫療健康保健長壽等方面，把太極拳鍛鍊的研究工作又大大向前推進了一步。

吳圖南武術思想是實踐的產物，研究吳圖南的武術思想必須結合吳老和前人的實踐

吳老對太極拳的鍛鍊，主張首先是強身健體，同時也不能忽略技擊的應用，否則就不成為「拳」了。有人問吳老什麼是太極拳，吳老根據前人的經驗和自己的體悟，做了如下概述：

「太極拳不同於其他拳術，從外形上約略有以下四點，第一太極拳不使拙力，用意不用力，不跳跳蹦蹦，始終是體氣平和的；第二太極拳以靜制動，練拳時一直處於身心鬆靜的狀態，應變時也是保持以靜制動的狀態；第三太極拳以柔克剛，也就是柔柔韌韌地不用力，就能戰勝力氣很大的對方；第四，太極拳能以弱勝強，在年歲體質相差很懸殊的狀況下，弱者可以戰勝強者。無論是單練、推手還是練器械，凡合乎這些條件的就是太極拳，否則就是

其他拳而不是太極拳。」

不用拙力，以靜制動，以柔克剛，以弱勝強，這四點說起來簡單，但如果不得真傳，沒有下過一番苦工夫，既難做到，更談不到讓人相信了。正由於此，長期以來，人們往往懷疑太極拳只能強身健體而不能應敵致用。

「為什麼前人練太極拳既能健身又能應用呢？」有人就此向吳老請教，吳老在《太極拳之研究》自敘一章內，曾以親身經歷講述了以往太極拳宗師們是怎樣嚴格課徒的以及當時練太極拳要下哪些工夫，而他本人又是怎樣在嚴格的師承上又涉獵百家而成功的，等等。吳老談到，過去練拳不像現在這樣，那時候是很艱苦的。開始學拳練的是定勢，一個動作 6 個呼吸，一趟架子學完共 286 個動作，一定就是個把小時，定得你汗流浹背，筋疲力盡。到冬天練完拳鞋內能倒出水來。接著還要練抻筋、活腰、踢腿、鐵板橋等。要求先把身上摺騰開來，才能開始練拳，受的那個罪連做夢都害怕。他因為身體底子薄，實在受不了那個苦，有畏難情緒，後被老師知道罵了一頓。

他說那時老師授拳很嚴格，循序漸進一步也不能馬虎，他把定勢練下來，還練各樣推手，單手推、雙手推、平推、立推、斜推（擦肋）、擦地推，經過一陣苦練，再練活步等。他說這僅僅是打基礎，然後才正式開始練功。先是鬆功，由腳趾、腳腕、膝蓋、腰、兩肩、大臂、小臂、手腕、拳、指、脖頸七節頸椎，除了頭以外都要練得能鬆開，差不多把人給拆散了，接著再練太極拳的著功、勁功、氣功這三步功夫，前後共練了 12 年。跟楊少侯先生學拳時，少侯先生性剛，喜發人，教人好出手即放，學

者多不能受。吳老被摔得疼痛難忍，但還得咬牙堅持。這還不算，學楊式小功架時，式子低，腰腿很吃功夫，練定式時，老師怕他偷懶，由廚房抬來四張油桌（比一般方桌稍高些）拼在一起，讓他鑽到桌子底下去練，不練完一趟不許出來休息……真是苦不堪言。

所以吳老總結自己的練功體會說：「要把太極拳練好，除了有真傳之外，你必須要有萬夫不當的勇氣，要有百折不撓的毅力，否則必然是功敗垂成。」

按說，吳老下了這麼大的工夫，算是可以了吧，可是他認為，還沒有完。而後又涉獵中國各家拳術，首先是摔跤，然後是形意、八卦、通臂、少林拳等。吳老有個看法，各家拳術都好，不好的流傳不下來，要練好太極拳必須知道其他拳的特點，不能故步自封，自高自傲，這樣才能取長補短，知己知彼。

太極拳究竟練到什麼程度才算到家呢？吳老認為：練拳必須練到「無形無象，全身透空」的地步。所謂「無形無象」指的是氣，氣是看不見摸不著的。經云：「意氣君來骨肉臣」「拳之開合動靜，即據此氣而生，放伸收縮之妙，即由此氣而出」；所謂「全身透空」講的是內外合一，即內氣和外氣相結合，全身像空的一樣。

什麼東西都加不到我的身上，然後才能談得上「應物自然」，也就是身體一旦遇到什麼情況，不必用腦子去反應考慮，身體的局部或整體，立刻就會產生應付的能力。因為此時通體貫穿，絲毫無間，「渾身無一處不輕靈，無一處不堅韌，無一處不沉著，無一處不順遂」。如此才是「不用顧盼擬合，信手而應，縱橫前後，悉逢肯綮」，到

達恰如其分的地步。

對太極拳今後之發展，吳老的想法是，「太極拳源於中國，無論在原理方面、套路方面、技擊方面，都應該走在前頭。推陳出新是好事，但不要硬把別的東西拉到武術中來，弄成非驢非馬，失去它的真面目」。他還認為，「打手（太極推手），研究懂勁之法也」。是太極拳訓練過程中培養聽勁、懂勁和對待的一種手段和途徑，而不是一種打法。

他認為，應世界之潮流和社會之需要，在推動套路的同時推動技擊，搞搞推手和散打比賽，職業武術家在這方面下些工夫去研究也有必要，何況如果組織得好，技術發揮得好，採取「推而不打」的方法，甚至「連護衣護具都不必要」。

當然，對廣大的業餘愛好者來說，吳老認為，太極拳的真正目的──「詳推用意終何在，延年益壽不老春」「技擊乃餘事耳」──還是應以養生長壽為主，以技擊為輔。這是研究太極拳的歷代先賢們歷來的主張，也是太極拳心性修持人生大造化的至高境界。

研究吳圖南武術思想，共同實現吳老「人死道不能滅」「天滅我人，難滅我道」的遺願

「人死道不能滅」「天滅我人，難滅我道」是吳老謝世前常用戲謔的口吻說的兩句話。種種跡象表明，吳老對「死」是有預感的。只不過當時「言者有意，聽者無心」說說笑笑，誰也沒有介意。殊不知老人家寓莊於諧，話中飽含著他真誠的遺願和熱烈的期望。

「人死道不能滅」「天滅我人，難滅我道」，吳老說的這個「道」，究竟指的是什麼呢？若僅從「我道」這兩字上理解，好像指的只是吳圖南武術思想，儘管吳老的武術思想內容甚豐，涉及面極廣，但仔細想想似乎又不僅及此。因為吳老窮畢生精力孜孜以求的那個「道」，其理並沒窮盡。吳老的武術思想只不過是他在武術範疇內對「道」的一些體悟而已。

縱觀吳老一生，中學時期就立下許身國術的宏願，及長步入社會，執教之餘又專事國術理論及太極拳科學化實用化的研究工作。他專心致志想讓更多的人能分享中華武術特別是太極拳鍛鍊的益處。他極力主張把武術推向世界，使之成為全人類的財富。

在從事理論研究工作時，他認為「極凡天下之物，莫不因其已知之理而益窮之，以求至乎其極」。這意思就是說，天下萬事萬物沒有一樣不是有理的，你把它研究到頭了，就自然知道它的原理是什麼了，研究天下一切事物包括太極拳在內，都應該如此。

吳老對太極二字的解釋是：「太者，大到極點的意思，極字是窮本溯源到了極限，不能再有東西了，故至大至極謂之太極。」把物的原理研究到頭，並拿來為我所用，是吳老的一貫主張和做法。吳老認為，這是符合太極原理的。今天在座很多是吳圖南武術思想研究社的成員，共同的愛好使我們聚集到一起來了，我感到，大家理當齊心協力去繼承發揚吳老的遺願，方不辜負吳老生前熱烈的期望。

吳圖南所傳拳技特點概述

　　吳圖南秉承吳、楊兩家之學，9 歲拜吳鑑泉為師，學習太極拳練架（定勢、連勢）、器械、太極推手等，8 年後，又拜楊少侯為師，學習太極拳用架（亦稱快架、小架子）、太極功和打手等，深得吳、楊兩家之精髓。

　　早先，從 20 世紀三四十年代直至新中國成立後的一段時間，太極拳不分這式那式，統稱「太極拳」。發展到後來，國家有關部門才從廣為流傳的太極拳中，根據不同的風格特點，統一確定了陳、楊、吳、武、孫這五大流派，向全國乃至世界進行推廣。

　　20 世紀末，《杜元化「太極正宗」考析》一書問世，趙堡太極拳傳人亦有「趙堡太極拳不是陳式太極拳的一個分支，它與陳式太極拳乃同源異流，同奉王宗岳、蔣發為先師」的論點問世，此說對從王宗岳、蔣發到陳長興這一段太極拳的歷史研究提出了新的論證，呼應了吳老關於太極拳源流的論斷，此說引起了全國太極拳理論界的關注和討論。

　　吳老所傳的太極拳既有吳家的東西，又有楊家的東西，難以劃歸為哪式、哪家。所以，他仍一如既往按傳統

與吳老的大弟子馬有清（中）、楊家倉（右）三人在吳老家中合影

稱之「太極拳」。

　　有人曾說吳老學了楊少侯的小架子（即快架、用架）後，就再也不提吳式拳和不教吳式拳了，這是無視歷史、不負責任的說法。此外，與一般公認的各式太極拳所不同的是，他吸取了吳、楊兩家之長，並糅進自己的體悟，發展成一種「既柔且剛又善發人」的太極拳。

　　吳老的大弟子馬有清先生早期曾跟吳式太極拳名家楊禹廷習拳數年。1962 年就是為學吳老傳授的這種「既柔且剛又善發人」的太極拳，經其師同意和螳螂拳名家、原建工部副部長陳雲濤的介紹才拜在吳老門下的。

　　通常，太極拳就其中任何一項特長——勁剛、柔化或善發，練到至境都是很難的，而要三者俱備，還其本來面目（楊露禪當年習拳、授拳時，並沒有偏重哪一方面），談何容易。要不吳老怎麼會說「要把太極拳練好，除了有真傳外，你必須有萬夫不當的勇氣，百折不撓的毅力和脫

吳老演示吳式太極拳練架定勢攬雀尾（組圖）：一動之上步掤擠、二動之轉身挒手、六動之按掌外推

胎換骨的精神，否則將功敗垂成」。又說「而其要，則在乎練，絕無其他捷徑可走，不像登泰山，可以坐纜車到達南天門，這得一步一步，步履維艱，拾級而上」，也就是說，只有紮紮實實、用心去練，功夫才能上身。

在長期教拳的過程中，吳老十分重視因材施教，並根據自己的師承，形成了一套獨具特色的傳授方法。先教定勢，再教連勢，而後是刀、劍、太極推手（實際上就是吳家當年傳授的那些東西）等，只有對具備相當功底和夙慧並想習武深造者，吳老才授以楊少侯傳授的太極拳用架和太極功等。

所謂定勢，是把每個式子分解成幾個小動作，每個動作不但要求姿勢正確，中規中矩，而且動作到位後，姿勢不變，停頓 1～6 個呼吸，如同站樁，名之曰「耗」。這樣一個動作一個動作練下去，直至整趟架子練完。經云：「先求開展，後求緊湊。」

吳老認為，所謂「開展」，

起初指的是動作的開展，從外形上看要舒伸到極限，不能
像病患者比畫太極拳疲疲軟軟、鬆鬆垮垮的樣子。因此，
開始習練吳老傳授的太極拳定勢，看上去一式一式方方正
正，有稜有角，身手動作似乎都緊繃繃的。但久而久之，
「陽極必陰」，竟能「緊而不僵」，會感到肌肉、筋骨十
分輕鬆。吳老講「若身、手舒伸到極限都能放鬆，還有什
麼狀態下不能放鬆的呢？」這就是從開展中求鬆柔的一種
行之有效的方法。

全套架子共三百多個動作，然其相同的姿勢在不同的
階段，由裡到外又要有不同的注意要點。很多人開始不明
白其中的奧妙，總覺得這樣練進展太慢、太費勁了。不如
一上來就劃道道，那樣學起來痛快。殊不知定勢乃太極拳
傳統的練法之一，是吳家練習太極拳基本功的功架。吳老
曾笑談，「寧願把人練跑了，也要按傳統的、行之有效的
方法去教」。

隨著習練者對定勢一板一眼的練習，日復一日，體氣
逐漸增強，素質、悟性日益顯露，吳老方酌情進一步授以
「太極勢的守一術」和靜態中的「蓄外意」，以及從輕鬆
到蓬鬆等內功心法。其目的是使練習者在加強體氣修練的
同時為逐步掌握太極內功打下基礎。

連勢是將定勢各式中每個動作連接起來，勢勢送到
家，處處不走樣，要求抹掉稜角，連綿不斷，如同行雲流
水。它不單單是外表上的聯貫和動作上的有開有合，更主
要的是要求習練者在連綿不斷的動態中始終保持著自身的
太極狀態，從而做到動中有靜，體悟到各式著法內意氣的
進退抽添和動作變化中的往復摺疊。（詳參李璉著《太極

拳練架真詮》）

　　太極拳用架與練架是不盡相同的拳法，因姿勢短小，動作快捷，發勁輕而脆，故又稱小架或快架。習練者不但要具備較好的腰腿基本功和深厚的太極內功，更需要注重著熟和拳架套路與太極功單操的結合。

　　太極功即著功、勁功、鬆功、氣功。此四種功之間又存在著相互滲透、相互補充、相互促進的關係。特別是，由於「鬆」是練太極拳的必要條件，它不是一種招法，是習練者通過刻苦鍛鍊後形成的一種狀態，一種能讓太極拳著、勁、氣發揮得淋漓盡致的狀態。所以，吳老強調「以鬆功作為練功的入手之階，然後再及其他」。

　　其練習的具體步驟是上肢、軀幹、下肢、全體由裡往外分層鬆，鬆骨、鬆筋、鬆肌肉、鬆腠理，直至毛孔、汗毛。既分層次，又有階段。

　　吳老曾用三種不同的樹臨風狀態做比喻：起初，如風吹柳樹，枝條搖擺而根不拔；進而，如風吹樺樹，枝葉作響而本不動；發展到高級階段，如風吹松柏，寂然不動，感而遂通，體氣平和，應物自然。所謂「根不拔」「本不動」「寂然不動，應物自然」都是指中定

吳老晚年比畫用架

而言。

眾所周知，太極十三式以中定為主，其他十二式為輔。有中定就有一切，失去中定則失去一切。故吳老認為，脫離中定去談鬆和脫離鬆去談中定都是毫無意義的。實踐證明，一步一步，一層一層，如能練到鬆的高層次，周身將無一處不輕靈，無一處不堅韌，無一處不沉著，無一處不順遂，通體貫穿，絲毫無間。在應用對待之時，猶如條件反射，無形無象，應物自然，不思而得，從容中道。

在傳授太極拳用架時，吳老特別強調要把太極功融於拳法的套路中，只有隨著太極功不斷操練、不斷昇華，用架也才能名副其實得以完善。

1984 年 4 月，吳老所做《關於太極拳四種功》的學術報告，獲中國武術協會頒發的武術教育獎。有人認為「太極拳用架除了架子低和速度快之外，其他要求與練架相同」。這種說法的錯誤在於他們根本不瞭解吳老傳承的太極功和太極拳用架內裡的勁路、意氣、呼吸與練架有著極深奧的不同的緣故。

總之，吳老所傳的太極拳技藝，是一個十分完備的大體系。它不但進階有級，而且先後有序。分階段、分層次，有側重、有條理。先練什麼，後練什麼，一個層次一個層次地循序漸進，以至練到蛻變之時，練著捨著，練勁捨勁，捨勁求意，捨意求氣，求神，最後達到渾身透空，應物自然的神明之境。（請詳參李璉著《楊少侯太極拳用架真詮》）

問盡天下眾英豪，誰不翹指贊吳老

——寫在吳圖南老師逝世十週年之際

　　吳老於 1989 年 1 月 10 日凌晨與世長辭。以楊家倉為首的我們這些曾經跟隨吳老學習太極拳的愛好者，為了更好地實現吳老的遺願，組織成立了吳圖南武術思想研究社，當即得到北京市武術協會劉哲主席和范寶雲秘書長的大力支持。吳圖南武術思想研究社的名稱就是根據劉哲的建議命名的。

　　1991 年 5 月，吳圖南武術思想研究社舉行《吳圖南太極拳精髓》一書首發式暨吳圖南武術思想研究社學術研討會。國家體委負責人、中國武術研究院院長徐才剛從外地出差返京，就欣然應邀參加了會議並講了話。這是對已故老武術工作者的敬重和對研究社全體成員的支持和鼓勵。在這次會議上，我宣讀了自己的學術論文《吳圖南武術思想之研究》，並向與會者呼籲同心協力來實現吳老「人死道不能滅」「天滅我人，難滅我道」的遺願。

　　轉眼間，吳老逝世已經 10 週年了！研究社的幾位領導成員，一面帶頭堅持太極拳的鍛鍊和研究，一面積極透過寫文章、從事輔導以及參加一些重大的太極拳交流活動來繼承吳老未竟之業。

參加《吳圖南太極拳精髓》一書首發式暨吳圖南武術思想研究社
學術研討會，徐才、劉哲等與研究社主要領導成員合影

　　習拳三十多年來，我深切地體悟到：人們求道、悟
道、得道、傳道，能否如願以償，除了客觀因素和有沒有
悟性外，關鍵就在於對「道」持一種什麼態度。俗云：
「道不遠人，人自遠道。」因為「道」是一種客觀存在，
它對任何人都是一視同仁平等對待，不分親疏遠近，從不
厚此薄彼。

　　美國周宗樺先生撰寫過一篇題為《太極拳之道，道傳
有心人》的文章，不但針對中國的太極拳發展中存在的問
題及癥結所在，中肯地談了自己的見解，而且文中盛讚吳
老「雖已年過百歲，依舊身輕體健，精神矍鑠，為太極後
學提供人證，為張三丰祖師：『欲令天下英雄豪傑延年益
壽，不圖作技藝之末』，做了強有力的註腳」。

　　吳老任何時候都是頂勁虛領，如一柱擎天，奇峰突
起，從學者有目共睹。而且吳老也不知囑咐過大家多少
次，對《心會歌》中「腰脊為第一主宰，喉頭為第二主

太極壽星吳圖南生前早早就把他與老伴的基地安置好了，俗云：「了卻生死。」確實，在他看來一切如常，「生與死」乃人生之常事耳！

宰」以及《周身大用論》中「三要喉頭永不拋，問盡天下眾英豪」等字句要用心揣摩。並提示：「喉頭指的就是人的頭頂。」

他認為：「頭占人體七分之一，頭若不正勢必影響人體重心的穩定。所以習拳之初，就必須注意下巴頦兒微收，頭頂百會處，似有繩繫著微微上提，但又切不可刻意上頂，以免『意大』造成頸項強直的毛病，故曰『虛領』。能如是，頭面也就自然中正，面容端莊，神凝於耳了。」他不但這樣說，而且言傳身教，我們真是耳濡目染，對虛領頂頸（即頂頭懸）可以說是再熟悉不過了。

至於氣沉丹田，吳老更是經常不厭其煩娓娓道來，什麼氣沉丹田，氣聚丹田，意氣相守於丹田，意存丹田等，真是名目繁多，奧妙精微。

他認為氣沉丹田這個「沉」字，容易使人誤解成要努

吳老打手，用翻車手發人

氣從上往下壓；若說氣聚丹田，好處是讓人想到不僅要從上往下，而且還要由下往上，上下兩頭都有往丹田聚攏之意。

但總是前面強調了一個「氣」字，又往往容易使人著意在「氣」，易犯努氣和意大的毛病，他比較傾向於「意存丹田」的提法，當然，如說「意氣相守於丹田」

吳老演示太極劍

亦未嘗不可。總之，吳老認為，「虛領頂勁」和「氣沉丹
田」有助於脊柱節節鬆沉，尾閭中正神貫頂，形成上下對
拉拔長一氣二奪之勢，這對太極拳的習練者是十分必要
的。

周宗樺先生在文章中指出：「太極拳之所以式微，不
外打太極拳的人，對拳經拳論，都耳熟能詳，但能身體力
行，持之以恆，真正做到的能有幾人？」聯想我自己和周
圍同道們的實踐，捫心自問，又何嘗不是如此呢？

太極拳融儒、釋、道三家於一爐，涉及生理、心理、
醫學、力學、哲學、美學、氣功等眾多學科，它博大精
深，道技並重、內外兼修，是一門難修難練難以致用的拳
術。總偷懶取巧，不上心，不用腦，不肯下苦工夫，怎麼
可能窺其門徑，悟真得道呢？

從 1991 年的研討會以後，我把「道不遠人，人自遠
道」和「太極拳之道，道傳有心人」這兩句話當作自己的
座右銘，不但牢記心頭，而且用作自己平時的練拳筆記的
大標題，以示警鐘長鳴。

一晃好幾年過去了，筆記記了十多本，副標題也從
「門外拾零」到「參悟入門」到「道技並進」到「道技
精進」。自覺現在對老師講的東西和拳經拳論上的一些要
求，比任何時候都備感親切，並有了較深的理解，因為經
由反覆思索，刻苦的訓練，靜心體悟，結果竟意外地發現
了許多言語之外和字裡行間的東西，而這些東西確實又好
像是只可意會難以言傳的。

比如「打手歌」開頭兩句：掤捋擠按須認真，上下相
隨人難進。我從 80 年代中期就開始跟王培生老師學習四

正推手的單人訓練法了。

王老師是武學淵博、武技精湛，教學經驗豐富的真正明師。他把定步推手單人訓練的弓步前掤、屈肘打擠、坐步捋化、轉身下按每一動的身形、手勢、位置、路線、手和手、手和腳相互間的配合，動作和動作間的銜接與變化，內裡意氣的走向包括演練時內心狀態和感覺等都明白透徹地傳授給了大家。

他認為，推手和盤架子一樣，不但要求全身放鬆，而且個人單練四正推手也是一種全身放鬆的訓練。要求我們每天一早，先求方後求圓，認認真真左右各練 20 遍。

說實在的，我以前的弊病就是不管學什麼，學過了好像也就學到手了，至於是否學到家了，從不仔細推求。當我意識到「道不遠人，人自遠道」以及後來又受到周先生一文的影響，才越發靜下心來，仔細研習王培生老師教推手的錄影，一動一動按老師所講重新溫習起來，起初幾天，居然還腰痠腿疼，說明以前工夫下得很不夠，四五天後方逐漸恢復正常。

就這樣，我每天盤拳前後，總要練它一陣子，甚至走在路上，也會情不自禁地邊演練邊體味起來，堅持了將近一個月，身上似乎靈活多了。

記得王老師曾說：「單人訓練四正手，開始要跟練書法一樣，一筆一畫都要送到家，做不到家，練多少次也沒有用。什麼程度算做到家呢？虛腳變實了，實腳變虛了，腳底下來來回回變化自如了，動作才算做到家了。」

還說：「單練基本八法，應下狠心練它千遍萬遍，練得熟熟的，要練得由膩到不膩，有推敲的趣味，就能琢磨

出東西來了。」

我現在對老師講的這些話以及打擠是「用時有兩方，從中央突破」，打按是「空開中央包抄對方後路，搶占他的地盤」等都似乎身心有所感應了，而且這陣子身體內外上下左右雖整而活，好像能分能合，這裡下去了，那裡很自然地就上來了，後腰也是一會兒實一會兒虛，感覺相當明顯。

說到這需要強調一下，我不是自吹自擂認為自己功夫現在有多麼高了，那是不可能的。因為我已是 67 歲的人了，基礎在那兒，自知當不了武術家，也不想當武術家，但身體一直很好，精神健旺，是一個太極拳的受益者。僅此一點，我已相當滿足了。

我對中國傳統文化中的太極拳非常痴迷，從年輕時起，就立志終身研習它、弘揚它，使之造福全人類。基於此，在吳老逝世 10 週年之際，用自己探索太極拳的一點體悟「道不遠人，人自遠道」來自勉自勵，以慰吳老在天之靈。

太極「凌空勁」辨析
──從楊家無「凌空發人法」談起

　　1992 年，《武林》第 6 期刊登了一篇訪談錄，被採訪者是楊家的後人──楊式太極拳宗師楊澄甫的二兒子楊振基先生。在談太極推手時，文章中這樣寫道：有人問他，社會上傳說他曾祖父楊露禪和伯父楊少侯及楊少侯的個別傳人（顯然是指吳圖南先生──筆者注）能凌空發人，請他談談對此事的看法。

　　他說，「從未聽到家裡人說過先輩能凌空發人」，並認為「這是不可能的事」，他說，「他不是貶低楊家先人，幾代人傳下來，包括他大哥所傳的都沒有說過能凌空打人。我見過父親與人推手，大哥楊守中與人推手都是挨著的，沒有聽說過楊家有不接觸別人就能發人的本事」。

　　他認為，「離開了就聽不到對方的勁，不連在一起，對對方一無所知，不能出手」。還認為，「雙方連在一起推手，自己必須善於把握機會，這種機會之一就是瞭解和掌握對方勁的間斷」。所謂「間斷」，即是「對方舊力已盡，新力未生的一瞬間」。他說「此時伺機制人發放是最好的機會」，但「雙方還是連在一起的」。

　　仔細閱讀了楊振基先生的上述言談，並把吳圖南老師

早年以蒙古族名字烏拉布寫於 1911 年冬的《凌空勁歌》以及吳老在 1984 年出版的《太極拳之研究》一書內有關凌空勁的答問，找出來反覆看，覺得他們談的不是一回事，即「此凌空非彼凌空」。

對來自社會上的傳說，楊振基先生由於從沒有聽家裡人說過，更沒有親眼見到父兄輩實做過，認為凌空發人是不可能的事，並公開聲稱，楊家沒有凌空發人法。我認為，楊振基先生是個很實在的人，不要說楊家沒有社會上傳說的那種凌空發人法，恐怕世上哪兒也不會有。

什麼是「凌空」？吳圖南老師認為：「太極拳在應用接手的時候，大體上分兩種，一種是兩隻手和兩隻胳膊跟對方接觸，就像一般的打手。如果兩個人還沒有接觸就能夠由一方制勝了另一方，就屬於另一種，它是太極拳所謂的高級部分，就是凌空……如果兩個人的手或臂接觸上了，是使的近距離的感覺。因為接觸上了，用的是觸覺。但我們講的凌空是遠距離感覺。遠距離感覺大致可分為視覺、嗅覺和聽覺……遠距離感覺也可以叫遙控。我們用神就可以在較遠處將他控制起來。」

這聽起來似乎很玄妙，但它是太極拳經過刻苦訓練到高級階段，即「階及神明」以後所產生的一種實實在在的本領。吳老認為，一個人的精和氣的結晶是神，它微妙得很。它非陰非陽，亦陰亦陽，故而「陰陽不測謂之神」。以神相接，這就是凌空，也就是神打。當然要做到這一步，並不是一件容易的事。

首先得能無形無象，全身透空，而後才能在彼此往來時應物自然。所謂無形無象，講的是忘其有己，指的

吳老用「凌空勁」發放弟子馬有清（組圖）

是氣，人身的宗氣。因為氣是無形無象，看不見摸不著
的。所謂全身透空，講的是全身毛孔張開，內氣與外氣
相接，對自己來講，就是任何一件東西都不能加在身
上。具備這樣的條件以後，在應敵時，彼此往來，才能
應物自然，也就是真正做到了捨己從人。

　　在對待時，毫無主動的意思，一切都服從客觀規
律，始終以客觀的態度來對待客觀環境的規律。吳老認
為，功夫到此階段，就可做到「離而未發，你即知其將
發。他何處欲動，你即知其將動」。

　　用吳老的話來說，到這個時候，「敵欲變而不得其
變，敵欲攻而不得逞，敵欲逃而不得脫，斯為上乘。至
於用一個勁兒能變動對方的一個勁兒，這是中乘的功
夫。用一勢之得失，分一手之勝負，則品斯下矣……至
於蠻打蠻拼，都不是太極拳。雖然也可以叫太極拳，但

實際不是太極拳，連個『品斯下矣』都不夠。它是用有力打無力，手慢讓手快，是皆先天自然之能，非關學力而所為也」。

吳老所說的凌空勁實作時究竟是什麼樣的呢？李璉記敘了他的親身感受：

「有一次，我們在天文館練習，師爺看看周圍沒人，笑著一捋鬍子說：『這會兒沒人，讓你嘗嘗足的。你先活動活動。』我心裡琢磨：『常挨摔還活動什麼。』隨口道：『剛才活動半天了，現在就來吧。』誰知剛剛一搭手，師爺輕輕一採，我還沒來得及變化，人已被騰空摔出一丈多，躺在地上還向外搓出很遠，後背肩膀的衣服全破了，皮肉也出了血。我跳起來跑到師爺面前，衝著師爺伸手就是一下。師爺盯著我，十指朝前一探，我心裡忽然一驚，就覺得氣衝到喉頭，腳也離地懸了空，又感到腰間被人託了一下，腦中一片空白，人竟從師爺肩頭飛到他身後。我急忙藏頭縮背，一個翻滾躺在地上，半天才回過神來。師爺說過，『凌空勁』也叫『失驚手』，是雙方剎那間勁氣神的組合。應用是要有條件的，抓住時機，在一瞬間用神拿打對方，方能奏效。若你給瞎子使凌空勁就沒用。我曾聽說過這樣一個故事，露禪先生教漪貝勒（後來的端王載漪）時，一天他們出城去狩獵，漪貝勒騎馬在前，他年輕氣盛想試一試露禪先生，於是回身舉鞭。不料露禪先生雙目吐神，手向前一揚，竟將漪貝勒嚇得翻身落馬。借由這個故事，我們也能對凌空勁多一分瞭解。」

吳老早年以烏拉布的名字發表的《凌空勁歌》，其具體內容如下：

露禪班侯夢祥（少侯）間，三世心傳凌空難。

只因傳工皆口授，未曾公開告世人。

且幸恩師多倚重，教我其中步驟全。

我今說明其中義，節省時間又便傳。

先須啄勁學到手，再練盪勁不費難。

離空諸勁都學會，哼哈二氣亦練全。

彼此呼吸成一體，牽動往來得自然。

此時再學凌空勁，豎持工夫一二年。

手舞足蹈隨心意，至此方叫工夫完。

　　通觀全篇，淺顯易懂，楊家輕易秘不外傳的此功法，並不是什麼神祕莫測的東西。它屬於太極拳的高級部分，是逐級逐層練成的。吳老得自楊家，他是在太極拳各種勁功，特別是啄勁、盪勁、離空等勁功練成以後，開始修練太極氣功，太極氣功修練到能與對方「彼此呼吸成一體，牽動往來得自然」（即無形無象，全身透空，彼此往來達到應物自然）才開始習練凌空勁的。按吳老講，剛開始學還不足以應用，還必須「堅持工夫一二年」，練到「手舞足蹈隨心意，至此方叫工夫完」。吳老用生動形象的比喻說：「一定要反

楊式太極拳汪脈傳人朱懷元演示發放

覆練習，形成條件反射，像巴甫洛夫學說中講的，狗看見肉就流口水一樣，不用腦子想，隨對方之勢，自然而出，令彼失利，才算捨己從人的功夫練成，使用方能自如。」

社會上傳說的所謂凌空發人法，可能只憑想像，或只看到某種表象，不知就裡，以訛傳訛，與本來面目相去甚遠。加之有關凌空這種稱謂，雖然昔日楊家祖孫三代皆擅長此功，名負於世，但此功法的名稱，可能並不是楊家自己所起，難怪楊家的後人從未提及此功法。

這不足為怪，倒是應該深入研究，吳老所提到的上述各種功法、步驟以及接手的方法，特別是啄勁、盪勁、離空等勁到底有沒有？其取勝的道理，是否在理？為了便於把問題釐清搞透，這裡不妨再旁引幾則資料，供大家思索判斷時參考：

一、「由著熟而漸悟懂勁，由懂勁而階及神明。」（見王宗岳《太極拳論》）

二、「懂勁與聽勁有深淺精細之別……秘傳謂彼微動，我聽而知之，然微動易測，未動難知，苟能於未動，聽而知之，其庶乎階及神明矣。」

「階及神明，難言之矣……意在精神不在氣……此言甚奇，似視氣，猶若未足重耶，其實不然，氣能得化境，而進乎精神之作用，其所謂無力之力，神力也。目之所注，神之所到，氣已隨之，氣能運身，不待動心，而神可以挾氣而行，是為神力，亦可謂之神速。物理學，以速乘力，其效能未可限量。故神力即神速也……此之謂階及神明，是為三階三級。」

「余從澄師遊七年，為之所苦而難得到者，只有一

勁，曰接勁。能接勁，便是懂勁之極致。功候至此，餘勁皆可弗論矣。接勁者，若如對方以球擊我……必須球來似能吸住，而復擲出，乃為接勁。緩速輕重皆能如法，則黏聽提放，已在其中，合吞吐之意於剎那間，其勁正在分寸之際，庶乎階及神明矣，散手又復何論。我故曰：太極拳之所以過人者，無他，惟有一接勁而已。」（以上見鄭曼青《鄭子太極拳十三篇》）

三、「過去把太極拳稱為『神拳』，其意有二：一是太極拳在練時是用神用意，於藏而不露之中，主要是用神，所以稱為神拳；二是太極拳在對手時變化神奇，冷快絕倫，能打人於不知不覺之中，如要神氣一動，對方就驚心動魄，不知所措，所以稱之為神拳。當年楊露禪稱神拳『楊無敵』，就是這個道理。」

吳老嫡傳徒孫李璉演示發放

與拳友們結伴前去看望朱懷元老師，向太極拳前輩請益。
自左至右：本書作者、夏濤、黃震寰、于同和、祝大彤

「所謂沾者，非專指以手貼著跟隨之謂，雖在尚未接觸之際，以神氣將對方籠罩，吸著跟隨其伸縮而動，此謂之沾。」

「所謂沾者有三：①當皮膚接觸之後，聽對方之伸縮而隨之，此為感覺之沾也；②在未接觸之前，以眼觀察判斷其距離伸縮而隨之，此為視覺之沾也；③以耳聽其聲音，判斷距離而隨之伸縮，此為聽覺之沾也。以上皆神氣虛靈之作用，故太極拳首在養靈。」

「楊兆熊字夢祥，晚字少侯，七歲即學太極拳術，性剛勇急躁，有乃伯父遺風，喜發人，擅用散手，動作快而沉，拳架小而剛，處處求緊湊，其教人好出手先攻，學者害怕，多不敢接受，故從學者甚少。少侯對於太極拳中借勁、冷勁、截勁、凌空勁，確有很深功夫，惜不願多傳，

故知之者很少。卒於民國十九年（1930 年）。」

「楊澄甫老師發勁時，是利用呼吸，然後用神、用意、用氣，將勁打出去，這種勁法可使對方如觸電樣跳出。這種勁打出去，會使人嚇一跳，而有驚心動魄之感。」

「楊老師在杭州開明路公館內，打楊開儒之小按，只見其意思一動，楊則跑出丈外，簡直未見什麼動，這是個什麼勁？！」

「楊老師在北京西京畿道街公館內，打楊開儒之勁，只見其神經一動，對方有傾倒之危險。」

「楊老師打董英傑之拗步掌，只見其身勢一坐，掌指一動，人如觸電樣蹦出，報紙云：北方太極拳泰斗與同道董某表演推手，掌指一動，人如彈丸而出⋯⋯」

「楊老師打牛鏡軒之擠勁，只見其眼神向其一看，右臂好像似未看見動，牛則一屁股墩坐在桌子底下，不能出來。」「還有好多動作，有神乎其神的味道，不及備述。」（以上見陳龍驤、李敏弟、陳驪珠《李雅軒楊氏太極拳法精解》）

綜上所述，所有這些，與李璉記敘的吳老用凌空發放時的神態，以及吳老講述當年楊露禪把端王載漪嚇得翻身落馬的情況，多麼相似！

那麼，楊家到底有沒有吳老說的那種凌空勁？吳老說的得自楊家的凌空勁，到底是子虛烏有，還是確有其事呢？我想答案不言自明，無須贅述。

李璉和
《楊少侯太極拳用架真詮》

太極拳的功用可以發揮在養生和技擊兩個方面，這是人所熟知的。但在早期，楊式太極拳拳架就有養生架（又稱練架、行功架）和技擊架之分，人們就未必都知道了。

據楊式太極拳名家汪永泉前輩講，目前廣為流傳的太極拳就是以養生為目的的養生架，注重內功修練，培養內氣。使內氣和外形互相配合，從而達到養生的目的。一般來講，單練這個套路是不能技擊的，需要補充揉手等其他技法。所謂技擊架，是前人把勝人之招綜合起來編成套路，它雖長於技擊，但也必須有內功做基礎。

縱觀楊式太極拳的傳承情況，技擊的架子乃楊家先人「秘傳之技」，只傳給了家中子弟和部分門徒。由於它難度大、要求嚴、擇人而授，加之歷來武術界的門戶之見和陳規陋習，所以此架傳人稀少，甚至很少有人知道。

1984 年 7 月，商務印書館香港分館出版了《太極拳之研究》（吳圖南講授、馬有清編著）一書。書中曾以「軼拳新呈」的名目，對楊式太極拳用架（即技擊架，亦稱快架、小架）做過粗略的介紹，並配以吳老演練此架的動作照片 40 幀。吳老和編者當時的目的，是在太極拳養

李璉在吳老家中與吳老合影

馬有清給弟子李璉説手。1989 年 1 月 10 日吳老仙逝後，遵吳老遺囑李璉向馬有清執弟子禮以續道統

馬有清 1989 年 1 月返港後，隨即寄來《太極拳之研究》一書

生、醫療保健功能廣為人知的情況下，將此架公開於世，供有志於研究、發展太極拳學之士做參考。

時光流逝，一晃三十多年了，隨著國際國內自由搏擊、散打爭霸以及各項對抗性競技體育項目的蓬勃開展，一直是武術界爭論焦點的「太極拳的技擊功能」，特別是與太極拳技擊功能直接相關的楊式太極拳技擊架（用架），就受到知情人士的格外關注。因而近年來，國內一些武術刊物上不乏對楊式太極拳技擊架（用架）「尋蹤」「呼喚」以及熱情推薦和介紹的文章。

有如大旱之望雲霓，正在人們翹首以待之時，2003年，一本珍貴的武術書籍——《楊少侯太極拳用架真詮》應運而生。此書的問世，不但改變了楊式太極拳技擊架（即用架）世間稀傳的景況，填補了技擊架的空白，並向廣大太極拳愛好者提供了新的學習內容和訓練手段。更為重要的是它將大大有助於人們更全面地認識太極拳，並揭開長期以來令人迷茫難解的「太極拳究竟是否具有技擊功能」的謎團。

該書作者李璉是中醫師，生於中醫世家，是京城四大名醫施今墨醫學流派第三代傳人。他自 1967 年 16 歲時開始向吳圖南前輩學習太極拳練架（定勢、連勢）、太極劍、太極刀、太極推手、太極用架以及部分太極功法，到1988 年二十多年間，他一直追隨吳老左右，從未間斷。1989 年 1 月吳老仙逝後，李璉復遵吳老遺命拜吳老弟子馬有清先生為師，繼續研習太極拳用架及太極功法至今。

為實現吳老生前「天滅我人，難滅我道」「人死道不能滅」的遺願，他矢志不移，殫精竭慮，不遺餘力傳授吳

圖南太極拳及太極功法，並熱情接待海內外各方來訪者。

1989 年，法國電視二台來京拍攝有關中華武術的專題片，他曾應邀表演過太極刀、太極拳及太極用架的部分段落。法國電視台播放後，受到觀眾高度的讚賞。

20 世紀 90 年代，他為系統研究與傳播吳圖南所承傳的太極功、太極拳，曾兩次應邀東渡日本講學，並和弟子們一道，先後成立了「中國太極功研究會日本分會」「吳圖南太極拳研究會」等組織。被聘為上述兩會終身高級顧問。

李璉先生為人謙恭隨和，敏而好學，重視輿論導向的影響，在日本《武藝》雜誌，國內《武魂》《精武》《中華武術》等專業雜誌上積極發表介紹吳圖南和楊式太極拳用架的文章。

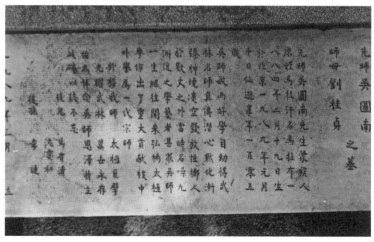

1989 年 3 月，吳老夫人劉桂貞尚健在，修吳老墓時，供桌上橫放此碑，以紀念吳老的重大貢獻和恩澤，署名：徒兒馬有清、沈寶和，徒孫李璉。2005 年，在吳老 120 週年冥壽時，此碑被馬有清拿掉了

1999 年原中華武術雜誌副主編周荔裳，對吳老生前在武漢的一次國際性會議上所做的《太極拳四種功》的學術報告很感興趣，約請李璉將其整理發表，以饗同好，此舉激起李璉萌生要把吳老傳授的楊少侯太極拳用架和盤托出、傳之於世的念頭。

在周荔裳和友人的支持鼓勵下，李璉經過兩年多伏案工作，終於在 2002 年五六月間完成定稿。全書 19 萬多字，共分 4 章。

篇首有一篇題為「根茂實自遂，膏沃其光曄——記武術名家、太極泰斗吳圖南先生」的記敘文，用質樸、流暢的筆觸，記敘了作者與吳老認識的經過、習拳的過程、交往中的趣事，以及「文化大革命」期間他與吳老共同度過的那段艱苦歲月，直至親自為吳老送終。

其間吳老為人處世的宗旨和在逆境中安詳、樂觀的心態，都給他留下了深刻的印象，總之閱讀此文，能使讀者看到作者心目中的吳老是一位學識淵博、武學造詣精深、精神矍鑠、儒雅樂觀的武術大家，平凡中透著不平凡，令人肅然起敬、親切可感。

書中第一章，太極拳源流品匯，主要說的是太極拳的源流問題，引人入勝的是，作者沒有簡單地附和或複述吳老經過多年考證，根據拳理的記敘和歷史傳承線索，認為早在南北朝時就有關於太極功的記載，歷經唐宋，由張三丰祖師集其大成並將太極學說運用於拳理，從而創下了既能養生又能技擊的太極拳的觀點；而是糅進了自己多年的學習以及利用工作之便利、節假之餘暇，親往實地進行考察所得所悟，相互印證得出結論。這大大強化了吳老對於

太極拳源流問題論述的力度，令人信服。

在其餘各章內，作者生動具體地介紹了吳老學習用架的經歷，用架的傳承關係，用架（即技擊架）與練架（即養生架）相同和不同的特點，以及太極拳與其他武術又有哪些共性和不同的特性，引導人們自然而然地領悟到楊露禪宗師當年由河北永年進京之後擔任神技營總教習，他憑藉的是什麼樣的看家本領才能在各門各派武林高手彙集的紫禁城立足存身、獨樹一幟並享有盛譽的原因。

所有這些都將使讀者對太極拳有一個新的認識，並不折不扣地承認，太極拳不僅是一個優秀的健身項目，而且也是一項實用的技擊項目，更是一種技擊的藝術。

此外，書中不但有附錄——吳老珍藏的歷代太極拳論述精選、附錄二吳老對太極拳的有關論述，以及吳老生平年表，而且最難能可貴的是作者對人們練拳中通常涉及的一些問題，諸如，關於鬆的概念、鬆的層次、鬆的練法；關於對中定的認識；關於對太極陰陽虛實的理解等，多有深刻獨到的闡發。

在用架動作圖解中，附有作者演示用架動作拳照 138 幀。姑且不去仔細剖析它每一勢周身從頭到腳，從內到外，處處與用架「勢要中定，氣要騰挪，手疾足輕，手到腰到」的理法、技法要求無不恰合，就是作為一般的觀賞，也能從一幀幀傳神的靜態中感受到它既整且活、意氣合一的動感美。

至於世間對用架的一些錯誤的認識，作者在書中有如下的一些概述：「太極拳用架常被人誤認為班侯所創，事實上，這套拳法在露禪先生進京前就有了。」

李璉拳照組圖之一

李璉拳照組圖之二

李璉拳照組圖之三

　　吳老生前曾屢次向作者提及：「少侯先生言：『祖父露禪先生嘗云：太極拳有體、用之分，有大方舒展，玲瓏緊湊之別，無論盤拳、打手、應用散手等，均以此區別造詣之深淺，雖人體稟賦強弱之不同，功夫純雜之不同，練拳時間久暫之不同，教者均用不同之方法，因材施教……若為鍛鍊身體，袪病延年之目的，教以練架，非有相當體質方可教以用架。』」

　　且「練習太極拳用架，不但要有好的武功基礎（即腰腿基本功），更要有深厚的內功修為，其中不僅包括太極拳練架基本功，而且還須系統的功法操練，即太極功」。

　　「吳老將其分作著功、勁功、鬆功、氣功四部分。只有透過不斷的內功訓練並隨著其修為不斷昇華，太極拳用架才能逐漸地得以完善。這和有些人所講（指用架）除了架子低和速度快之外，其他要求與大架相同的論點是截然不同的。」

　　作者還談道：「太極拳用架練習的目的，是掌握與運用太極勁，其原因是『著』的速度，是手足的變化時間。『勁』的速度是意、氣的轉換時間，所以『勁』的變化要遠遠快於『著』的變化。但首先必須十分注重對著熟的訓練，主張套路與單操相結合，仔細體會各種勁路的變化，從鬆入手把功融於著法當中，每一勢無論動作勁路，意氣呼吸都有極為嚴格的要求（同練架有不同的地方），由慢漸快、力求短小簡捷（每趟拳約三分鐘左右練完），久而久之、自然而然、把著的變化轉換成勁、意氣的變化，也就是拳經所云：『由著熟漸悟懂勁。』然後再捨著求勁、求氣……循序漸進，直至應物自然，全身透空之化

境……」

無怪乎本書終審周荔裳老師認為這本書不單是套路介紹，它珍貴在內容豐富，很充實，且具獨創的見解。當我向她問及有關李璉書稿的情況時，周老師很興奮地告訴我，「文筆很好，有可讀性，既得真傳，又有自己的體悟」。她不但當即簽字認可，建議人民體育出版社出版發行，並熱情地撰稿，譯成英文，分 4 期發往當時有 25 年歷史的美國《太極》雜誌刊登，向世界推薦。

我和李璉兄是忘年之交的摯友，20 世紀 60 年代，我們先後向吳圖南前輩學習太極拳。在三十多年的交往中，相識相知，看到他把吳老的傳授及自己多年追隨吳老和馬有清老師學習所得，透過自己幾十年苦修苦練，深刻體悟，整理出來筆之於書。我由衷地感到高興。

我極度讚賞李璉兄與時俱進的思想和坦蕩無私的奉獻精神，相信他的這一善舉，對太極拳今後的發展將產生不可估量的影響。

特別是，當前國際自由搏擊熱浪滔滔，中國散打爭霸選手如何向傳統武術學習，吸取其中有益的滋養，發揮中國功夫應有的威力，打出中國的特色，我想，吳圖南先生傳授、李璉編著的《楊少侯太極拳用架真詮》將是一份隆重的厚禮，期盼能得到各方專家、研究者、運動員、愛好者以及有識之士的珍視和研究。

從中國傳統文化的大視角看太極拳

太極拳源於中國，屬於全世界。當下，太極拳已成為響噹噹、最具影響力的國際體育品牌。然而，這只是問題的一個方面；另一方面，則應該看到太極拳「興盛中潛藏著危機」，可能經歷 10～20 年的興盛時期後，太極拳「將踏上沒落之路」，這一看法，是中科院朱曉光教授等八位科學家，在武漢體育學院舉行的 2003 年全國武術科研論文報告會上提出的（參 2003 年 10 月 22 日《人民日報》第 4 版）。

此前，早在 1992 年初，就有兩位有識之士，發表過類似的見解。一位是美國太極拳基金會會長周宗樺先生，一位是楊式太極拳在四川的開拓者李雅軒的弟子張義敬先生。

此外，1999 年 6 月，陳式太極拳名家馮志強老師在他新編的《陳式太極拳入門》前言中也談到了他對太極拳發展前景的隱憂：「近年來，太極拳日益普及，許多人喜愛這項運動，卻不明白練習的步驟和深造的途徑，雖下了許多工夫，仍不得其門而入……」

為幫助習練者儘快入門，馮老師在書中運用了通俗易

懂的語言，如用「練拳需從無極始，陰陽開合認真求」「不入無極圈，難成太極圖」這樣的順口溜把拳理和步驟告訴大家（見《入門指引》）。

經云：「太極者，無極而生。」據此，馮老師則主張必須先從「站好『無極樁』」入手。而太極又是陰陽對立的統一，動之則分，靜之則合。「動分靜合」是太極拳的核心，所以馮老師又提示大家一定要在站好「無極樁」的基礎上，把「陰陽開合的認真求索」落到實處。

此外，太極圖像是在一個圓圈的統一體當中含有陰陽對立的雙方。所以馮老師又進一步強調站好無極樁的重要性──「不入無極圈，難成太極圖」。在第三章《入門說要》中，馮老師同樣把練功的要領和方法逐一編成通俗易懂的順口溜，易懂好記，學起來方便。

由於「太極拳乃研求一氣伸縮之道」（孫祿堂語）。氣，雖然看不見、摸不著，但它是一種客觀存在，中和之氣的開合伸縮變化及其對肢體動作的主宰和影響，乃是太極拳真正要練、要修持的東西。因此，楊式太極拳名家李雅軒前輩稱：「太極拳的功夫是內功、是氣功、是柔功、是靜功。」（參《李雅軒楊氏太極拳精論》）

張卓星先生在其專著《太極拳的練拳要領》裡也談道：「一般人由於對太極拳缺乏科學的認識，或沒有摸到門徑，所以望洋興嘆，不得其門而入。」

張著著重從「靜功」和「行功」兩個方面闡述太極拳獨有的特點和與其他拳術的區別之處，在太極拳的「靜功」裡，他首先談到「無極的概念」。在太極拳的「行功」裡，他談到一個重要的觀點：「一般人重外形輕內

功，認為拳架動作就是一切，其實，拳架動作只是達到內功的手段。」

他認為，「促進太極拳運動的發展，當前必須在提高行拳的質量上狠下工夫……關鍵是進入『內功』的鍛鍊，否則要想獲得它的一切效益（包括養生和技擊）都是不可能的」。因此，他強調「弄清太極拳的真面目，找到正確的鍛鍊方法，實很重要」。

這跟武式太極拳郝月如的觀點相一致——郝講：「太極拳不在樣式而在氣勢，不在外而在內。」

先哲云：「武事文備，乃武乃文。」無論是練拳、推手還是散手，都有別於其他任何拳術和體育項目。鑒於此，熱衷弘揚中國傳統文化的金庸先生，在為吳公藻著《太極拳講義》所寫的「跋」中則說：

「太極拳的基本構想，在世界任何拳術、武功、搏擊方法中都是獨一無二的」。他甚至這樣認為，「練太極拳，練的主要不是拳腳功夫，而是頭腦中、心靈中的功夫。如果說『以智勝力』，恐怕還是說得淺了，最高境界的太極拳，甚至不求發展頭腦中的『智』，而是修養一種沖淡平和的人生境界。」

金庸先生是否練過太極拳，不得而知，但從他為吳公藻著《太極拳講義》所寫的「跋」中可以斷言，他是懂得太極拳的，要不寫不出那樣言簡意賅、精彩絕倫的高論！

人常說：「十年太極不出門」「學者眾，成者稀」！究竟怎樣才能練好太極拳？這個困惑了眾多愛好者（包括我自己在內）多年的老問題，答案究竟在哪兒？

上面列舉各位專家、學者、名人、前輩所談的問題和

見解，都使我受益匪淺，並為我指明了前進的方向。回顧自己五十多年習拳的歷程，能有些許進步，都是跟上述這些見解和眾多師友們的耐心幫助以及自己能正視現實、勇於挑戰自我是分不開的。俗話說：「虛心使人進步」「活到老，學到老」，這話一點不假。

2012 年 12 月 25 日，我應邀參加誠敬仁教育機構與吳圖南武術思想研究社聯合舉辦的「太極拳藝術館落成典禮」，受到了一次深刻的傳統文化教育，又在「怎樣才能練好太極拳」這一問題上獲得了一種新的感受。

當我們來到誠敬仁教育機構小院大門口，左右兩旁早已站立著面帶笑容夾道歡迎的隊列，他們雙手合十，垂手行 90°的鞠躬禮，那種誠敬謙和的態度很是感人！進入小院以後，人們端茶、引路，進退揖讓一舉一動都是彬彬有禮。溫馨、親和的傳統文化魅力不時地感染著我們！

據介紹，這個教育機構的教學宗旨是「育人為本，以德為先」。透過傳統文化教育手段，培養德、智、體三者融合為一的健全人才。

接待我們的大都是誠敬仁教育機構培訓中心的學員、老師和領導。在與他們的接觸中，我親身感受到，在傳統文化的教育、薰陶下，即使課間活動，進入太極拳藝術館開始習武練拳，他們也跟平時一樣，抱著學習傳統文化的心態，誠敬謙和，氣定神閒，不急不躁，循規蹈矩，一式一式演練著太極拳藝術館館長、吳圖南武術思想研究社社長李毅多老師傳授的拳藝動作，靜心體悟著動作的文化內涵。

館內有數十人在練拳，除了耳邊不時能聽到一種輕漫

悅耳的音樂外，顯得十分空曠、寧靜，就連我們這些沿著
周邊行進的參觀者，看著眼前斂神聚氣的人們，受到館內
靜謐氛圍的影響，心氣也不由得跟著沉靜了下來，周身感
到非常舒服和暢達！

　　回想早年，我在北京天文館跟老師學拳時心浮氣躁、
急於求成的情況，兩相比較，頓時感悟到，我當時學拳，
心裡想的就是儘快能掌握太極拳這種高超的搏擊方法，恨
不得學了馬上就見效，強身健體，防身自衛。

　　而眼前這些男男女女，習武練拳的學子們，「雖曰習
武，文在其中」。他們把太極拳鍛鍊當作修身養性的一門
課程。儘管太極拳是武事，但「拳」與「道」兩者之間，
乃是一種「象於外而藏於內」的表裡本末的關係。

　　他們習武練拳，主要是透過表象而深究其本，即「求
道」「悟道」「證道」。

　　所以太極拳這門課程，對他們來講，乃是身心兼修，
特別是心性的一種修為。猶如讀經一樣，「讀經是朗之於
口，修之於心，太極拳的修練，是用之於體，修之於心。
所不同的是，讀經是由口的讀念而心領神會，不斷提高自
己的德行；太極拳卻用身體的感悟去領會經文」，「用意
念的知覺與身體的動作奏出和諧的樂章」（李琏著《太極
拳練架真詮》）。

　　從這裡可以看出，同是練拳，在對「太極拳與道的關
係」的認識上，原來存在著根本的區別。三丰祖師在「學
太極拳須斂神聚氣論」中早就說過：「學太極拳為入道之
基。入道，以養心定性、聚氣斂神為主，故習此拳，亦須
如此。若心不能安，氣不能聚，心性不相接，神氣不相

交,則全身之四體百脈,莫不盡死,雖依勢作用,法無效也。」今天看起來,這些話說得多麼中肯清楚啊!

長期以來,我之所以拳藝遲遲上不了身,問題多多,但最根本的一點是沒有真正認識太極拳,更沒有認識到「拳」與「道」兩者之間表裡本末的關係,而是本末倒置,捨本逐末了!這既有違先賢的本意,又遠離了學拳的常理。李璉兄在其專著《太極拳練架真詮》裡說得好:

「太極拳作為武術的一種,不管是文練(透過導引、行氣、內視、守一達到寂寥之『靜』)還是武練(透過勢、勁、鬆、氣的功法,著、勁、氣、神的打法,而逐漸提高自身的武功境界),其最終的目的都是對吳老所說的『太極之道』(心性本源的道,與掌握宇宙總規律的道),即太極文化的追求。它浸透著中國五千年發展和兩千多年的文明的結晶。這種追求若用太極拳先哲李道子在《授秘歌》中精闢的表述,即是『盡性立命』。它不但鍛鍊人的體魄,而更主要的是不斷修練著人的靈魂。」

金庸先生說:「最高境界的太極拳,乃是修養一種沖淡平和的人生境界!」不正是指的這個嗎?

追記通州漷縣古鎮
千人太極展演

　　2015 年 9 月 20 日，一場聲勢浩大的千人太極展演活動在通州舉行。來自全鎮各村的近 2000 餘名太極拳愛好者進行了太極表演，展現了千年古鎮的新風貌。而這次活動，則與我們吳圖南武術思想研究社有密切的關係。那天，筆者作為研究社的顧問，和老伴應邀參加了這個活動，時至今日，每當憶起當時的情景，內心都有一種難以抑制的激動、敬佩和感激之情。

　　吳圖南武術思想研究社換屆以來，李毅多接任第三任社長，由於他有著很深的中國傳統文化根基，以及曾在安徽廬江等地弘揚中國傳統文化多年，積累了豐富的工作經驗，所以自他主持研究社的工作以後，首先與誠敬仁教育機構的老總們廣結善緣，在通州張家灣創建了通州小院誠敬仁教育機構傳統文化培訓基地和吳圖南武術思想研究社太極拳藝術館，不但使研究社有了自己的活動基地，而且從學習中國傳統文化這個大視角來弘揚太極拳和太極文化之道，進一步拓展了太極拳的內涵和外延，在普及面上也有了前所未有的發展與變化。

　　那天的活動，是我第三次來通州了，第一次是參加吳

吳圖南武術思想研究社第三任
社長李毅多

圖南武術思想研究社太極拳藝術館落成揭幕典禮，印象最深的是，使我體悟到三丰祖師有關「學太極拳為入道之基」的教誨。

　　三丰祖師說：「學太極拳為入道之基，入道以養心定性、聚氣斂神為主。故習此拳，亦須如此。若心不能安，性即擾之。氣不能聚神必亂之。心性不相接，神氣不相交，則全身四

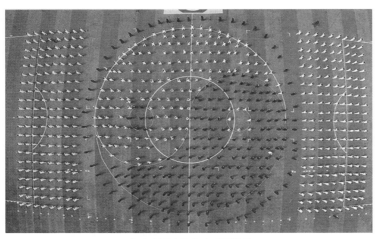

高空拍攝千人太極隊列

體百脈，莫不盡死，雖依勢作用，法無效也。」（參張三丰「學太極拳須斂神聚氣論」）

如果說，第一次來是使我加深了對拳與道合的關係的認識；那麼，這一次已遠遠超出了太極拳肢體動作本身「象於外，藏於內」「運而後動」的特點和價值，不但認定太極拳是我中華民族一種源遠流長、優秀的健身拳術，更是一種博大精深的文化，而且從精神層面上，完全可以擴展到相當廣闊的範圍且具有深遠的影響！作為創建研究社的老同志之一，看到太極拳走進村鎮——在京郊的千年古鎮，鞭炮齊鳴，上千村民整齊劃一地演示太極拳（據瞭解，通州地區潞縣古鎮 61 個鄉村，已有半數左右的村民直接參與了這個活動，創建了三十多個大小不一的吳圖南太極拳藝術館），尤其他們還把學習太極拳與學習中國傳統文化、為人處世和倫理道德方面的要求融合為一，我真是心潮起伏，感慨萬千！

首先想到，倘若吳圖南老師地下有知，看到今天的場面和活動，相信他老人家也會欣慰捋髯，含笑九泉的！因為每一位參與創建研究社的老同志都不會忘記，以楊家倉為首的我們這些業餘跟隨吳老學習太極拳的愛好者們，20世紀 90 年代初，按照吳老的意願成立研究社，當初的目的是想由吳老在國內外的威望，辦個基金會，從事太極拳的研究工作，同時鼓勵有傑出成就的教練員、運動員推動太極拳運動的發展。特別是吳老謝世前，他曾經常念叨：「天滅我人，難滅我道」「人死道不能滅」。

我們按傳統觀念解讀，認為老人家雖是戲言，但隱含著期盼追隨者在他仙逝以後，能持之以恆地把他生前未竟

之業──中國傳統文化的國之瑰寶太極拳及太極文化之
道，繼續研習、傳承開去，走出國門，造福人類。今天，
我們這些大多已進耄耋之年的傳承者欣慰地看到，有更多
的追隨者在透過各種方式實現著吳老的遺願。

　　應邀參加這次活動，我誠心誠意地感到有太多值得我
們學習的新東西。我們這些人，囿於傳統觀念，談拳論道
往往就事論事，側重在「拳」上做文章，大都沒有能把學
習太極拳與為人處世和倫理道德方面的要求融合為一。

　　相比之下，李毅多領導的吳圖南武術思想研究社，這
些年來在通州地區潞縣古鎮傳授太極拳的實踐，不但緊密
結合中國傳統文化，提高人的精神素質，而且走進企業、
走進學校、走進村鎮……不斷開拓創新，成就卓著，具體
講，思想境界的高度和涉及範圍的深度與廣度都具有非凡
的價值和意義！

百人抬腿步步禪，虎虎生威

　　特別是，當下全國人民在以習近平為核心的黨中央正確領導下，創建和諧社會，奉行獨立自主的和平外交政策，實現中華民族偉大復興的中國夢。

　　研究社作為一個普通的民間組織，所倡導的理念和方法，能有緣得到通州地區潞縣古鎮領導和當地民眾的認同，並在鎮領導和廣大民眾的配合下，結合傳統文化倫理教育來學習太極拳，不但大大有利於地區人民的身心健康，而且對地區精神文明的建設及和諧社會的構建，都有很重要的價值、意義和影響。

　　記得第一次來潞縣古鎮參加太極拳藝術館落成，我在發言中曾比喻研究社的工作「猶如一輪紅日從地平線上冉冉升起」，現如今，已開始「光芒四射」了！相信未來將日新月異，與時俱進，更加輝煌！

參演者組成太極圖，黑白變換，蔚為壯觀

寫在吳圖南老師
逝世二十七週年之際

　　吳老是 1989 年 1 月 10 日凌晨與世長辭的。至今已經 27 週年了。謹寫此文，以示懷念。

　　我跟吳老習拳多年，雖然陰錯陽差，沒有能拜在吳老門下，但前前後後二十多年，跟吳老結下非同尋常的不了情緣。從 20 世紀 60 年代中期到 1989 年吳老仙逝，他的幾個住處：曉安胡同、高粱橋、淨土寺以及國華商場 12 號樓 905 室，最後包括祁家豁子養老院，我都去過，而且前面那幾個地點還是常客。

　　時間過得真快，一晃二十多年過去了，記得有一位記者說過這樣一句話：「世界上許多事情，一旦失去，如果想再重整河山，則難上加難。」對此我有同感。

　　根據當前武術界的發展形勢，在我內心深處存在著一種難以排除的隱憂與熱望：種種跡象表明，人們似乎已經逐漸把吳老淡忘了！記得吳老過世不久，武術界曾有人對他說三道四，什麼年齡有水分啦、歷史有問題啦、他不是少侯的傳人啦，等等。轉眼二十多年過去了，沒有人再提他並對他指指劃劃了，但從正面影響來看，我似乎感覺又有些不正常！

比如：2012 年某武術雜誌開展「30 年最具武術影響力人物」投票評選活動。按時間推算，該雜誌 1982 年創刊，吳老 1989 年 1 月逝世，而在此期間，1984 年 2 月，中國武術協會主席徐才和統戰部領導一起到文史館為吳老慶祝百歲壽辰，並頒發了「武術之光」的錦旗，以表彰吳老對武術界的貢獻；同年 4 月，吳老應邀出席了武漢舉辦的國際太極拳

太極壽星吳圖南之神采：
風過疏竹，風去竹不留聲；
雁過寒潭，雁去潭不留影。

大會並登場表演，做《關於太極拳的四種功》的學術報告，榮獲中國武協頒發的「武術教育獎」；1988 年也就是老人家過世的前一年，又獲中國國際武術節組委會頒發的武術貢獻獎。

所有這些，應該說都是「最具武術影響力」的明證，但在推薦的武術家名單中，老、中、青都有，卻沒有吳老（我不知推薦名單的是哪些人，又是依據什麼樣的原則確定人選的，當然名單中也沒有楊禹廷、汪永泉、劉晚蒼。為此我和兒子陳易合還共同給雜誌社寫了一封信進行詢問，當然他們沒有回答）；還有從深入挖掘整理的 129 種傳統武術來看，沒有少侯用架。

不但在由中國武術協會主辦、中國武術研究院監製，被譽為自 1983—1985 年武術挖掘整理以來，最大、最完

善、最有社會意義的一次劃時代的《中華武學電子版百科全書武藏》內沒有，在 VCD 精品文化紀錄片《太極之道——楊式太極拳經典》裡也沒有。再有，從旨在「通過民國武林的前世今生透視近代北京歷史文化的發展變遷」的《京城武林往事》一書內，作者深入採訪了京城十一位武術名家，其中卻沒有吳老嫡傳如李璉兄；另外練楊式拳的一位老師，公然打出少侯用架的旗號，甚至冠以少侯用架領軍人物……凡此種種，讓人頗生感慨。

我不是主張要去與這位老師爭旗奪冠，辨明真偽，按說這應該是中國武術研究院專家委員會和中國最高級別的武術科研理論刊物《中華武術研究》的事。

我想說的是，我和一幫老拳友都曾經是吳老的追隨者，也是吳圖南武術思想的受益者，對吳老的情況，我們是最清楚不過了！他是吳、楊兩家地地道道的正宗傳人。我切身體會，年歲越大，越能深刻體會到吳老武術思想的正確性，也愈加有責任使吳圖南武術思想造福更多的人，並在弘揚中華武術太極拳之道方面發揮應有的作用！至於吳老的武術思想，特別是少侯用架和太極功等是不是真傳、能不能申報非物質文化遺產，有待專門單位來確定，但我們似乎又絕不能由它「自生自滅」。

我認為除了上了年紀的老同志們有一種義不容辭和不可推卸的責任，應儘快把自己跟吳老接觸中所知道的和體悟到的點點滴滴，落筆成文，為擴大吳老傳承的影響盡心盡力；得到吳老所傳且受其教益的後學者，同樣也有義不容辭和不可推卸的責任，把自己所學、所悟整理出來傳承開去。

　　對吳老究竟傳承了些什麼，壓根兒不去研究，也不知道，或者把吳老的成就拋諸腦後，人云亦云，這是對傳統的一種輕蔑和極不負責任的態度！

　　我們應該知道，吳老不是一個爭名奪利的人。據說，有一次一位太極名家當眾跟吳老叫板：「你不是擅長凌空勁嗎？今天當著領導的面展示一下！」吳老莞爾一笑，端坐在椅子上，理都沒有理他。起初我有些不太理解，後來才明白，「道不同不相與謀」，那位太極名家平時跟吳老接觸頻繁，大家在一起也打過手，誰功夫怎麼樣，心裡都清楚，切磋、比試、較真，不盡相同，在公開場合當眾叫板，別有用心，吳老顧全大局，考慮後果理所當然不去搭理他，做得十分正確。

　　吳老臨終前，經常跟周圍的人念叨：「天滅我人，難滅我道」「人死道不能滅」。他並不是鼓搗大家為他去揚名奪利，他只是期盼追隨者能完成他的未竟之業——弘揚太極文化之道——如此而已。

　　轉眼間，吳老逝世已經 27 週年了！研究社的幾位領導成員，一面帶頭堅持太極拳的鍛鍊和研究，一面積極透過寫文章、從事輔導以及參加一些重大的太極拳交流活動來繼承吳老未竟之業。

　　習拳三十多年來，我深切地體悟到：人們求道、悟道、得道、傳道，能否如願以償，除了客觀因素和有沒有悟性外，關鍵就在於對「道」持一種什麼態度。

王培生傳系

據拳友商開乾講：有一次他與老師閒談提到我時，恩師王培生說：「惠良這些年知道的東西不少，致命的弱點是形太大，著相了！」不但肯定了我的進步，而且指明了我往後努力的方向。

築基練體話「中正」

　　20 世紀 80 年代初到 90 年代末，吳式太極拳名家王培生老師先後在北京外國語學院、首都師範學院和北京舞蹈學院等地授課，練習者大多為離退休的老同志，都是為強身健體而練。習拳經年，拳齡最少的也近 10 年了，有的甚至更長，對太極拳可謂十分喜愛，但是有不少同志總感覺拳藝上不了身。

　　究其原因，主要是在築基練體階段，對太極拳的基礎鍛鍊重視不夠。因此，儘管道理知道得很多，會打的套路也不少，國家規定套路這式、那式，傳統套路吳式太極拳、太極刀、太極劍等，一練就是個把小時，天天堅持，身體確實也受到不少益處。但是對「拳中求理」的無窮樂趣以及按規矩練拳在強身健體、內外兼修方面應該享受到的那些效應，並沒有能完全享受到。

　　就以太極行功心法中的「立身須中正安舒，支撐八面」這句話來說，聽起來簡單明瞭、通俗易懂，習練者大多都耳熟能詳，殊不知要想真正做到，一舉一動、時時刻刻都能處在這種狀態中，卻並不是一件容易的事。

　　具體講就是：盤拳時要求外部身體姿勢須正直，切忌

偏倚歪斜，失去中正；而內部則是要求提起精神，內心安然舒適，神清氣和。

楊澄甫的弟子、太極拳名家董英傑所謂「立身須中正安舒，支撐八面」，實際上就是守中土之法。

董英傑先生在他的《太極拳釋義》中說，「（不偏者）不論偏向何方，即易失去重心，偏前則易拉倒，偏後則易推倒，偏左（即左歪），偏右（即右斜）其弊相同。不倚者（不依靠也），亦守中土也。例如，用手按人，對方突然縮後或閃避，己身即蹌踉前撲，失去重心，予人以可乘之機，此倚之弊也」。

所以無論盤拳還是推手，重要的是維持好自己的重心（守住中土），設法破壞對手的平衡（使其失中）。諺云：「中存則成功，失中則失敗」，這個「中」，就是中土、重心、中定。

太極十三勢，是以中定為主，掤捋擠按、採挒肘靠、進退顧盼這十二勢為輔。所謂的掤，是在中定基礎上的掤，捋是在中定基礎上的捋，進是在中定基礎上的進，退是在中定基礎上的退，其他亦然。所以太極拳的前輩們就強調：「有中定，然後有一切」，「一切法，皆從中定中出」，「法遍周身，故中定亦遍周身」。

此外根據實踐情況，大多數太極拳習練者在正確指導下，靜態時往往容易做到「立身須中正安舒，支撐八面」，但一動起來以後，己身偏倚歪斜失去中正，而往往又不能自知。

原因是宇宙間的萬事萬物，動是絕對的，靜是相對的。在靜態的那一瞬間，你能體悟到「立身須中正安舒，

支撐八面」了，即平衡穩定了，就只是那一瞬間的事。從不平衡到平衡，而後又不平衡，再到平衡，這種循環往復變換不息的運動，乃是事物運動的總規律。何況只要你是活人，即使在靜態中，你要呼吸，你就在動。這種動，雖微乎其微，但它也或大或小地在影響著你的中正安舒（即平衡穩定）。因此，你也就必須時刻相應地加以調適。

至於在動態中行拳盤架時，由於動時姿勢不盡相同，一式一式或仰或俯，或伸或屈，動作幅度也忽大忽小，非盡中正。習練者若不能及時相應地加以觀照調適，日久天長習慣形成，即使「童而習之，至於皓首，猶無益也」（向凱然語）。到頭來只落得「望夫子之門牆千仞，不得其門而入也」的結果（同前）。至於行拳盤架子之中，一式一式如何觀照調適，其要則在「保持體態重心的中正，猶如使車軸置於車身之重心處。這樣車輪轉動進退方不失其效用」（參閱吳公藻《太極拳講義》）。

所以，在談到「立身須中正安舒，支撐八面」時，楊澄甫先生曾打過一個比喻說，「腰腿如立軸，膊手如臥輪，圓轉如意，方能當其八面」。

王培生老師也說：「頂勁虛領，身體正直，切忌歪斜（即小腦與實腿一側腳後跟垂直對齊，尾閭指向內踝骨下方照海穴），並使身體重心自然下移（即鬆腰落胯，真正地感覺到好似落座了），整個人似乎既有支撐八面的感覺，同時又十分安靜舒適。拳譜上說的『上下一條線，全憑左右轉』（俗話說『轉腰子』），就是這個意思。」

太極拳傳授中值得稱道的形象類比法
—— 兼談「道在陰陽之間」

　　前不久，聽一位拳友談道：「太極拳高手都是想像力豐富，善於形象思維的人。」這位拳友還說：翻閱拳經拳論，形象類比之詞比比皆是，諸如：「一羽不能加，蠅蟲不能落」「立如平準，活似車輪」「形如搏兔之鶻，神如捕鼠之貓」「靜如山岳，動若江河」「蓄勁如開弓，發勁如放箭」「如臨深淵，如履薄冰」等，就連太極拳每個式子的名稱，像「攬雀尾」「手揮琵琶」「白鶴亮翅」「玉女穿梭」「彎弓射虎」「如封似閉」「金雞獨立」等，也都是生動具體、形象類比的例證。

　　1999 年初，王培生老師遷居回龍觀。家中親人們考慮到老爺子八十多了，年齡和身體狀況不宜再各處去教拳了，故而由他的再傳弟子王洪鄂在城裡北京舞蹈學院的授課點接替授課。

　　洪鄂雖拜在王老師長子王乃洵門下，卻一直得到王老師的親傳，加上他練功刻苦，悟性極好，特別是受到師爺的啟迪，熱衷於探求太極拳的生活化、通俗化，並擅長把自己所學所悟，學習師爺用形象類比的方法，深入淺出地告訴別人，所以深受大家的歡迎。

吳式太極拳著名武術家王培生
給嫡傳徒孫王洪鄂說手

比如，談到太極勁，洪鄂曾做過一些形象化的類比。

例一，他說，試想用一個較薄的塑料食品袋，裡面盛上一個二十來斤重的大西瓜，當你提著這個塑料袋想往前走時，你體會體會那是一種什麼樣的心態和感覺。

既要往上提，又不敢使力往上提，而且提中還有些要往下湊合著點兒的感覺。不僅如此，邊往前走，還有些不敢放開步子往前走，也就是說，走中又含有一種控制著點兒不敢輕易往前走的感覺。總之，時時刻刻精神專注，謹小慎微，有上有下，有前有後，生怕袋子破了，西瓜一下子掉下來摔碎了。

例二，他說，試想爺爺領著小孫子往家走，路邊有個捏麵人的，五顏六色的小麵人活靈活現挺招人喜歡。孫子拉著爺爺鬧著要去買個小麵人，爺爺不肯過去，小孫子不依不饒，死乞白賴要過去。

這時爺爺既要拉住小孫子的手，不讓他過去，同時又不能太使勁，太使勁擔心小孫子的胳膊拉脫臼了。所以既要拉，又不敢使勁拉，還要就合著他，隨著他上下左右亂掙巴，這裡同樣也能體會到什麼是太極勁。

例三，他說，小時候在農村，孩子們愛淘氣，喜歡搭個梯子爬到房簷下去掏麻雀、掏鳥蛋。窟窿小，又深，看不見裡面，只能踩在梯子上，扭轉頭，側著身子伸手往洞裡去搆，邊往裡摸，同時還有些膽怯，老擔心別摸到一堆軟乎乎的東西──蛇。在那種心態和感覺下，手頭上體現出來的勁，也是太極勁。

古人講：「一陰一陽之謂道」「陽非道，陰非道，道在陰陽之間」。

太極拳的習練者，首先必須弄懂太極拳的拳理，同時更要按太極的思維法則去理解其功理功法，絕不能機械地一就是一、二就是二，認死理兒。

例如，拳經上講到「有上即有下，有前即有後，有左即有右」，「欲向上即寓下意」（上就是下，下就是上），「其靜如動，其動如靜」（視靜猶動，視動猶靜），「動靜循環，相連不斷」，「收就是放，斷而復連」，「似鬆非鬆，將展未展」，「黏即是走，走即是黏」，「黏走相生」等。所有這些都無不含有「之間」之意。

孫祿堂在他的專著《太極拳學》中講道：「太極即一氣，一氣即太極。以體言，則為太極；以用言，則為一氣……開合自然，皆在當中一點子運用，即太極是也。

古人不能明示於人者即此也，不能筆之於書者亦即此也。學者能於開合動靜相交處（即『之間』──筆者注）悟徹本源，則可以在各式圜研相合之中得其妙用矣。圜者有形之虛圈○是也；研者，無形之實圈●是也。」

正因為太極拳功理功法有些地方奧妙難言，非筆墨所

能盡，故而先哲和許多前輩名家補之以形象類比之法。如
孫氏在談到無極學預備式時，除做一般動作提示外，則要
求「身子如同立在沙漠之地」；又如談到右通臂掌時，要
求「將左手從左邊往上如畫一上弧線，右手於左手往上畫
時極力虛空著往前伸勁，兩眼順著前右手食指看去，兩肩
裡根（即肩窩——筆者注）並兩胯裡根（即胯窩——筆者
注）亦同時極力虛空著往裡收縮」「收縮之理，喻地之四
圍皆高，當中有一無底深穴，四面之水皆收縮於穴中之
意」。（見孫祿堂《太極拳學》）

　　這是多麼形象生動的比喻啊！如能發揮想像，精神專
注去體悟，定會加深對「陽非道，陰非道」和「道在陰陽
之間」的理解。

輕輕往前一敷的「探馬掌」
──王培生老師傳授「高探馬」一式的體用

「高探馬」動作名稱釋義：上馬前，必須長腰立身，一手攏住韁繩，一手高探馬鬃，故冠以此名。太極拳高探馬有左（由左向右）右（由右向左）兩式，它們各自下接右分腳和左分腳。

吳式太極拳老架 83 式，第一個為左高探馬（式子偏左，右手在前，由左向右高探），承接雲手最後之定勢──單鞭勢。此式共兩動：

第一動：

兩掌虛合，拉單鞭到位後，重心在兩腿之間，有些偏左，眼神注視左手食指前方。行功時，隨著眼神收回，重心也由兩腿之間移向右腿，鬆左肩、墜左肘、左掌以小指引導向下往回收撤，掌心翻轉向上，到膻中與肚臍之間為度；右勾手鬆力變掌，掌心朝下，右掌找左腳，右肘找左膝，小臂回收到胸前，臂與肩平，兩掌上下虛對，右肩找左胯，身軀微向左轉；同時長腰立身收左腳，腳尖虛著地面，成丁虛步，視線注右掌食指尖，意在右掌掌心。

第二動：

兩掌右伸。為使從學者更容易體會和做到「用意不用

力」，王培生老師教拳時，此處心法部分的提示如下。

（1）左腳左邁。動哪不想哪，想像兩手捧著一大瓶硫酸，小心翼翼地將其從右側挪到左側，當右手食指接近左角孫穴（左耳尖處的穴位）時；意想右手掌心欲摸左肩，左肩一躲，左腳自動向左邁出，腳跟著地，目視右手食指指尖。

（2）左腳落平。右膝鬆力，鬆腰落胯，左腳自動落平，左腿屈膝前弓（意想右肩從身後找左胯、右肘找左膝、右手找左腳），右腿舒直，腳跟外開，右掌、左掌兩掌上下虛對，靠近左胸，目視右側（正東）。

（3）弓步前探。左掌掌心朝上，意想左掌由大拇指開始，繼而食指、中指、無名指、小指，逐個指甲蓋順序貼地；右掌掌心向下，走外弧形向正東偏南虛虛伸出（也就是「輕輕往前一敷」）。右掌在前（掌心向下），左掌移至右臂彎處（掌心向上）；重心寄於左腿，視線注右掌食指指尖；意在右掌掌心。

【用法】拉單鞭後，身體正前方有空檔，敵方乘機用右拳向我胸部直接襲來，我則以高探馬應對。

此時重心迅即由兩腿之間偏左移於右腿，退左步腳尖點地為虛，並使身軀略向左轉，涵胸拔背、長腰立身以緩解其攻勢；同時上面以左手腕背反黏對方右腕內側；下面左腿向左前方邁進一步，重心前移（搶中），並以右掌（掌心向下）朝對方右肩頸部（右翳風透左翳風）輕輕一「敷」，這就是所謂的「探馬掌」。

王培生老師在此處用了一個「敷」字，精妙絕倫。俗云「敷藥面」，就是指把藥面撒在傷口上。這說明這個動

作不使一點力，似挨非挨。

關於「敷」字的出處，詳見武式太極拳《四字訣解》：「敷：敷者，運氣於己身，敷布彼勁之上，使不得動也。解曰，此是兩手不擒、不抓、不拿，僅敷在彼之身上，以氣布在彼勁之上，如氣體一般之輕，令彼找不到有絲毫得力之處；以精、氣、神三者貫串住，使其無絲毫活動之餘地而動彈不得……」

20 世紀 80 年代末，王培生老師在北京市西城區文化宮辦班，有一次講到「高探馬」一式，筆者被他當靶子，親身體會了所謂「全是以氣言，無形無聲」的厲害！

我出手後，他退步轉身涵胸拔背、長腰立身以緩解攻勢；同時一面以左腕背反黏我的右腕內側，順勢微微一滾動（不是拽我），結果引進落空，使我一擊不中，腳下飄浮，欲往他的左側傾斜；緊接著他下面左腿向左前方邁進一步，重心前移（又搶占了我的「中」），並以右掌（掌心向下，由左向右）朝我右肩頸部伸出，看來勢，我以為他伸手必往前杵，經他這一杵，我必往後仰跌無疑。

因此，我就想奮力往前掙，可是他伸手前探只是輕輕

左高探馬
（兩掌右伸）

左高探馬
（右掌回捋）

左高探馬
（兩掌高舉）

左高探馬
（兩掌平分）

一「敷」，並不是使力前杵，我不但沒有能借到來力穩住重心，反而因自己用力過大而失「中」，出現往前傾倒之勢（這正中他的下懷），他右掌順勢由左往右一個旋轉（據王培生老師講，這並不是右掌使力，只是意想由小指肚、無名指肚、中指肚、食指肚到大指指肚，順勢由左往右一個旋轉），隨後他的整個右小臂和右手，自然而然地經他右下到他的左膝外側，配合他左手黏著我右腕往上一抬（左右兩臂交叉），輕輕巧巧地使我來了個頭朝下腳朝上的「倒栽蔥」。

照片上拍下的，就是他右掌順勢由左往右一個旋轉，剛經他右下還沒有最後到位（指「一直到他的左膝外側」）前的那個瞬間；在這個狀態時，他只需用右腳往我腰胯一踹，我整個人就會被踹很遠！這就是所謂的「探馬

王培生老師授拳情景

掌」的竅要和威力。

乘馬探身欲前縱，涵胸鬆肩手足動。

腰脊撐開目視敵，運用純熟向胯蹬。

破敵擒拿取敵肘，撲面掌法可鎖喉。

按捌皆是腰襠勁，進肘直攻莫停留。

上面的順口溜是劉晚蒼老師講高探馬拆手時所言。這個順口溜說明了太極拳可以撅敵肘、可以用作撲面掌，可在左手順勢翻掌擒拿住敵腕後，右手張開用虎口直接去鎖住敵喉，甚至伺機側身上步進右肘等。

王培生老師傳授的
「按竅運身」

　　2013 年 11 月初，張全亮師哥撰寫了一篇題為《「按竅運身」在吳式太極拳體用中的具體實施》的文章，歸納出六個不變的原則，形成經典的六句歌訣，即「三融四墜腹內鬆，公轉自轉氣騰然。內導外隨神領形，按竅運身水洇沙。單腿負重川字步，以腰使手走螺旋。」

　　在論文中，張全亮老師還對此六句歌訣中所涉及的每個穴位的部位、歸屬與作用一一作了註釋。我反覆閱讀了好幾遍後，給張全亮師哥寫了一封信，表示自己贊同此觀點，並提出了一點建議及補充。

　　「以心行意，按竅運身」的理論，是王培生老師在繼承傳統、總結數十年實踐經驗的基礎上提出來的，它是對前人太極拳理論的一個補充、完善和發展，是對太極拳理論研究的一大貢獻。王培生老師從東北回來後，我在北京市西城區文化宮、北京外國語學院、首都師範學院、北京舞蹈學院等地跟他學習過，認為張全亮師哥所說「在整個套路上到底應該怎樣具體落實，見諸文字，將是一個關於人體文化和人體科學研究的重大課題」是非常正確的。

　　此前不久，我曾仔細閱讀過他早先撰寫的《吳式太極

拳防身十法》和《吳式太極拳八法的內涵與外延》，並囑
咐自己身在巴黎的兒子要認真研究、反覆體悟。在我們父
子之間往返的電子郵件中，就曾提到張全亮師哥和「按竅
運身」的體用：

　　你王爺爺根據太極拳運動陰陽對立統一的哲理和行功
的特點（「先在心，後在身」「意氣君來骨肉臣」）以及
人體上下肢（交感神經）內、外三合及穴位對應的生剋關
係，創編了八法心意要訣（略），我張師哥對此都有自己
獨特的體悟。例如，關於「肘勁勞宮找肩井」（手的勞宮
穴與同一側肩井穴相合）他又補充了四句順口溜，最後兩
句是：「勞宮肩井意想合，膝找肘追命嗚呼。」——根據
我的體會和驗證，如重心在右，右側中軸豎正，通天貫
地，抬起右臂（不是刻意使力用肘尖去頂人），只要意想
右手勞宮穴與同一側的肩井穴相合，眼神順勢沿自己右肘
尖的方向，看到對方身後遠處，肘勁就有了。
　　按張師哥的經驗，如果在上述基礎上，再「意想」後
腿（即左腿）的「左膝」（書上錯印成右膝了）找前面的
「右肘」（頓時會感到後腳虛懸，有一種欲往前邁步的感
覺），繼而後面的肘尖（即「左肘尖」）追前面的「右肘
尖」（切記：這都是「意想」），頓時將會增加無窮威
力，所以他用了「膝找肘追命嗚呼」這句話來形容。經我
們驗證，事實確實是如此。
　　當然對初學者來說，僅強調上述按竅對應的方法，還
不行，還必須具備其他一些條件。因為如果身形不「中
正」（就好像十字架的主體是歪的或斜的），或者「眼

神」不合，與肘尖的方向不一致（那一瞬間需要神意合一時，反而神意不同處了），或刻意使力用肘尖去頂人（違反了「重意不重力」的法則），或對方的勁兒已經出來了，卻不知道先「順人之勢」（意想手從左側，摸左肩井，空了對方一下）──先吞，接著再摸右肩井，打出肘勁，後吐──也還是不行的。又如，要訣說：「按勁憑欄望下瞧。」如果僅根據這句話來比畫，也是永遠做不好的。因為只是一般的站在樓上扶著欄杆從上向下觀望，相信多數人都會做，難就難在這裡的欄杆木頭糟了，根本不能受力，如若真扶，不但欄杆會散架子，人也會摔到樓下去。這裡的「憑欄望下瞧」，要求的是一種「欲扶又不敢真扶」的狀態，從機制上來講，就是「中極之玄」──非陰非陽，亦陰亦陽。這為的是「守中」，用時不給對方一絲「反作用力」，讓對方「無力可借」。像這些奧妙難言之處，都不是三言兩語能跟一般人說清楚的，也不是容易被人掌握住的……所有這些都說明，太極拳除了需要有正確的認識和悟性外，還有一個「體」的問題。

「五絕老人」鄭曼青說得好：「論致用，必先於體上著力，體為本。」俗話說：體用體用，沒有體，怎麼談用？因此，基礎至關重要。「體」的問題解決了，就是楊（禹廷）老跟王培生老師說的：「一想就是。」甚至「不想就是」，因為已經「應物自然」，形成條件反射了！

從上述電子郵件裡，可以瞭解我對王培生老師所傳心靜用意、「按竅運身」的重視和喜愛。楊禹廷師爺講過：「太極拳是『以意導體』的運動，就體上說，意念的部位

愈小，就愈便於舒鬆，意念的變換愈細微，就愈覺意味深長，趣味濃厚。」王培生老師有關「以意導體，按竅運身」的創見，正體現了楊師爺的思想和經驗。而張全亮師哥概述的六句歌訣，則是其多年學習、實踐、體悟吳式太極拳體用的結晶。我感到，他所概述的「頭融天、腳融地、胸融空」一開始就幫助習練者身心合一，進入了太極勢，也就是幫助習練者達到「周身一家，完整一氣」，是最便捷的竅要。

武聖孫祿堂認為，太極拳十三勢的作用，「乃研求一氣伸縮之道」。「太極即一氣，一氣即太極。」「以體言，則為太極；以用言，則為一氣。」氣是看不見、摸不著的東西，但卻是一種客觀存在，白雲觀曹道長（震陽子）曾著文讚道：「人生自有留年藥，萬兩黃金不給人。」這說的就是氣。由此可見其重要程度。是故武聖孫祿堂早在民國初年就用極度讚賞的口吻，引先人詩曰：「道本自然一氣遊，空空寂寂最難求。得來萬法皆無用，難比周身似水流。」而張全亮師哥的一個「三融四墜腹內鬆」，又為從學

與白雲觀曹震陽道長合影

者非常便捷地掌握練習吳式拳「體用八要」和「四功四法」做了言簡意賅的提示。在此基礎上，具體落實王培生老師提出的「心靜用意，按竅運身」的方法，則更易取得顯著的成效！斗膽說一句：其實，張全亮師哥所說的「四墜腹內鬆」似乎不是意想的結果，而是進入「三融」境界以後相應產生的一種知覺運動。

至於其他各觀點，筆者以為都很對。因為正如張全亮師哥所說，此前的預備式屬於靜態表現：無極而太極，無極尚處在混沌未開、鴻蒙一片、負陰抱陽、陰陽未分的本體狀態。後面五個屬於動態表現：即本體動之則分，靜之則合；氣分陰陽，機分動靜；陰中有陽，陽中有陰；此消彼長，同生共滅。而且在此種運動中，除了吳式太極拳獨有的單腿負重的川字步型以及斜中寓正等特點外，其他各條如以內導外、運而後動、意動形隨、其根在腳、有上有下等，可以說也是各派太極拳體用的共同規律。

此外，由於王培生老師提出的「按竅運身」的方法，非常符合太極拳的「以靜制動、以柔克剛、純以神行、不尚拙力」以及「太極不動手，動手非太極」等特點和要求，具體如移腳、落腳不想腳，前掤、下採不想手，用肘不想肘。而且在「用意不用力」的心法內容中，著意之處小得不能再小了，它最大的優越之處，既便於舒鬆，不用守點走線，又無形無象令人難知，只需靜心用意一想，就能自發做到順乎自然。

正因為張全亮師哥對此有著深刻的瞭解，他特將人體平衡活動中一些相關的部位和重要的穴位及其作用，不厭其煩地做了詳細的註釋，這對習拳多年或初學者來說，無

疑都是受益匪淺的特大好事！

筆者對此文唯一的建議就是：在說明「按竅運身」在吳式太極拳體用中的具體實施時，如能適當地再結合一些具體式子來談，那就更便於習練者瞭解和學習了。

在我的記憶中，王老師在傳授套路的過程中，主要還是繼承傳統，根據內、外三合的原則，強調各式動作的姿勢和基本要領，要求習練者牢記根、中、梢；梢、中、根一一相合。也就是左（右）肩、左（右）肘、左（右）手與右（左）胯、右（左）膝、右（左）足，或右（左）手、右（左）肘、右（左）肩與左（右）足、左（右）膝、左（右）胯一一相合，盡量做到全身手足、軀幹、動作內外協調一致。

直到 20 世紀 80 年代末至 90 年代初，王培生老師日益深切地感到中老年急需健身，更需速效，雖理解力強，但不易入靜、不適宜劇烈運動的特點，故又創編和傳授了《吳式太極拳中老年健身十六式》。當時（1990 年 1—3 月）適逢全運會在即，參賽項目的演示時間只有 3 分鐘，所以王培生老師抓住機遇，利用大學寒假期間，在首都師範學院的教學點辦了一個培訓班，計劃選拔幾個人，參加全運會，以便能向全國推廣「中老年健身十六式」（當時我有幸也參加了此項活動）。

後來此事雖因故未能如願（1990 年 3 月上旬，聽說大會有規定：吳式太極拳必須演示李秉慈規範的套路才能參賽），但在王培生老師於 1991 年 12 月應邀東渡日本講學時，日方有關部門徵得王培生老師的同意，將《吳式太極拳中老年健身十六式》錄製成光碟；隨後 1993 年 6

月，張耀忠師兄將王培生老師的教學錄音整理出版，書名
《吳式簡化十六式》。到 2002 年秋，我去看望周荔裳老
師時，談到王培生老師那時在各地教學（包括應邀赴日演
示並講授《吳式簡化十六式》的健身和技擊作用）的情
況，她當即就十分熱心地向人民體育出版社「中國當代太
極拳名家叢書」負責人推薦，準備為王培生老師出吳式太
極拳專集。於是王培生老師對《吳式太極拳中老年健身十
六式》又進行了一些補充和修改，將其與吳式太極拳三十
七式和太極十三刀、太極六十四劍等，一併載入《王培生
吳式太極拳詮真》一書內。

　　《吳式太極拳中老年健身十六式》以著重加強意念活
動為主，強調內、外三合，在實踐中普遍反映有易入靜、
易得氣、氣感強等特點。所謂「意念活動」，用王培生老
師的話說，就是「心裡想的」，從前叫「心法」。但由於
各種原因，以前講太極拳心法的人很少，大都秘而不宣。
王培生老師出於公心，不吝把自己體悟的東西公開出來，
主要是想讓大家「早點兒、快點兒練出成效，及時掌握拳
法核心，破除『十年太極不出門』的陳舊觀念」。

　　在加強意念活動方面，王老師有如下幾點主要提示。

　　（1）意念活動，是「心裡想的」，應是「有動之
意，無動之形」，或「動之於未形」。

　　（2）人體竅位，就像針尖那麼細、那麼小，根據人
體上下肢交感神經以及左右交叉對應和生剋關係「以意導
體」「按竅運身」，可以說，「體」上的著意點小得不能
再小了，這不但便於舒鬆，更能使人達到「內動不令人
知」的境地。

（3）強調意念活動：「按竅運身」，為的是思想集中，把太極氣功練好。但是過於執著、拘泥也不成。譬如「內三合」，神與意只是呼應，並不是絕對（時時）一致。瞬間合上，迅即分開，所謂「神意不同處」。

（4）在意念的引導下練拳，應當活潑，不可呆滯。所謂「有意無意是真意」，練時要在陰陽之間、動靜之間、虛實之間下工夫，方能漸趨上乘。

（5）最後還有一個「火候」問題，就是早了不行、晚了也不行。

因此，細想起來，王培生老師「按竅運身」的創見，應該是在繼承傳統的基礎上長期積累和逐漸感悟的結果。此創見由成熟上升到系統理論，應該是在 20 世紀 90 年代開始的。他的有關論著和資料（錄音、錄影、門人歷次課堂筆記等）足以說明這一點。比如預備式第三動「兩腕前掤」，楊禹廷師爺在《太極拳各式動作解說》裡是這樣提示的：「兩掌指尖微鬆，兩腕向前舒伸，兩臂即自然前起，起至與肩平為度，寬與肩相齊；指尖鬆垂；意在兩腕，體重與視線均不變。」

1981 年王培生老師在北京外國語學院的教學講義和 1987 年與王輝璞師叔共同編著出版的《吳氏太極拳三十七式行功圖解》以及 1987 年底、2002 年冬先後出版的王培生著《太極拳的健身和技擊作用》《王培生吳式太極拳詮真》，1991 年在日本錄製的光碟所講內容，和 1993 年 6 月張耀忠整理出版的專著《吳式簡化十六式》裡所講內容與楊師爺的傳授說法雖不盡相同，但基本上大同小異。只是王培生老師更著重強調了意念和用法，並本著內、外

三合的原則，有的地方說得更細緻、更具體，強調得更突出些。

如上述「兩腕前掤」這一動，王培生老師在教學初期，具體強調的是：「用意念想兩手指尖，使指尖關節先舒直，然後想手指肚，向手心靠攏。這時兩手腕產生動力將兩臂自然引向前上方平舉，至手腕高與肩平，寬與肩等為止。重心與視線均不變，意在手掌心。」

用法：自己手腕被對方攥著時，即將五指撮攏回收，使腕部向前突出貼對方的掌心（即一貼，一離。貼就是離，離就是貼），使對方身體重心傾斜而後仰跌出。後來他在教學中，表述得愈來愈細和愈來愈具體，以至直接具體到身體上的穴位。

為便於學習和掌握得更精確，我與兒子陳易合共同根據王培生老師在《吳式太極拳中老年健身十六式》裡的文字說明，參照老師歷次講課錄音、錄影和有關筆記，仔細梳理，將「兩腕上掤」這一動作具體描述如下：

重心移到左腿時，意念轉移到左臂。由鬆左肩開始，自肩井穴往下想墜左肘（由左曲池穴往外橫劃弧到少海穴），再往下到左手有反應時，兩手指尖舒展伸直，左食指尖往下指一指地。意想指尖跟地面接觸，然後中指尖（中衝穴）往回夠手心（內勞宮穴），身體重心仍在左腿，右腳更虛。

左臂放鬆有悠盪勁時，總想左中指尖往回夠手心（中衝穴回摳內勞宮穴），直到（大陵穴）催動左手腕（陽池穴）有往上提的勁，左腕向前、向上提起，右腕被動地跟著動，兩臂自然向前上方抬起，起至高與肩平、寬與肩齊

為度，兩手指尖鬆垂。意念在手心（內勞宮穴）。

從這裡不難看出，此時，王老師在傳授行功時，已明確提到身體竅位和「按竅運身」。也就是說，「按竅運身」形成系統的理論，無疑是從傳授《吳式太極拳中老年健身十六式》開始的。雖然他每次傳授時，用語略有不同，在書裡的文字表述上也不是盡善盡美，但基本上每一動，他都具體地提到「意想」某個穴位及其相關要求了，這是在他以前的教學和太極拳專著中很少（不是沒有，而是很少如此頻繁和突出）見到的。在這個教學階段的後期，他經常做如下提示：中衝穴點風市穴。鼻尖對準大敦穴。尾閭穴指向照海穴。大敦穴按地。商陽穴托天。氣衝穴貼衝門穴。夾脊穴與尾閭穴上下對正。陰陵泉穴相貼。曲池穴（往外橫劃弧）滾落到少海穴，肘尖（少海穴）往後下墜落貼地（肘要貼地行）。環跳穴落在腳跟（照海穴）上（鬆胯）。陽陵泉穴舉上天空（過頭維穴，提膝）。命門穴推肚臍往前凸出（呼），癟小腹肚臍貼命門空（吸，胎吸）。十宣穴回摳手心（內勞宮穴）催動手腕大陵穴透陽池穴（腕打）。脊背有力，能負重上百斤——左掌勞宮穴扶在左腿陽陵泉穴，右掌勞宮穴扶在右腿陰陵泉穴，或者左掌勞宮穴扶在左腿陰陵泉穴，右掌勞宮穴扶在右腿陽陵泉穴（龜縮力）。

除此還有八法心意要訣：「掤勁命門找環跳，捋勁食指劃眉梢。擠勁夾脊找前腳，按勁憑欄望下瞧。採勁玄關（兩眉之間）肩井合，挒勁意在蹬後腳。肘勁勞宮找肩井（手的勞宮穴與同一側肩井穴相合），靠勁玉枕扛大包。」

「按竅運身」與「起勢」

　　2012 年，我和兒子陳易合，共同策劃，相互切磋、溝通，包括找資料，經過好幾個月的時間，首先以王培生老師專著《吳式太極拳中老年健身十六式》為基礎，並盡量參照、篩選王老師每次傳授時那些比較準確、形象的語句，仔細梳理，好不容易才把「預備式、起勢」（四動）和「攬雀尾」（八動），以及「太極拳推手運動的幾種練習方法」順下來了（詳見後文）。當然，還不是十分理想。因為歷次課堂上，王老師經常有些隨感而發的更確切、更形象的詞語，尚有遺漏。看來此事確如張全亮師哥所說，它是一項艱巨而又重大的研究課題。目前「宜粗不宜細」，必須「先重點後一般」。

　　楊老（禹廷）在其專著《太極拳動作解說》中談道：「練太極拳，『意』很重要，整個拳的動作都要用『意』去引導和完成」，而且「最重要的是意念的部位愈小，就愈便於舒鬆，意念的變換愈細微，就愈覺意味深長、趣味濃厚。」王培生老師在教學中，提出「按竅運身」的用意方法（人體最小的部位莫過於「穴竅」），就是根據楊老的傳授並結合自己多年實踐所創。

所謂「意」，就是思想，由心發出。「心之官則思」，心可以支配行動。前人謂：「全憑心意用功夫。」就是根據太極拳經、論、歌訣的要求，「勢勢存心揆用意」，並強調「意」的重要性，「凡此皆是意，不在外面」。

正因為太極拳的「形動」——舉手投足，肢體的動作及其變化完全是「先在心，後在身」「意氣君來骨肉臣」，是由內達外、內裡意氣催動的結果，「絕非（單純的）身子亂挪，手腳亂動」（吳公藻語），先賢根據此拳運動的特點，從理論的高度，強調「全憑心意用功夫」。

王培生老師認為，所謂「全憑心意用功夫」，即「有動之意無動之形」，或云「動之於未形」。例如在《吳式太極拳中老年健身十六式》收勢裡，王培生老師提示：「想著『踏步』，外形並沒有真踏」，「想著『往前走路』，外形並沒有真的邁步往前走動。」這說的就是以內裡「想」為主，不是以外形「動」為主，即所謂「意在形先」的「預動之勢」。由於不斷地想像，「靜極生動」，即內裡內氣貫通以後催動外形，必然由內而外，結果有內有外，內外協調一致，從而出現了外面的「形動」——這才符合太極拳「以心行意，以意導氣，以氣運身」的要求。這是王老師談到太極拳運動怎樣用意的第一個特點。

「動哪兒，不想哪兒」，是太極拳用意念的第二個顯著的特點。例如，起勢時的第一動，左腳

預備式

左腳橫移

橫移，動的是左腳，但卻不是想左腳，而是想鼻子對準右腳大趾，上下垂直對正（而且要看到大腳趾趾甲後面的汗毛，即大敦穴。這一點十分重要，若專心致志，真看到了，意到氣到，內氣也就沉到腳下去了）；接著，尾骶骨對準右腳後根，眼睛向前平遠視，並且逐漸向右橫掃過去，好像要從右側方人群中找人，繼而意想

右手從小指開始，五個指端的延長線，好似船上的篙桿，順序向右腳跟旁側一尺開外的地上的一個意念點撐去。這時，左腳自然微抬、左腳大趾將會虛蹭著地，自動輕巧地向左橫移過去。

【用法】對方若用右手拉我左肩向右橫撥，我則意想自己的右肩或右側某個部位，對方就撥不動了。

「動之則分，分陰分陽」，是太極拳用意的第三個顯

左腳放平

著的特點。如鼻子對準右腳大趾，上下垂直對正，右腳底就一分兩半，前腳掌為實（屬陰），後腳掌為虛（屬陽）；進而尾骶骨對準右腳跟後，變成右腳整個全腳為實（靜），左腳整個全腳為虛（動）。因此，左腳就能動了：左腳將自動橫移，但在大腦的控制下，只移到與肩同寬為度。這裡順便強調一下，離開「意念」不是太極，離開「陰陽」也不是太極。左腳

橫移，也叫「屈膝開步」。但開步時意念不想步（腳）。

起勢的第二動左腳放平，腳怎麼放平的呢？就外形上看，是左腳大趾、二趾、中趾、四趾、小趾、腳心、腳跟一一順序著地放平，但意念不是放在左腳，或刻意去動左腳，而是想右手，從右手小指肚開始，至無名指指肚、中指指肚……直到大指指肚，依次往右腳跟旁側地上一尺開外的那個意唸點落下。此時左腳大趾、二趾、中趾、四趾、小趾也將一一落平；繼而再意想右腳掌心、右腳掌跟先後往那個意念點落下，此時左腳心、左腳跟也將先後落平。左腳落平以後就什麼都不要想了，把一切都忘掉，此時胸部會感到很舒服。虛其心、實其腹，故橫膈膜以下特別穩固，橫膈膜以上特別輕鬆。左腳落平只是短暫的一個停留，即重心的過渡，因為這時重心在兩腿之間。

【用法】此式與起勢、預備式基本上相同，重心平均在兩腿，都沒有動作，所不同的是一為「兩腳並立」，一為「兩腳分開與肩同寬」。有的老師根據姿勢的內涵——非陰非陽、亦陰亦陽、動分靜合，稱它為無極樁或太極勢。在此基礎上可以意想兩腳如植地生根，也可以意想兩腳如臨深淵，如履薄冰，或如站在豆腐上，生怕把豆腐踩出水來等，用時絕不能腳下虛實不分，亦絕不能不靈活變化。

太極拳用意的第四個顯著特點是「時間」問題，即「火候」。如起勢的第三動兩腕上掤和第四動兩

兩腕上掤

掌下採。兩腕上掤的動作是手指回鉤手心（即十宣穴回鉤內勞宮穴），兩腕向上抬起。若重心尚未完全轉換到左腳時，兩腕就向上抬起，就犯了雙重之病。因為「時間」不對，「火候」不夠。太極拳是隨遇平衡，腳下只能有一個重心點。第二動兩腳落平，兩腳落平以後，只是一個過渡，因為此時重心尚未完全轉換到左腳，意念應迅即從右腳跟旁側地上的那個意念點，順原路回到右手心，上行經右肘、右肩，並經過夾脊穴到左肩，再下行由左肘到左手指梢外。（注意：重心在哪條腿，哪邊的胳膊是「虛」，能動——筆者注）。隨著意念由右臂的手、肘、肩經過夾脊穴到左臂的肩、肘、手遊走，重心已完全轉換到左腳。只有到這個時候，左手才能好似從左側地上開始做回鉤手心的動作，兩腕逐漸往上抬起，位置與肩平。這就是用意的「時間」與「火候」（也就是「度」）。而右手為輔手，也跟隨著做同樣的回鉤手心的動作，繼而兩腕往上抬起。

【用法】自己的手腕若被對方攔住，只需五指撮攏回收，意想大陵穴透陽池穴，對方將後仰跌出；也可以意想用自己的內勞宮穴貼住對方的手心，貼上後立即與之離開，這樣也能達到同樣效果。

兩掌下採

兩腕往上抬起，應以與肩齊平為宜，若超過耳垂，力量就會到腰上，讓人不舒服；力量如到腳後跟，人將往後仰。只有與肩齊平以後，人才會感到胸部特別舒服。這就是用意時必須要注意的那個

「度」。此時意念在左手心（內勞宮穴）。

接下去第四動，兩掌下採時，頂勁虛領，意念轉向外勞宮穴（手背），手指有舒展之意，手心有突出之感，同時兩手（左手為主，右手跟隨）、兩小臂逐漸向下降，降到 45° 時（注意：這裡也有一個度，超過 45° 再下降，就會壓迫心口窩，讓人不舒服），意念開始轉到左曲池穴，意想左曲池穴到左少海穴，平直往後拉（拉之前，意念轉向外勞宮穴後，手指舒展，十指指端的十宣穴延伸出去，意想在前方即對方身後確立一個念點，往後拉時不能忘掉身前那個意念點，這樣才能維持自身的平衡和穩定——筆者注），感到自己的膝蓋要彎曲的時候，意念轉移到左肩井穴，一想左肩井穴欲與腳下左湧泉穴上下垂直對正，身體就會像坐電梯似的垂直下降。從外形上看，重心好像在兩腿，實際上右腳是虛的，重心完全在左腿（也就是吳式太極拳形容的「三虛抱一實」——筆者注）。

【用法】對方攥住我手腕想往後拽時，我隨即將五指舒伸，鬆肩墜肘，目視對方身後那個意念點，肘尖向自己的後下方沉採（切記應「豎腰立頂」，不能彎腰撅臀），對方將立即應手前栽。此時兩手張開，虎口圓撐，左右大指挨著左右風市穴，鬆胯提膝收小腹，尾骶骨朝前，眼睛平視前方，即「尾閭中正神貫頂，滿身輕利頂頭懸」。這是太極拳極其重要的一個架式[1]，在學習此勢時，務必從頭到腳反覆仔細體悟。

---

[1] 意想頂勁虛領，頭若懸珠，涵胸拔背，氣聚神凝，腹內鬆靜氣勢騰然，腳下好似踩在豆腐上，十分輕捷。

「按竅運身」與「攬雀尾」

關於王培生老師傳授「攬雀尾」（共八動）的具體練法如下：

左抱七星（掤手）

起勢的最後一動為「兩掌下採」。

承上式，鬆腰，意想（有動之意，無動之形）命門穴找右環跳穴，尾骶骨與右腳跟上下對正；同時鬆左肩，墜左肘，左掌以大拇指肚引導，經地下向前上方抬起（實際上是左肩找右胯、左肘找右膝、左手找右腳，即外三合），至拇指與鼻尖對正為度，接著左掌微微向後翻轉，掌心斜向內（即左少商穴對正右鼻孔），眼神從左大指上方向前平遠視，這時重心完全移於右腳。右掌在左掌心向後翻轉，於中指和無名指相貼時自動抬起，其中指尖貼近左臂彎處，掌心斜向左下方（這叫異性相吸，陽掌找陰掌）；繼而墜右肘（右肘找左膝，先合後分），左膝就欲往上起，接著再鬆右肩（右肩找左胯，也是先合後分，分時往右側後上提），意在右肩。此時左腿將自動向前伸出，腳跟著地不著力，腳尖回夠鼻尖（這叫「左抱七

星」，也叫「左掤手」。七星，即北斗七星。頭是紫微星，不動；頭跟左肩、左肘、左手是「四顆方星」，也就是「勺兒」；左胯、左膝、左腳是斜三星，也是通常說的「勺把兒」）。右手、左腿為虛。虛者動，實者靜，右手指肚跟左腳趾蓋，要上下相合才能穩。歷來很多前輩把「抱七星」當作太極拳的一個椿功——「川」字步椿來練。

左抱七星

註：凡是「意想」，都要精神專注，「有動之意，無動之形」，或云「動之於未形」。可運用五內心法——內想、內視、內聽、內察、內息，發揮想像。想像愈具體愈好。

右掌打擠

承上式，鬆右肩，墜右肘，右掌向前推至掌心與左掌脈門相貼；左掌以小指引導而下落，肘尖即上移，以左臂平屈於胸前為度，左掌掌心向後，指尖朝右；右掌掌心向前，指尖朝天，食指指尖與鼻尖前後對正；同時左腳逐漸放平，左膝前弓；右腿胯、膝、足逐節往身後舒展開去，後（右）腳跟外展，後（右）腳掌虛懸鬆落地面，以後（右）腳掌將要離開又不離開地面為度，切忌後腿緊繃蹬直；體重在左腿；兩眼從右食指上方向前作

右掌打擠

平遠視；意在夾脊穴。

　　註：屈膝（左膝）前弓，平送腰胯（兩乳頭跟兩氣衝穴四點垂直），夾脊穴往前腳面上落時，身形必須端正，手上不使力；再就是，打擠前，意想左手食指指梢延長線走一弧形，與自己的右眉梢相接，繼而「心意」又按原路返回，經左手食指指梢到左肘尖（這樣一想，裡面的氣是圓的）；與此同時，還必須觀照右掌與左小臂的交叉處與前腳（左腳）上下對正（也就是把前腳擱在兩手十字交叉處的中間）。

右抱七星（掤手）

　　承上式，左掌不動，右掌掌根由左手脈門沿左大指邊緣斜坡向上起，到右手背與眼睛相平，眼睛看右手食指商陽穴，以左腳腳跟為軸，腳前掌內扣45°，面向正西，隨之尾骶骨順著左腳後跟往下坐，右腳後跟虛起內旋；右手小指為軸大指外展，右掌心向左側後翻轉，中指和無名指相貼，右手大拇指少商穴對正鼻尖，實際上是右小臂外旋（陽掌變陰掌）；與此同時，左臂內旋，掌心斜向右下方（陰掌變陽掌），左手中指尖順著右臂滑向右曲池（即貼近右臂彎處），繼而墜左肘（左肘找右膝，先合後分，分時意想左肘從左曲池穴到左少海穴往左側後下方墜落，右膝將有上起之意）；接著再鬆左肩（左肩找右胯，也是先合後分，分時意想左肩頭往左側後上

右抱七星之一

提），意在左肩。這時右腿將自動向前
伸出，腳跟著地不著力，腳尖回夠鼻
尖；眼神從右手大拇指上方向前作平遠
視；重心完全寄於右腳。

　　註：小臂外旋可以治便秘──尤其
是對上了年紀的人。

右抱七星之二

左掌打擠

　　動作與第二動相同，只是左右肢相反，方向有別（此
式面向正西）。重心在右腿，兩眼從左手食指上方向前作
平遠視，意在夾脊。

　　【要點】必須注意，打擠時，夾脊往前腳面上落，兩
手並不使力，只是順勢往前盪出。因為此式的下一動是右
掌回捋，所以王培生老師要求：在右掌往前盪出翻轉向下
的過程中，要先後有右手大拇指、食指、中指、無名指、小
指指甲蓋托天的意想（實際上這時的右掌，已經不知不覺在
非常舒鬆的情況下完全翻轉朝下了，但卻不是有意為之）。

左掌打擠

　　註：經云：「意氣換得靈，乃
有圓活之趣。」一會兒意想指甲蓋
托天、迅即又意想……以及前面第
二動右掌打擠前，要求先想左手食
指指梢延長線走一弧形與自己的右
眉梢相接，繼而心意又……這些都
是「意氣」的變換，能產生虛實變
化和圓活之趣；把左腳擱在兩手十
字交叉處的中間、平送腰胯、夾脊

穴往前腳（左腳）面上落、眼神向前作平遠視以及後（右）腿逐節往後舒直腳掌虛懸鬆落地面等，這都是為了使身體的間架結構合理，協調，陰陽對立統一，打出整勁。當然，將來熟練後，「體」的問題完全解決了，動之得法，就可以練什麼扔什麼，因為「過了河，無須再背著船了」。用時「一想就是」，以至「動就是法」「不思而得，不勉而中」。

右掌回捋

第四動左掌打擠定勢時：重心在右腿，右腿屈膝前弓，成右弓箭步；右掌掌心向下，左掌掌心向上，左手中指扶右腕脈門處，右臂向西北方向舒直，右手大拇指與右腳小趾上下成一直線，高與右耳垂平；意在右掌心，雙目注視右手食指指尖。

承上式，先意想右掌向前（朝西北方）延長出去一個手掌的長度；待感覺到後（左）腿有反應時，接著由右手小指引領，按先後順序意想小指肚落地、無名指指肚落

右掌回捋之一

地、中指指肚落地、食指指肚落地、大拇指指肚落地，最後是右掌心落地，此時將會感到後腳掌完全落實於地面；繼而意想墜右肘，從身後找左膝與左膝相合；鬆右肩從身後找左胯，與左胯相合；此時將會感到後（左）膝蓋、後（左）胯、節節鬆落，重心逐漸後移，從（右）弓步變成

（左）坐步；同時右掌自然而然地
循外弧形線向左後下成斜坡式回
捋，左掌中指仍扶腕隨之；右肘貼
近右肋旁時，意想右肘尖從右曲池
到右少海向右側後下墜落；腰向左
後下鬆力（即微微往左後下轉
動）；右腳尖自動翹起；右掌心自
動翻轉向上（好似托著一塊豆
腐）；左掌心隨之翻轉向下；豎腰
立頂，目視右手食指尖，意在右掌
心。

右掌回捋之二

　　註：虛實變換——弓步變坐
步，腳下陰陽的變化，必須嚴加注
意，包括右掌的回捋，所有肢體動
作及其變化，都是心靜用意，以意
為先，意動形隨，內氣催動外形的
結果。也就是「順乎自然求自然」。

右掌回捋之三

右掌前掤

　　承上式，右掌（好似托著一塊
豆腐）以食指引領，從右肋旁循內
弧形線經左腹股溝氣衝穴往左前上
舒伸，高與左肩齊平，左掌中指始
終扶右腕隨之；在右掌從右肋往左
肋移動的過程中，鬆腰落胯收小腹
（好似讓出道兒）的同時，仍需注

右掌前掤之一

右掌前掤之二

意頂不能丟（切忌彎腰撅臀）；當右掌從左肋往上運行至左肩前時，右腳逐漸落平；繼而眼神、右掌、腰胯隨右膝屈膝前弓、整體一致往右前方移動，至右臂伸直，右掌小指與右腳小趾上下在一條直線上，高度與右肩齊平；重心在右腳，意在右掌心，眼神看右手食指尖。

註：右手掌心朝上，不使力，從右肋循內弧形線往左前上舒伸，鬆腰落胯，意想左腳心（湧泉）鬆沉入地（猶如一滴墨汁落在宣紙上，向四面八方滲透開去，此時會有一種「氣騰然」的感覺油然而生）。這也叫捋（捋，有上捋、下捋之分）。此式為上，手心朝上想往上去，但絕不能往上使力，王培生老師比喻其為「右掌（好似托著一塊豆腐）以食指引領」，可想而知，此時手上並沒有多大分量，關鍵是手與腳相合以後，腳立即主動與之分開，往下鬆落。另外，這裡還暗含著有一肘。因左掌中指始終扶腕隨之，在右掌從右肋往左前上舒伸的過程中，只需要左手中指移至右臂彎處，右小臂一屈，意想右內勞宮與右肩井相合，眼神一看，就是一肘。打肘絕不是外形上用肘去頂人家。

首先必須豎腰立頂。其次是意想內勞宮穴與同一側的肩井穴相合。再次是眼神必須同時順著肘尖的方向看去。最後是：如果打右肘，在第一、第三兩個條件都具備的情況下，若先意想右內勞宮與左肩井相合，就「空了」對方一下，如迅即意想右內勞宮與右肩井相合，將立即打出很強勁的肘勁。這就是虛實變化的一種效應。

右掌後掤

承上式，先意想右掌心從身後去與左腳心相合，繼而墜右肘（右肘從身後去與左膝相合），鬆右肩（右肩從身後去與左胯相合）。此時將會感到後（左）腳腕、後（左）膝蓋、後（左）胯、節節鬆落，身體向後坐，成

右掌後掤

左坐步式，右腳尖隨之上揚，回夠鼻尖，右腳跟虛沾地面；與此同時，右掌以食指引領向右後方劃一圓弧，左掌隨之，至右掌轉到右耳旁、大拇指及中指與右眼角成一直線，眼神看右手食指指尖。重心在左腳，意在右掌掌心。

註：外形動作是虎口張開的右仰掌，向右後方劃一圓弧。經云：「尾閭帶胯肘，勁源自上手。」意在尾閭，以會陰為軸心旋轉，尾閭劃一小圈兒，帶動右環跳（胯）劃一中圈兒，右肘尖（少海穴）劃一大圈兒。三者一致，同時轉動，手頭上後掤的勁兒（也可以說是向後掛的一種勁兒）就出來了！

右掌前按

承上式（重心在左腳，意在右掌掌心，眼神看右手食指指尖）。鬆右肩（氣到肘），墜右肘（氣到腕），右手心一空（氣到手），待右手大拇指落得跟右嘴角齊平，想一想右地倉穴，再想左地倉穴，意想右手大拇指從右地倉穴經左地倉穴往前追眼神，腰隨之轉動，右腳也將同時自

扣，朝正南落平；繼而屈膝略蹲，尾骶骨對正右後腳跟，鬆腰落胯往下坐，脊背後倚，右掌以大指引領自然向前按出。用王培生老師常說的話就是「坐一坐，靠一靠」。接著身、手、眼神整體一致同時向右微轉，至右掌根與右腳尖上下相對為度。

　　註：右掌前按，絕不是右掌使力往前推，訣竅就在：「坐一坐，靠一靠」。特別是「鬆腰落胯往下坐」以後，「脊背向後的倚靠」，實際上，這就是太極拳所崇尚的對立統一規律—「有上有下」「有前有後」「有左有右」以及「陰不離陽，陽不離陰」「陰中有陽，陽中有陰」等不同於一般拳種的獨特之處。

　　另外，這一式的「右掌前按」，出掌的時候，一切都集中在右手大指肚上，感覺大指肚就是整個手掌，整個手掌就是大指肚，這也是值得留意的地方。

右掌前按之一　　右掌前按之二　　右掌前按之三　　右掌前按之四

「按竅運身」與推手的幾種基本訓練方法

單搭手法

甲乙雙方對面站立，距離約兩步遠（也有的提示，右手握拳，相互抬起右臂，以拳面相貼為準）。起初，一般皆是先出右手，右臂抬起，兩手腕背相貼，交叉相搭。

【具體實作】鬆右肩、墜右肘、空右手心（肩鬆氣到肘，肘墜氣到手，然後再一空右手心，氣到指梢），繼而左掌往下一沉（好似秤砣，起「稱勁」的作用），右手以大拇指引導，向上抬起與自己的鼻尖齊平；同時，雙目注視前方，意想左右陰陵泉相貼，屈膝下蹲，左手垂放在左胯旁坐掌以稱其勢。

單搭手法之一

單搭手法之二

接著墜左肘，右膝即有動意，再鬆左肩（先意想左肩井從前面劃一個弧形要找右環跳，一找右環跳，右胯要往後邊退，緊接著就意想左肩井與右環跳分開，並把左肩井往自己左肩的後上方一提），右腳就出去了，右腳跟著地不著力。腳尖上揚回夠鼻尖；因為甲乙兩人同時做功，都往前上了一步，所以雙方兩手腕背相貼，交叉相搭，眼神注視對方，意在右手掌心。這是單搭手法。

雙搭手法

起初，也是先作雙搭手右式。開始與單搭手相同。

【具體實作】鬆右肩、墜右肘、空右手心，繼而左掌往下一沉，右手以大拇指引導，向上抬起與自己的鼻尖齊平，大指蓋對準自己的鼻尖後，這是陽掌，接著陽掌變陰掌，先從右手食指肚開始，意想前面有個圓球，想撫摸那球的後面，接著意想右手中指、無名指、小指、再意想右手心也去撫摸那球的後面，意念一到手心，右手就逐漸轉向朝內，右手大拇指指甲蓋外側少商穴對正自己的鼻尖，右手陽掌變陰掌（右手中指與無名指相貼）；這時，左掌

雙搭手法之一

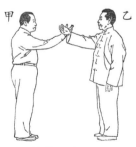

雙搭手法之二

是陽掌，異性相吸，陽找陰，左手將自動抬起，陰陽相合，這就叫太極；與此同時，意想兩膝內側相合（兩陰陵泉相貼），身體自然屈膝下蹲；當左掌（陽掌）上升到左手中指扶到右曲池穴，即左中衝和右曲池穴相搭（即甲、乙雙方各呈右抱七星狀）時，繼而意想左肘找右膝，先合後開，左肘往左後下一沉，右膝就有動意，這時再鬆左肩，先跟右胯合一下，合完了再開；墜左肘，也是先合後開；右膝必然抬起，右腳自動邁出，腳跟著地，腳尖上揚回鈎鼻尖；因為甲乙兩人同時做功，都往前上了一步，因此雙方右手腕背相貼，交叉相搭，左手前移，各以左掌心沾扶對方的右臂彎處（即肘尖）。兩人四臂相搭，手、肘四點相沾接，以兩腕相搭處為圓心，共形成一個大圓，雙方各占此圓的一半，即每人懷抱著一個小圓，呈現出太極陰陽魚的圖形。此即雙搭手法。

沾黏勁操練法

推手以練沾黏勁為主，沾黏勁是鍛鍊神經末梢的靈敏性。起初，一般也是先出右手，作右單搭手式（右腕相搭）。

【具體實作】當左手掌往後下一沉，右手（手心朝前）將會自動輕輕抬起（這會兒是陽掌，梢節不使力也有力），以右手大拇指指甲蓋跟自己的鼻子對正為度（實際上也就是自己的大拇指指肚對正對方的鼻尖中線）。這是陽掌，繼而陽掌變陰掌（即由剛變柔），右手大拇指指甲蓋外側少商穴對正自己的鼻子。

這時，當你雙目注視對方，意想右腳大腳趾往下使

力，就會出掤勁，因為兩人同時做功，甲乙雙方手背即可相貼。而左手垂放在左胯旁，坐掌以稱其勢。右手背貼上以後，其間好似有穿釘擰上，而且位置固定住。

甲方怎麼動乙方也怎麼動，始終不離開。如甲方上步前進使前胸與自己的手心相貼，剛一貼上就向後退步，乙方也做同樣的動作。兩人退時右臂盡量伸直，意念就在右手背（外勞宮穴），而且不得離開。這是前進後退，此外還有上步前進，當前胸與自己的手心相貼以後，橫向往左一步迅即回到原位，或往右一步迅即回到原位，以及上步前進使前胸與自己的手心相貼後，剛一貼上就在原地蹲下迅即站起。需要特別強調的是：不管是前進後退，左右橫移，蹲下立起，兩人的手背始終不得離開。透過這種訓練法，時間長了，初步的沾黏勁就操練出來了！一伸手，對方想走開都比較難。

單手平圓練習法

還是單搭手法，起初，一般也是出右手，右臂抬起，以右手大拇指指甲蓋外側少商穴對正自己的鼻尖為準，雙目注視前方，左手垂放在左胯旁坐掌以稱其勢。繼而意想兩膝的陰陵泉相貼（身體就會微微下蹲），氣就會沉入丹田（氣一沉入丹田，手上與對方的接觸點就會很小，而且像個球似的）。

下面接著意念轉移到左曲池，意想左曲池到左少海往後下一沉，右陽陵泉就起來了，跟壓壓板似的，左肘沉，右膝就起，接下來要出右步，右步怎麼出？先意想左肩井從前面劃一個弧形要找右環跳，一找右環跳，右胯要往後

邊退，緊接著就意想左肩井與右環跳分開，並把左肩井往
自己左肩的後上方一提，右腳就出去了，右腳跟著地，但
著地不著力。

　　雙人對練時，甲乙兩人不管誰進攻，誰退守，都不是
（外形上）胳膊的屈伸。王培生老師要求前進的時候不能
想手去，如甲搶占了先機，掤勁大，為進攻一方，右掌向
前推乙時，絕不是用胳膊使力往前推，是雙目注視前方，
在腳下做功。

　　順序依次意想右腳跟著地、右腳心著地、右腳前掌著
地，然後再意想右腳大趾、二趾……小趾順序著地，虛懸

1・單手平圓預備式
　單搭手

2・甲右掌下按前推
　乙胸，乙屈右肱
　坐步後撤

3・甲繼續前推乙
　胸。乙向右轉腰
　同時右手腕經左
　肩下循內環向右
　做平圓形運動以
　卸來力

4・甲頓感到有失重
　之虞，立即收勢
　後撤；乙則順勢
　前推甲胸

5・甲重複乙的動作，
　屈右肱坐步後撤，
　乙繼續前推甲胸。
　如此循環往復

後轉，腰也跟著有個轉動，右膝關節自動往前（這就是「蹤之於膝」）屈膝前弓呈右弓步，繼而意想鼻子尖兒好似釘子，往右腳大腳趾上一釘，會感到肚臍一收（一扁），實際是右腳心離地，左手心也一空（這叫吞），鼻尖、腳尖上下相對（諺云：「三尖相照。」）此乃屈膝前弓時，身形不偏不倚，中正安舒的一個標準。王培生老師提示：所謂腳尖，指的是腳大趾趾甲後，大敦穴與隱白穴齊平的那條橫線，從這條橫線到腳尖那一點距離，也就是往前發力的空間，超過了容易失去中定，被人所乘），接著命門往右環跳上一落（這叫吐），右手心一鼓，左腳心一鼓，肚臍一鼓，這樣出來的是一種整勁；繼而右手追眼神，自然會往對方胸前推去。

註：習練者通常易犯的毛病——屈膝前弓時，弓步不夠度數；退身坐步時，坐步坐不足，特別是前進後退，身板兒偏斜而不能自知。

王培生老師提示，前進後退，身板兒必須端正，倆肩窩、倆胯窩要齊平（楊式強調「平送腰胯」），所以屈膝前弓時，弓步要弓夠度數，要求前腿小腹貼緊大腿根兒，「氣衝」與「衝門」兩穴相合，這時後腿節節貫串盡量往後舒直；退身坐步時，小腦必須與實腿的腳後跟上下對正，尾閭垂直向下，尾巴尖兒向前指向「照海穴」——在內踝骨下面（這也是身形不偏不倚，中正安舒的一個標準）；乙取守勢，感到甲方推來，也絕不是使力硬頂或迅即屈胳膊躲閃，而是右臂仍然虛抱，內含掤勁（意想右手食指延長虛線呈一環形與自己的左眉梢相接），上面接觸點不丟不頂，隨著來勢，意想自己的右手內勞宮欲摸自己

的左肩井（也就是與對方意氣相合，隨著對方共同來推自己），同時更主要的是由下面腰腿的舒展和往後坐步運化來力。在被對方推逼的過程中，只許擴大坐身的式子（即前腳虛淨，後步「坐足」，以容納對方的推逼），接著馬上意想右手外勞宮欲與自己的右肩井相合，徹底「順勢化開來力」，而不是「用力撥開來力」。這時乙就可由被動轉為主動，甲則由主動變為被動。接下來，攻守雙方互換，乙為進攻一方，也是雙目注視前方，在腳下做功。

順序依次想右腳跟著地、右腳心著地、右腳前掌著地……屈膝前弓呈右弓步，繼而意想鼻子尖兒找右膝蓋尖兒、命門往右環跳上落。甲則由攻變守，同樣不是用力與之相頂或逃脫，是與乙原先的動作相同，上面右臂虛抱，內含掤勁，接觸點「不丟不頂」，意想「用自己的右手內勞宮欲摸自己的左肩井」，主要還是「在下面由腰腿的運化」，順勢化開來力。

從外形上來看，甲按乙腕，（或乙按甲腕）向對方胸前推逼，乙（或甲）屈小臂手向懷內後撤，手腕劃圓經左肩下向右運行至右胸骨前；繼而乙按甲腕，（或甲按乙腕）向對方胸前推逼，兩人如此循環往復平圓推揉，就叫單手平圓訓練法。

如右勢練完後，可換手換步練左勢。

【具體方法】如甲按乙腕（或乙按甲腕），屈膝前弓呈右弓步，向對方胸前推逼時，同時吸左步（即「收後步」——意想左陰陵泉貼右陰陵泉），出左手（從右肘下往前伸出），右手循左手小臂上方，走下弧往自己右胯旁坐掌沉採，並墜右肘，鬆右肩，往左前方隅角上左步（左

腳跟著地）呈左搭手式；乙（或甲）在對方弓步推逼，抽
右手出左手時，自己在舒鬆腰腿和往後坐步運化的同時，
也必須做相應的動作，一方面出左手（從右肘下往前伸
出），右手循左手小臂上方，走下弧往自己右胯旁坐掌沉
採，使左手與對方相搭，另一方面同時收回右步（意想右
陰陵泉貼左陰陵泉），並往自己右側後撤右步，先落腳前
掌，再落腳心、腳後跟，逐漸順序依次落平。左手與對方
相搭時，接觸點仍保持「不丟不頂」。

　　註：甲、乙雙方左手向前推的方向，必須是先右後
左；右手向前推的方向，必須是先左後右。其餘動作一切
皆與前面要求相同。另外進右步出右手，或進左步出左
手，稱為順步搭手；而進右步出左手，或進左步出右手則
稱為拗步搭手。

單手立圓練習法

　　兩人相對而立，頂勁虛領，鬆胯提膝，還是單搭手
式。一般也是出右手，右臂抬起，右手大拇指指甲蓋外側
少商穴對正自己的鼻尖，雙目注視前方，左手垂放在左胯
旁坐掌以稱其勢。繼而意想兩膝的陰陵泉相貼，身體自然
下蹲，下面接著沉左肘、鬆左肩，出右步，右腳跟著地，
右腕與對方相搭。

　　甲蓄勢斂身，先擴大左步的坐勢，以右手掌緣下切乙
腕（內含沉採的勁兒），先往自身左側，再往自身的右
側，隨即落右步，右掌從自己的右肋旁向乙面部進擊；乙
開始鬆肩墜肘順勢（落前步）而動，並隨甲進擊自己面部
之時，復往後坐身，以右掌虎口欲與自己的右耳門相貼，

1・單手立圓預備式

2・乙以右掌緣下切甲腕，繼而以右掌進擊其面

3・甲則順勢而動，往後坐身沉採乙腕並迅即向對方的腹部推去。也可以重複乙原先的動作進擊其面，但那是由下而上反向劃立圓

4・乙順勢坐步，轉腰疊胯化解來力。復呈前推勢。如乙動作不變，仍以右掌進擊甲面，則循環往復你來我往

接著右掌向右側後劃一小弧隨即往下沉採甲腕，並從自己右肋旁迅即向對方腹部（實際上是想著對方的實腿）推去；甲則順勢坐步，意想右內勞宮穴欲摸自己的左胯，接著外勞宮穴欲與自己的右胯相合，轉腰疊胯化解來力，引領乙右腕至甲右肋旁（復呈前推勢）。這是由上而下順勢劃立圓，如果呈前推勢的甲，改由從下面直接向乙方腹部（實際上是實腿）推去；乙則順勢坐步，意想右內勞宮欲摸自己的左胯，接著外勞宮穴欲與自己的右胯相合，轉腰疊胯化解來力，引領甲右腕至乙右肋旁，並在前推時改變方向，往對方面門擊去，甲則重複乙原先的動作。這樣你來我往，也可以由下而上反方向劃立圓。

單人四正推手練習

四正是指東、南、西、北四個正的方向，掤南、捋北、擠東、按西。四個字是四種勁，也是四種感覺或意念。經云：「掤捋擠按須認真，上下相隨人難進。」要求一式一式，按「時時用意，處處貫串，陰陽變化、一氣伸縮」的要求，一絲不苟做到位。此外，推手的規矩就是「方圓」，先求方，後求圓。這裡面，一是開展，一是緊湊。練習之前先把四正給它固定，再求四個角度，這四個角度分別在左前上、右前下、左後上、右後下。

四正推手單式練習
之掤

開始練時，面南背北站立，一般

還是出右手，邁右步。右腳跟著地（著地不著力），左手抬起中指指尖扶到右曲池，左手大拇指指甲蓋對正自己的心口窩，從上到下，呈右抱七星的狀態。

單人四正推手練習的順序為掤、擠、掏（逃）手托肘、挒、按、轉腰圈掤，週而復始，循環不斷。在單人練習的時候，要求無人似有人，就好像真有個對手在與自己推挽一樣。對方的鼻子、眉攢、眉梢、肩、腰等位置在哪兒，心中應清清楚楚。

掤開始練時，呈右抱七星的狀態。根據王培生老師要求，手去的時候不能想手去，都在腳下做功。豎腰立頂、鬆腰落胯，右腳鬆鬆落平，意想自己的命門（就是腰部右腎的左上角）往自己的右胯（環跳）上落，尾閭指向前腳右照海，屈膝前弓，即諺云：「三尖相照」，同時陰掌變陽掌，右手大拇指指甲蓋外側少商穴對正自己的鼻子（如前所說，也就是自己的大指肚正對著對方的鼻尖──中線），眼神順著自己右手食指的延長線，從對方的左眉攢到左眉梢以及左外側後上，看過去；同時要意想自己左掌掌心（擱在對方的腰、胯上）也隨著往前吐掌心；後腿（即左腿）胯、膝、足逐節往身後遠處舒展開去（王培生老師曾打過一個比喻，後腿好似一桿很長的秤桿兒，不斷把虛懸著的秤砣往後挪，將起到「秤砣雖小能壓千斤」的作用）。這就是掤手。

掤的姿勢到位了（個人練習）。

四正推手單式練習之擠

下面接著就是擠，接上式，由於我出掤手，是進攻，對方必然以捋手來化解，也就是說，掤進捋退，對方將往後坐身，轉腰疊胯在化解來力的同時，並向他的右側也就是我的左前側捋我，如果我不管不顧，繼續掤他，腳下將會站立不穩，只有先順勢把他的捋勁卸了，才能採取下一步進攻的態勢——就勢打「擠」，因此在打「擠」之前，必須先意想自己右手食指梢頭那一點「意」，不丟不頂，繼續往前延伸，同時隨伸隨轉，右掌以小指引導逐漸向下降落與右肘相平為度，接著最重要的是意想右手食指肚延長出去一條環形的虛線與自己的左眉梢相接，用王培生老師的話說就是：「意想右手食指肚要摸自己的左眉梢。」

因為不是外形的動作，只是一種想像，所以無形中，右手食指肚與自己的左眉梢之間形成一條看不見的環形虛線（實際上，這樣，能使自己身體裡面的氣圓了，也就是使自己變整了），這時的「意想」是先從右手食指肚劃弧到左眉梢，接上以後，「意」又循原路從左眉梢回到右手食指肚，為的是對方要捋我的手。

指梢這點東西就是誘餌，訣竅就在一來一回，我變整了，讓對方覺得有東西可捋，他必然採取行動，接著我又一去，依次鬆開中指、無名指、小指，同時把眼神放出去，讓對方感到無限遠，他就捋空了，這時我再把眼神收回，往正前方看去，鼻尖找膝蓋尖，上下對正，手指朝上，左手脈門貼住右曲池（要像三角焊鐵似的，牢牢焊住），再意想夾脊往腳面上落（發力全憑這一點），就是「夾脊找前腳」。

切記：千萬不要接觸對方時，還想使點勁兒，惦記著

把對方推出去，那樣反而不起作用，意想只需關注與對方接觸的兩個接觸點，落在腳的兩側，與腳形成三角形。如果手偏一點，就把腳挪一挪。挪動也不要太大，稍微一點就行。對方有時鬆力，你還是對準他，腳朝著他，意想夾脊往腳面上一落，與眼神一合就得。重心在右腳，意在夾脊。眼神放出去，在前面。

四正推手單式練習
之掯

下面是掯。掯之前有個「掏（逃）手托肘」。掏（逃）手托肘具體練法是，右掌以小指引導向前下方落，把右手小指比作釘子，意想右手小指指肚往右腳大趾趾甲上釘，釘了一下，繼而意想右手大指也是釘子，往右腳小趾趾甲上釘，接著右手大指離開右腳小趾往前下運行，右手小手指朝天，同時左腳往後舒展，然後大指小指翻轉，手心朝上，意想手心托起自己的後腳。

個人單練時，必須專心致志，切實感到右手托起自己的後腳，後腳（左）完全虛了，力道才足（雙人對推時，看上去右掌托的是對方的左肘，心裡想的和眼睛看的卻是對方的右肩，好像要把對方整體掀翻似的），這一托就叫掏（逃）手托肘（意想欲把對方「掀」翻）。而後，迅即落（左）步開始練下一式掯（掤進掯退，掯手是守勢，是化解）。

【具體練法】用自己左手的食指指肚摸自己的右眉梢，摸上以後立即離開（不是手動），用眼睛想看自己的

四正推手單式練習
之按

左手食指指肚，身體將自動微微退身，距離指肚約 10 公分，繼而想著眼睛看著左手食指指肚從右眉梢欲摸自己的右眉攢，接著又往前（外）翻轉左手，左小臂外旋，左手食指指肚從右眉攢旋轉朝外，變換為左手指指甲蓋對正左眉攢（此處要特別注意），陰陽變化全在這一點，能不能把對方挒出去也全在這一點變化。

使左手食指指肚朝正前方，左手食指指甲蓋對正自己的左眉攢，這時重心已逐漸轉換到左腿，右腳全虛了，眼睛看著左手食指指甲蓋從左眉攢往自己的左眉梢劃去，以把自己的右手自動帶起為宜，帶到右手中指指尖跟左手大指指尖成水平，兩手的距離為 10 公分，也就是一掌寬為度。現在要注意的是，這左指甲蓋不離開左眉梢，左眉梢也不離開左指甲蓋，接著當左食指指甲蓋兒，從左眉梢往左側後劃去，左眉梢、眼神、左右手，包括整個軀幹都隨之追去。這就是挒。

下面是按，按是步法不變，重心仍在左腿，眼神從左手食指轉移到右手食指，同時兩掌距離不變，鬆肩墜肘，兩掌隨著身子自動向下降落向右轉動，至正前方（正南）時，兩臂微屈掌心均向下，橫於胸前，左掌與膻中相平，右手略高於肚臍，眼睛要看右手食指的外側，入地三尺深，如憑欄下望狀。意在膻中穴。

單人練習，下接右手圈掤，繼而左掌打擠、右掌掏

（逃）手托肘、坐步左挒以及轉腰右按，週而復始，如此循環往復。練夠數了，再換方向。

雙人定步四正推手練習

雙人定步四正推手練習有幾點提示如下：

（1）四正定步推手要求步伐不動，而手法做你掤、我挒、你擠、我按的往復變化，正因為它是訓練敏感和攻守應用有效的途徑，所以流行最為廣泛。

（2）由於單人練習四正推手，是按雙人合練的需要編排的，所以動作順序，則是掤、擠、挒、按，循環往復，週而復始。

（3）雙人四正推手對練，分而言之，若甲搶占了先機，走在頭裡，則是（甲）弓步打掤，（乙）退步挒化；接著（甲）屈肱打擠；（乙）則（向右）轉身下按。簡而言之，就是：甲掤乙挒、甲擠乙按，接著攻守互換，乙掤甲挒、乙擠甲按，如此週而復始。也就是在相互打輪的一個回合當中：前一半，甲走了掤、擠，乙走了挒、按；後一半，攻守互換，乙轉守為攻，走了掤、擠，甲走了挒、按。

不過要注意的是：首先，在打輪的每一個回合中，開始「甲擠乙按」以後，甲左臂肘、腕部被乙按著，為解決身體有前傾之虞，甲必須順勢鬆開右手輕扶乙之左肘部，意想乙之右肩頭，使其成為斜坡狀態，此動稱為「掏（逃）手托肘」；其次，乙在由右往左打「按」以後，面臨甲採取「掏（逃）手托肘」的動作時，如繼續下按對方，自己將有被對方掀起的危險，根據捨己從人的原則，

乙必須立即以兩手向自己的左前上方分做弧線運行，掤化甲之掀力。

此動稱為「轉腰圈掤」（左圈掤）——這是前半個輪；繼而，後半個輪甲、乙攻守互換；乙掤、擠，甲捋、按。所不同的是「乙擠甲按」以後，乙右臂肘、腕部被甲按著，為解決身體有前傾之虞，這裡乙順勢鬆開的是左手，並用左手輕扶甲之右肘部，意想甲之左肩頭；還有，在後半個輪中，因甲的按勢是由左往右下按的，兩手在右側，所以走「轉腰圈掤」時，兩手是從自己的「右側」往右前上方運行的（右圈掤）。因此，雙人對練四正手打輪，只有如此，順勢借力，你來我往，方能循環往復，週而復始。

此外，雙人對練時，甲乙兩人對面而立，因是雙搭手，比單搭手雙人互推畫的圈子要小些，故兩人距離應稍近些，相距約兩步；至於身法、出手、出步、心靜用意等還是按照「動哪兒，不想哪兒」的要領，基本可參照單人練習和單搭手互推的要求；再有，通常也是先從順步（出右手，出右步）開始，做雙搭手右式（即各呈右抱七星狀）。

從總體來看，甲乙兩人從上到下都呈右抱七星的狀態。只不過在單人練習的時候，要求無人似有人；在做定步四正手時，面前不是虛擬的對手，而是個具體的大活人，要求有人似無人；右手腕與對方的右手腕相貼，左掌心與對方的肘尖沾接。兩人手、肘四點相沾接，呈現出太極陰陽魚的圖形，各占一半。

還有，兩人搭手時，各含掤勁，都在想搶占太極先

預備式　　　　　甲掤乙挒之一　　　　甲掤乙挒之二

甲擠乙按之一　　　　　　甲擠乙按之二

機——以右手大指肚對正對方的鼻尖——中線，食指指尖指向對方的左眉攢。如甲走在頭裡（即甲搶先對準乙），顯出掤勁大，乙就不能繼續使掤，那樣就頂了。

雙人定步四正推手的具體操作：

（1）甲乙兩人相對站立，起初，一般也是先出右手；做雙搭手右式，如甲搶占先機，掤勁走在頭裡，乙即屈膝後坐，屈兩臂，肘下墜，兩手順勢分攬甲之右臂肘、腕部，向懷內右側上方挒化。此為甲掤乙挒（亦即甲弓步前掤，乙坐步挒化）推手。

（2）緊接著，甲趁勢平屈右肱，堵其雙腕，並以左手扶在自己的右小臂內側以助長向乙胸前排擠的效果，此為甲屈肘打擠；乙當甲打擠時，腰微左轉，雙手趁勢下按

甲逃手托肘　　　　　　乙轉腰圈掤

甲之左臂肘、腕部，使其力量不能上達己身，此為甲擠乙按（亦即甲屈肘打擠，乙向左轉腰下按）推手。

（3）甲左臂肘、腕部被乙按著，為解決身體有前傾之虞，甲必須順勢鬆開右手輕扶乙之左肘部，意想乙之右肩頭，使其成為斜坡狀態，此動作稱為「掏（逃）手托肘」。

（4）乙面臨甲採取「掏（逃）手托肘」的動作時，如繼續下按對方，自己將有被對方掀起的危險。根據捨己從人的原則，必須立即以兩手向自己的左前上方，分做弧線運行，掤化甲之掀力，此動稱為「轉腰圈掤」（左圈掤），也是乙轉守為攻的開始。

（5）乙出掤勁，甲則順勢往後坐步，以捋法化之。

（6）乙隨甲坐步捋化，緊接著趁勢平屈左肱，堵其雙腕，並以右手扶在自己的左小臂內側以助長向甲胸前排擠的效果，此為乙屈肘打擠；甲雙手趁勢下按乙之右臂肘、腕部，腰微右轉，使其力量不能上達己身，此為乙擠甲按推手。

（7）乙右臂肘、腕部被甲按著，乙則順勢鬆開左手輕扶甲之右肘部，意想乙之左肩頭，使其成為斜坡狀態，

亦即以「（逃）掤手托肘」來對應。

（8）甲面臨乙的「掤（逃）手托肘」，則順勢轉腰圈挒（右圈挒）既化解對方之掤力，同時又轉守為攻，回到原先的攻防關係：即甲掤乙捋，甲擠乙按。如此循環往復，週而復始，不斷攻防互換。然後換手練習。

註：雙人對練時，只要求逐漸放長身手互相推逼，在被逼時只許擴大坐身的式子（即前腳虛步，後腿屈膝略蹲，以容納對方的推逼，然後順勢化開，不許用力撥開），必須到被逼得實在化不開的時候，才允許被逼者順勢退步，如果半步夠了就只退半步，不許多退，在這進退過程中，始終要保持與對方的接觸點不要脫離開（即始終貫徹「沾黏連隨」的原則）。照這樣練長了，沾黏勁兒也就練出來了。有了功夫以後，再練摺疊法（加大肘和腰的活動範圍）、大捋等，進一步增大腰腿的功夫。總之，在這之後，才能開始問勁。

另外，還要抱著「道之所存，師之所存」「教學相長，互利共贏」的態度，跟三種人（水準比自己高的、跟自己水準不相上下的、水準比自己差的）練推手。不要目光短淺，自視甚高，看不起比自己差的人，其實幫助別人就是幫助自己，獨樂樂不如眾樂樂。

妙不可言的
「頭融天，腳融地，胸融空」

　　2013 年 7 月 13 日，我和我的家人來到珍貝大廈鳴生亮健康科技公司，有幸跟大家一道，聆聽張全亮師哥如數家珍，漫談太極文化之道。

　　很有意思的是，我雖比張全亮師哥大 10 歲，接觸武術和進入吳式太極拳著名武術家王培生老師門下卻幾乎是前後腳，他是我所瞭解的師兄弟當中佼佼者裡比較突出的一位。他有很多思想和觀點，不但能引起我強烈的共鳴，而且也給予我很多啟迪和幫助。因此，我從心底裡一直對他比較敬重。長期以來，不管是直接的，還是間接的，我都默默地學習著他的論著，關注著他的言論和活動，並從中吸取到很多精髓，在做人和習拳兩方面都受到很深的教益！比如，他談到練拳時往那兒一站，要求「頭融天，腳融地，胸融空」。

　　大家有幸跟他學拳，因為經常聽，可能並不覺得有什麼出奇之處，可是當我從他編寫的《王培生傳吳式太極刀》這本書裡看到了這句話，覺得他對身體上中下三盤選用了「融為一體」的那個「融」字，實在稱得上精到、妙絕！

張全亮師哥（中）與筆者及家人合影

「拳術之道，尤宜先立基礎，故初學，以樁法為始」，這是傳奇色彩很濃的武術大家薛顛在他的專著《象形拳法真詮》裡談到的。他認為：「形意拳的三體式，就是形意拳、象形拳的根本樁法」；「三體式是天、地、人，頭頸為天，腿腳為地，天地生人。所以練拳先要擺正頭頸和腿腳，如此才能蘊養五臟，端正脊椎」。而且還特別強調：「無論行止坐臥，務要使脊柱正直無曲……道經云：『尾閭中正神貫頂，氣透三關入泥丸』。此姿勢宜常保守，不但練時為然，無論何時何地，勿忘卻此法」，因為「脊柱中正才能練精化氣」，等等。

聯想到 20 世紀 60 年代中期，我跟吳老（圖南）學拳，開始學定勢時，他說頭若「懸珠」，特別要求頂勁虛領，必須注意下巴頦兒微收，目平視，頭頂百會處，似有

繩繫著微微上提，但切不可刻意上頂，以免意重造成頸項強直的毛病，故曰「虛領」。能如是，頭面也就自然中正，面容端莊，神凝於耳了。又如拳論云：「虛領頂勁，氣沉丹田」。若僅有虛領頂勁，而沒有氣沉丹田，即患上重下輕之弊。至於「腿腳」，吳老在「定勢」的第一式「太極勢」中，要求鬆腰圓襠，鬆胯鬆膝，腳掌平鋪於地，勁氣鬆落湧泉。練拳時他不但要求手上不要用力，腳上亦復如是。有人說：「手不擎風，腳不沾塵」，這種比喻十分恰當。

又如：我跟意拳名家姚宗勳老師學拳時，往那一站，他就提示我要像休息似的立在那裡，「休息似的」意指「身上要放鬆」；「立在那裡」，意指「鬆而不懈」。視線往前看，比平視略高些，眼前景物既要盡收眼底，又要似有若無。並且上下要協調，力量不能縶在自己的腿上，如果感到腿上有力，可以設想身體被降落傘吊著，下面隨風悠來悠去（上不能上，下不能下），或者設想下身猶如置於水中，隨其漂浮。後來又提示我站在那裡，意念中要有「頂天立地」「占滿宇宙空間」的感覺……最後達到天人合一忘我的境地。

關於頭頂部位的要求，他談到拳諺中有兩句話：一句是「頂上如繩繫」，另一句話是「頂上力空懸（身如繩吊繫）」。這兩句話是一而二、二而一，實際上是強調「介乎有無之間」，也就是要求「以神領起一身之氣」；至於腳下，有一位意拳練家曾談到，設想腳跟處有很多螞蟻，千萬不能把腳下的螞蟻踩死了。

王培生老師生前也經常要求門兒裡從學者認真體悟太

極樁功的要領：「腳踏黃泉，頂貼天，周身舒展，手要綿。」「腳踏黃泉」，指的是兩腳不是踩在地面上，而是站在假想中那種虛幻存在的「陰間」的路面上，「陰間」究竟有多大？多深？在哪兒？誰也說不清。只是一種感覺。「頂貼天」，天，指人世間頭頂上方，可望而不可即的高空。為什麼不說頭「頂」天，而說頂「貼」天，因為這一字之差，區別很大。後者符合「形不破體，力不出尖兒」的要求。就好像八段錦中「兩手托天理三焦」這句話，王培生老師認為，兩手舉起以後，不能真的去「托」天，否則將會感到胸腹不暢，只有意想兩手要去「摀」天，胸腹才會感覺到鬆快不堵；此處如能由假想、導引，切實做到頭頂百會與天相貼，腳下湧泉與地下虛幻的路面融為一體，周身頓時舒鬆，整個人必然有一種通天貫地、頂天立地的感覺。

再聯想起 1976 年初秋，聽到的汪永泉前輩那句名言「我站在那兒就是一把撐開的傘」，體會就更真切了。

舉了這麼多例子，都是說的「往那兒一站，從頭到腳周身的正確要求和感覺」。可以說，沒有一位前輩說得不對，他們毫無保留，說的都是真髓、竅要，但張全亮師哥透過自己刻苦揣摩，勇於探索，在前人傳授的基礎上又概述出「頭融天，腳融地，胸融空」這樣一句話，言簡意賅，一下子就把我們帶進了中國傳統文化力求達到的「太虛與我同體，萬物與我同根」「天人合一」的那種境界。我特感興趣的是這句話當中「融為一體」的那個「融」字，正如前面我打心底稱讚它精到、妙絕一樣，如嚼橄欖，如品茗茶。愈琢磨愈有味，真是妙不可言！

關於「先想後做」

《太極拳解》和《太極十三勢行功歌》裡有這樣兩句話：「先在心，後在身」「意氣君來骨肉臣」。說的是太極拳運動的特點——「以心行氣，以氣運身」——心、身、內、外的先後主從的關係。

張全亮師哥在傳授吳式三十七式太極拳時，提示學員每一式都要「先想後做」，就是本著太極拳運動的上述機制，用大白話強調練習太極拳不單純是肢體動作的比比畫畫，「式式存心揆用意」，要養成靜心用意的習慣。

張全亮師哥提示「先想後做」，說得更直白些，就是強調「意在形先」。所謂「意」，就是想念。

清代中醫巨著《醫宗金鑑》裡談道：「意者，心神之機，動而未形之謂也。」

意思是，「意」產生在形體未動之前。人無論做什麼事，行動前必須先有意，打太極拳更是如此。一招一式無不是「以心行意，以意導氣，以氣運身」，節節貫串，循環往復，直到整趟架子結束。

有人說：「拳是有形的意，意是無形的拳。」練拳時，先想後做，意在形先，也就是先由意動，繼而內動，

在王培生恩師誕辰 95 週年推手大會間歇，和張全亮師哥促膝談心

接著氣動，最後形動，周身一家。完整一氣。當然，這說的是高級階段，不是初學者一下子就能達到的境界。

初學者，不少人行拳時，形和意往往存在著不同程度的脫節現象，因為練習者此時內氣尚不充盈，還不能完全做到使內氣隨意暢達全身。因此有經驗的明師，根據「招熟漸悟懂勁」的原則，雖強調「先想後做，意在形先」（這個「想」字，即內裡心意的活動，起初，想的一般也只是一式一式動作的起止、路線、銜接，包括位置的高低、幅度的大小），但教的還是「先形後意」，這是學拳的必要步驟，否則皮之不存，毛將焉附。

何況這種「動作思維」的過程，已經是「以意導體」，用意的第一步了。繼而，經由老師督促從學者，循規蹈矩，日復一日的鍛鍊，內氣不斷充盈，全身之四體百

脈周流通暢，從而達到「意動形隨」「形隨意動」了，這時，方才算是進入太極拳之門。

三丰祖師云：「學太極拳為入道之基，入道以養心定性、聚氣斂神為主，故習此拳亦須如此。若心不能安，性即擾之，氣不能聚，神必亂之。心性不相接，神氣不相交，則全身之四體百脈，莫不盡死，雖依勢作用，法無效也。」

真正的明師，一定都是尊奉這個道理強調「先想後做」「以意為先」，並用各自的表述和方法，一步一步引領從學者，循序漸進，邁向太極之道的坦途的！

具體如孫祿堂傳授孫式太極拳披身伏虎學時，具體要求：接上動，「兩手同時一氣著往下、往回拉，拉時之情形，如同拉著一有輪之重物，拉著非易亦非難之神氣，身子又徐徐往上起，頭亦有往上頂的形式，身子雖然往上起，而內中之氣仍然往下沉注於丹田，所以拳要順中有逆，逆中有順，身子往上起為順，氣往下沉則為逆矣。」

「又（三通背學）兩手再從前邊，如揪虎尾之意，徐徐落在兩胯裡根。左足於兩手往回揪落時，同時亦往回撤，撤至足後根在右足當中約二三寸處落下，足尖著地。身子於兩手往回揪時，亦徐徐往上起，頭要往上頂。身子雖然起直，兩腿總要有點彎屈之形。腹內之氣仍要縮回丹田，腰仍要往下塌住勁。一切之伸、縮、頂、塌、揪等等之勁，亦皆是用意，不要用拙力。」

僅以「縮」字為例，孫祿堂在「右通臂掌」中是這樣描述的：「……兩肩裡根並兩胯裡根亦同時極力虛空著往裡收縮，收縮之理，喻地之四圍皆高，當中有一無底深

穴，四面之水，皆收縮於穴中之意。」這是多麼生動、形象的比喻呀！

試想，習練者，如能精神專注，用心體悟、怎能不在「寂然不動感而遂通」之中，加深對太極拳「陰非道、陽非道，道在陰陽之間」的理解與體悟呢？

吳圖南老師認為：「太極拳的奧妙就是一切以意為之。能如是，則將體會到其大無外，其小無內；放之則彌六合，卷之藏於密；大小由之之樂趣。其變化猶如孫悟空的金箍棒，說大可以是定海神針，說小可以比繡花針還小，能放進耳朵眼裡去。」

這些既是無形無象、地地道道的真功夫，又是經由看不見、摸不著、無形的「假想」，年復一年、日復一日刻苦修練出來的。

理應珍愛真正的
「非遺」傳承人

　　此次我與張全亮師哥小聚，不但加深了對他的瞭解和認識，更增加了對他的仰慕和關愛之情。

　　論做人和習武，人際關係之好，社會活動之多，奉獻精神之大，武術論著之豐，以及理論修養、功夫造詣、實戰經驗等，彙集一身，在同門師兄弟當中不說絕無僅有，也是屈指可數的。

　　他為兩位恩師操辦的紀念大會及大會發言，有口皆碑，充分體現了他尊師重道的品德；他對武林各路拳友及同門師兄弟包括晚輩從不自視甚高，傲視於人。無論對誰，他總是平等相待，尊重有加。

　　這次見面他囑咐我要注意養生，我非常感謝，確實到了應該注意養生的時候了。

　　2012 年中華渾圓功的恩師王安平提示我：「惟有健康能長壽，靜練無為作理念。」老師的意思，「無為」不是無作為，而是「有所為，有所不為」。實際上，其道理跟吳式太極拳恩師王培生經常強調的「順其自然求自然」有異曲同工之妙。

　　我與張全亮師哥的弟子楊森在通話中談到有些心疼師

兄。對於這樣一位有德之人，一位心存大愛、效仿先賢、願意把自己所知道的「非物質文化遺產」無私奉獻出來與世人分享的人，理當受到人們的敬重和關愛，期盼有幸經常與他接觸的同志們，時刻能想到他的年紀，關照他的身體，使他不要過分勞累，一方面是因為年歲不饒人，何況人的精力、體力是有限的，張全亮師哥終歸是進入耄耋之年的人了，不能事無鉅細，時時處處都一馬當先，身處第一線；應該養精蓄銳，把有限的精力用在刀刃上。

另一方面，也是至關重要的一點，對於不懂太極拳之道的人，如不是十分痴迷太極的好苗子，無須經由比試使其信服，強求他改變認識。

吳老（圖南）說得好：「天下沒有第一拳，也沒有天下第一人。」強中更有強中手，能人背後有能人。萬一有個閃失，那就毫無價值了。

我們老師王培生生性耿直、率真，性烈如火，為人處世直來直去，不會拐彎抹角，用我師爺的話說，就是「不

進入耄耋之年的全亮師哥心存大愛，經常跑東跑西，在許多場合無私地為太極拳愛好者傳授「非物質文化遺產」

知圓通」。

年輕時逞強好勝，愛較真兒，比如武學理論上的事，常與人爭論，按我師爺的意思：

「對武學的認識，階段感非常強，你沒有達到那個層次，就不可能有那種感覺和體會。有些事怎麼講也講不明白，如果他還沒有練到那個層次，不必加以爭辯，就先讓他糊塗著吧，等他練到那個地步，其理自明，用不著我們爭辯他就信服了。」

可是我們王培生老師，不管不顧，誰說不信，就馬上試試。晚年的時候——2001 年 8 月 27 日，他在家裡舉行了一次拜師會（徒孫王洪鄂收徒），卻語重心長地對徒再孫提出要求和期望：「希望你們記住我的話，不要好鬥逞強，愛與人比試，『不信，就比試比試』，這不對，學習太極拳首先要加強品德的修養……」（參 2001 年 8 月 27 日中國太極網消息，周荔裳文）。

當然，張全亮師哥不是一個愛爭強好勝的人，他純屬好心，是幫助別人理解太極拳之道，即便如此，也得權衡利弊和價值。上次隨函發去一篇題為《太極拳愛好者的追求：大道耶，末技耶？！》的文章，文中主要闡述了有關的觀點，僅供參考，不當之處望指正！

恩師王培生箴言撮要
—— 紀念恩師王培生先生逝世十週年

　　恩師王培生離開我們轉眼已十餘年了！他的音容笑貌、言談舉止，時刻縈迴腦際！特別是，當我翻閱老師的專著、觀看老師的教學錄影時，更加深了對老師及其傳承的認識和思念！

　　20 世紀末，王培生老師上大課開場白，經常愛說的一句話就是：「今天和大家結緣來了。」細想起來，世間人們相互交往、結成某種關係，確實都不是無緣無故的，冥冥之中，似乎都有某種因素在起作用，興許這就是恩師所說的一種緣分吧！

　　此生，我接觸過好些位武術名家前輩，不能不說這都是一種幸運和緣分。

　　就說學練太極拳吧，由於一些客觀的原因，我雖然不是吳式太極拳協會的成員，但我曾有幸跟楊禹廷、馬岳梁前輩有過接觸和請益，並跟徐致一、吳圖南、劉晚蒼、王培生等名家前輩學習過，其中時間最長、緣分最深的要數吳圖南老師和王培生老師了！

　　那一陣練拳之餘閒談，常聽高瑞周老師的弟子白玉璽、張旭初、馬金龍、尹朋考等以敬佩的口吻提到，他們

在紀念王培生老師誕辰 95 週年大會上發言

王培生老師在香山跟我講拳理的奧妙之處

　　四叔王培生老師（高老師的盟兄弟，行四）是吳式太極拳
楊禹廷前輩門下太極推手五虎將之一，年輕時就獨立執
教，功夫如何如何，雖然心中也十分仰慕，但一直未曾見
過面。

　　直到 1978 年冬，我對太極拳日漸痴迷，加之高老師
逝世後，自己正處在東奔西走、上下求索之中，聽說王培
生老師要從東北回來探親，於是立即與拳友相約，到金獎
胡同 11 號登門拜望，聆聽教誨。

　　爾後，直到 20 世紀 70 年代末，王培生老師落實政策
回到了北京，並先後在一些單位辦班授拳。在跟班學習的
過程中，我隨後也與友人在外國語學院籌組了十幾個人，
開創了一個新的學習點，請王培生老師在那裡傳授吳式簡
化三十七式太極拳、太極劍、乾坤戊己功等。

前排坐者為王培生，其身後站立者為王洪鄂

陳易合與師父王洪鄂合影

接觸中，越來越感到王培生老師確實是一位不可多得的名師。他武學淵博、內功深厚、見多識廣、經驗豐富。特別是為人愛憎分明、剛直不阿，崇尚武德，誨人不倦。半個多世紀以來，無論是在動盪時期，還是在改革開放的經濟大潮中，他都能本色不改，不畏權勢、不流於世俗，不把武術當商品，專心致力於武學研究，並辛勤奔走在多個文化單位，執著於吳式太極拳的傳授和普及工作。

我崇拜王培生老師的武藝，更敬重王培生老師的為人。作為一名業餘太極拳的愛好者，我和老伴萬世蓮都是王培生老師的入室弟子，後來我兒子陳易合（陳剛）拜在了王培生老師再傳弟子王洪鄂的門下，成了王培生老師的徒再孫。那場拜師會，他老人家特地對我兒子說：

「你父親跟我學了二十多年拳，你母親也是我的入室弟子，現在他們又把你送進門裡來，為什麼？不要辜負你父母的一片苦心。你在法國讀書，如果有機會，在那裡要

好好弘揚中國傳統文化太極拳。」

1984 年 4 月下旬，北京市武協和培生什剎海體校接待美國太極拳訪華代表團一行 16 人，接待人員有北京市武協秘書長范寶雲，武術家王培生、雷慕尼。暢談到最後，范寶雲請王培生老師跟他們推推手。

頭一個上來的美國人，個子比王培生老師高一個頭，還沒有打輪呢，上來就想突然襲擊，他手一到，王培生老師並沒有挨著他，眼神朝他一看，這人就仰面倒地往後軲轆打滾（據王培生老師講，遇上個頭比自己大的，絕不能膽怯，要有「會當凌絕頂，一覽眾山小」的氣概——眼前的一切只不過是小石頭塊兒、小土疙瘩而已——一照面，氣勢就罩住他了，前人講：「彼力方挨我皮毛，我意已入彼骨裡。」）。

此時范寶雲秘書長連忙走過來勸阻說：「王老師不要摔他們。」美國訪華團團長過來卻說：「沒有關係，沒有關係。」後來再推，就沒有放倒他們。他們一碰，就像觸電似的東倒西歪站立不穩，他們覺得十分奇怪。有的第二次再試，就不敢使大勁兒了，噓噓呼呼的（不敢硬碰），但王培生老師一隨，他們又跑不了，都覺得挺有意思，直說：「凡來古得！凡來古得！（Very good! Very good!）」（參《王培生偕師弟畢遠達同門錄》，張耀忠整理接待美國太極拳訪華代表團談話紀要）。這個例子主要是從「用」的角度說明「太極拳與其說是『肢體的運動』，不如說是『心意的鍛鍊』的特點」。

20 世紀 90 年代中期，他與徒孫魯盛利在美國講推手，有一次上來一個身高兩米開外的非洲裔美國人。王培

生老師告訴我：「他身高兩米開外，我覺得自己四米多還比他高一頭，就是『會當凌絕頂，一覽眾山小』的那種心態。此人一見我的氣勢，開始有些犯怵，接著我往前一欺身，步隨身換，身隨步走，虛虛實實，迫使他立即做出反應，他哪知道太極技法能知機造勢、順勢借力啊，結果摔得他蒙頭轉向，事後直說不知道怎麼挨的摔。」

對我個人來講，使我終生難忘的是，聽拳友老商（開乾）說：有一次，他和王培生老師閒聊，問及拳齡較長的師兄弟們的功夫情況。提到我時，老師說：「惠良這些年懂的東西不少，致命的弱點是形太大，著相了（指內心動作的外部顯現形態，很顯眼）！太極拳要求無形無相，渾身透空……」我聽後特別贊同，感覺老師說得太對了，一下子點到了我的要害。

我是個話劇演員，演了四十多年舞台劇，講話總愛提高嗓門，動作、表情也比生活裡要誇張一些，生怕觀眾聽不清楚、看不明白，他說我致命的弱點，實際上就是我的職業習慣。也正由於這一點，老師既盼望我能改掉這個毛病，可又明白這個毛病是我在幾十年的工作中養成的，絕不是一句話、一下子所能改掉的。他在考慮尋找恰當的時機和運用恰當的方法點撥我。

聯想到 20 世紀 90 年代，我在電視劇《戚繼光》中扮演反一號人物嚴嵩的乾兒子趙文華，劇中給這個大壞蛋式的人物篇幅很多，方方面面展現得很充分，全劇二十多集，老師每天都在看。有一天正趕上我到他家，他見到我，側著臉，突然用一種說不出是褒是貶，用很重的語氣說了「趙、文、華」三個字！

　　從他的態度和表情，我能感覺到，老師看了我參加拍攝的電視劇《戚繼光》，而且也接受了我塑造的藝術形象——趙文華，演得真壞！但在讚揚中，又透露著某種「不滿意」，很長一段時間我不理解。後來才弄明白他的意思：「演戲需要形象鮮明，練拳不能這樣，需要無形無象，不顯眼。」

　　感謝拳友老商適時地把老師的看法和期盼告訴我，使我立即有了明確的努力方向，這就是：演戲是演戲，練拳是練拳，不能用演戲的方法來練拳！

　　俗話說：勝人者，智。勝己者，強。要想有所進步，就必須敢於面對現實，承認自己的缺失之處，做一個能夠超越自我的強者！

　　2004 年 9 月，王培生恩師謝世後，有不少追憶他的文章，其中恩師家人和張全亮師哥在恩師逝世一週年大會上的發言《家父名狀》和《著名武術家王培生先生的成功之路》給我印象最深，啟迪也最大。

　　1997 年 9 月，張全亮師哥為其入門弟子寫的門規師訓，恩師王培生看到後「甚喜甚慰」，認為「正合我教誨之意」，故囑家人刊於吳式太極拳王培生支系的《同門錄》之中，「納為我吳式太極拳新時期之門規師訓，曉與門人，廣傳謹守」。

　　在王培生恩師逝世一週年大會題為《著名武術家王培生先生的成功之路》的發言中，張全亮師哥對老師高尚的品德、傳承的特點、成功的道路、貢獻的意義等方方面面都有全面透徹的分析，尤其是談到恩師 20 世紀 60 年代初身處逆境，難以自由練拳的那段經歷時特別強調：這十餘

年「他的武功不但沒有荒廢，反而更上一層樓，不斷向更高的層次發展。什麼原因呢，是他在原先的基礎上，很快地適應了已經變化了的情況，以處驚不恐、處冤不怒、處逆不餒、逆中求順的太極心態和用老莊哲學指導自己駕馭了所面臨的處境，變『外練』為『內練』的結果」。

這段經歷，用王培生老師自己的話說，就是「過去幾十年都是以『練』為主，這十幾年是以『想』為主，也受益匪淺」。

張全亮師哥還詳細記述了恩師是如何「想」拳的：「專心地認真回想過去所師從的各位武林前輩練拳的神姿、技擊的絕招、拳理的奧妙、拳法的精華，每天都像過電影──樣，反覆回想，反覆揣摩，用心梳理總結……進而達到了不練自練的高級境界。他以太極拳的陰陽哲理為主線，把數十年來所學的各家拳技進行比較、篩選、提煉、昇華，然後像穿珍珠一樣，把它們串起來，像蜜蜂釀蜜一樣把各派多彩多姿的精華糅為一體，融會貫通。」

在王培生恩師孩子的發言《家父名狀》中，有一段話──「家父常語我等曰：凡練法唯三則，中正其身，空洞其心，真誠其念。」這段話非常重要，也特能印證張全亮師哥的上述剖析。

談到真誠其念的「念」字，恩師認為：「即意之不斷，心即主宰內外者。意之不斷在於心靜，心靜後身能中定。用心想以意做①，真想真做，全憑心意用功夫。以致心不求其成而自成，意不思其得而自得。譬如用手取物，

───────

① 注意不是以形做。

常存『取之不盡』之意，故曰：『常取。』取者不真取[2]，若真取之，則是行動而不是思想，即意之斷續也。所謂心不想之想為真想，意不做之作為真做。心意所至，無障無礙，皆順其自然而作。」

我體會，練功到一定的階段，就必須仔細深研恩師講的這三點（首先是身法，其次是心法以及由虛靜、空無達到較高層次的純以神行），否則難以提高。

前人所謂「全憑心意用功夫」不是沒道理的。什麼叫全憑心意用功夫？即有動之意無動之形，或云：「動之於未形」，而且是「意之不斷」，也就是說，練功必須是「先想後做」，但是有了一定的基礎以後，以「想」為主，還是以練（形）為主，其間不同的階段又大有講究，而且方法也多種多樣，據說楊禹廷師爺有六種練拳的方法，最後一種站著或者坐著，紋絲不動都能練完一趟拳。

王培生老師 74 歲接受《中國日報》（英文版）記者採訪時說：「到我這年紀，每天鍛鍊身體並不重要，做些太極靜功就可以了。」（言下之意變「外練」為「內練」，以「想」為主了）再如，王培生老師晚年在十六式收勢裡提示：「想著踏步外形並沒有真踏。想著走路，實際上外形並沒動。」都是說的同一個道理。

所有這些（包括乾坤戊己功和數百則治病小功法），我認為都是王培生老師留給我們的寶貴財富，值得後繼者們仔細深研、體悟！

---

② 指有動之意，無動之形，或動之於未形。

體悟走架與推手

太極拳是身心兼修、體用兼備的內家拳術。盤拳架是練體,學推手是應用。鄭曼青前輩概述得好:

「論致用,必先於體上著力,體為本。」

當前太極拳推手運動的現狀與思考
——寫在北京奧運勝利閉幕之際

　　北京奧運，已勝利閉幕，美滿地圓了中國人民百年夢想。在這次奧運上，中華武術，作為特設項目，進行了比賽，並取得巨大成功，給舉國歡騰的國人增添了不少快慰。但此次中華武術畢竟沒被列為奧運正式比賽項目，令人心裡總還是有些不是滋味，很自然地促使了人們進行反思。於是我開始策劃並執筆，隨後請懷木先生提提意見把把關，就有了如下這篇文章。

　　細想起來，武術至今難進奧運，儘管原因是多方面的，但歸根結底，恐怕主要還是由於我們自身的工作沒有做到位所致。

　　有這樣一則發人深思的資料：2003 年在東京召開國際武術聯合會，當時日本正舉行全國太極拳比賽，當參加會議的中國代表團步入體育場時，全場起立，「奧運‧太極！太極‧奧運！」的呼聲此起彼伏，他們認為：「太極拳與西方體育運動形式區別最大，特點最為突出，是流傳範圍最為廣泛的武術項目。」

　　據不完全統計，全球參加太極拳運動的人數，已超過8000 萬人，太極拳已成為響噹噹、最具影響力的國際體

育品牌。他們還認為：「太極拳是最能代表中華民族體育進入奧運會的項目。」但當我方代表團有人說：「太極拳很難評判」時，日本友人則回應：「怎麼比，是你們中國人的事！」是啊，說得多中肯啊！太極拳源於中國，怎麼比，難道還要問人家嗎？

就拿太極拳推手比賽來說吧，自 1982 年 11 月正式出台亮相以來，一屆又一屆，辦了多少次，可從一些報導來看，問題知多少啊！

參賽運動員不單純是練太極拳的，不少人沒有太極拳基礎，更談不上經過嚴格的太極拳推手傳統基本方法訓練。有的毫不掩飾地說，我沒練過太極推手，我是練柔道的，有人說我是練摔跤的，也有的是練舉重的。

為了適應參賽要求，他們當中有的臨陣擦槍，突擊學上十天半個月的太極拳套路，因此一上場，做了上面的動作，往往忘了下面的動作，只好看別人怎麼做，亦步亦趨，依樣畫葫蘆，惹得全場（包括裁判在內）哄堂大笑。但儘管如此，也超過了 8 分，獲得了參賽權。

比賽規定，兩人一搭手，要先打三個輪，據 1987 年報導說：「比賽已進行了 5 年，打輪上從來沒有統一過。相當一部分運動員，在打輪上統一不起來。有的一搭手，打完輪或不等打完輪就猛向前推。」

又據 1999 年杭州太極拳推手賽報導，打輪互頂不讓不說，也沒有進退，「輪」是在「頂牛」中非常吃力地完成的。開展二十多年來，名之曰太極拳推手比賽，實際上名不副實，不是「頂牛」就是「推小車」。後來又出現了「抱摔」現象。此外，據暸解，不少裁判不會太極拳，更

不會推手；比賽規則還有不少問題，有些條條框框限制了太極拳技藝的發揮。

當然，國家體育總局推出太極拳推手項目的前前後後，為了傳統武術能從民族地域走向國際舞台——其間舉辦過 1982 年 12 月被稱為「吹響了武術向世界進軍號角」的第一次全國武術工作會議——以務實的工作態度，年復一年、不遺餘力地進行了卓有成效的推廣工作，直到北京申奧成功，為武術進入奧運、走向世界創造了契機。可以說，國家體育總局及其下屬各有關方面費心盡力，做了大量艱苦細緻的工作，成績的突出是有目共睹的。

就說太極拳推手比賽這件事，事前，中國武協曾組織有關專家制定了太極拳推手比賽規則。但是，在歷屆比賽實踐過程中，又出現了難以克服的頂牛現象——一搭手就頂牛，跟相撲似的，體現不了太極推手的特點——針對這種情況，武協又組織專家進行專題研究。但終因沒有找到根本的解決辦法，才把推手比賽停擱了下來。即便如此，主管部門也並沒有停止研究和探索。

據武術管理部門一位領導介紹：「可喜的是，多種以太極推手為基礎衍生出的推手比賽，相繼展開實踐和組織比賽。2004 年我們在設計武術功力比賽項目時，制定了樁上徒搏項目（就是把推手放到 50 公分的樁上，進行比賽），隨後，佛山的一批武術傳習者把樁變為磚，再把磚變為磚樣的木板，以便可以裝入書包，便於攜帶，被稱為佛山推手。在佛山的一個健身俱樂部裡，還開展了『墊上推手』（練習者站在 50 公分厚的海綿墊上進行推手）。鄭州市一個健身俱樂部也把推手比賽作為一項主要活動。

他們制定競賽規則，研製比賽擂台和專門的練習比賽服裝……」

看到這些，我們由衷地感嘆，所有參與研究、探索的人們，他們的良好願望及所付出的辛勞，都是毋庸置疑的。但，原先由於頂牛現象而被停擱下來的太極拳推手比賽，為什麼就沒有一抓到底，研究下去呢？難道真的就找不到根本解決的辦法了嗎？

記得 1992 年，也就是太極拳推手比賽運動出台將近10 週年之際，楊式太極拳在四川的開拓者李雅軒的傳人張義敬先生，曾對太極拳對抗賽發展過程中出現的許多問題，一針見血地發表過一篇題為「太極拳的沉思」的文章（見同年 2 月《武術健身》）。

文中談道：「太極拳和其他任何拳種在內容上大相逕庭，它不僅可以作為一種『體育運動』，更是一種『智育運動』，或者稱為『意氣的運動』。『意氣君來骨肉臣』，拳經上明明提示骨肉是次要的，意氣是太極拳的主要內容。如果真要提倡弘揚太極拳，就應該承認它的特殊性，承認它的與眾不同，但是近幾十年來，我們在太極拳上的成就之一就是有學不完的套路，只見形式而不知其內容，強調外形動作的規範化，而不考慮怎樣以太極拳的內功內容作為規範化的標準，這就只能使太極拳滑向一般體育運動和外家拳的軌道，太極拳遂名存實亡。」

文章作者還對太極拳推手比賽名不副實的情況做了無情的剖析：「太極拳推手比賽名不副實……原因究竟在哪裡？治病必求其本，值得我們三思，尤其值得主事者深思。」文章的作者認為「推手是求懂勁──懂勁是太極拳

在技擊上的獨到之處……而懂勁有水準高低的不同，推手可分勝負，也就可以比賽，從歷屆的比賽看，反而使推手倒退到鬥力、頂牛或向摔跤靠近了。說明太極拳推手沒有突出太極推手的特點。」

文章作者接著說：「比賽推手就是比賽懂勁，真懂勁了，就可以化勁，發勁應付裕如了，在學習的時候，先學化勁後學發勁，在比賽的時候，化勁與發勁就不一定那麼了了分明，可能是先化後發，也可能化就是發，功夫越高，化發的行跡越小，甚至可能使裁判為難……因此，只好講發勁的效果，看將對方發出去多遠，這才是推手成績的標準所在。」

張義敬先生算得上是真正的太極拳行家裡手，他一語中的，擊中了問題的要害。當然，我們武術界在這個問題上，同聲相應，同氣相求的愛好者、專家為數還是不少的。1999 年夏，《精武》雜誌刊登了梁氏八卦掌、吳式太極拳著名武術家張全亮先生撰寫的題為「從 99 全國太極拳賽看推手」這篇類似調查報告的文章，也同樣入木三分，發人深省。

文章的核心內容是，太極拳推手的發展，要在傳統的基礎上，不能失去傳統太極推手的特點。他把傳統太極推手的特點粗略歸納為以下五點：「第一，沾連黏隨，不丟不頂；第二，以柔克剛，後發制人；第三，引進落空，合力發人；第四，輕靈巧妙，用意不用力；第五，中正安舒，圓轉自如。」

他認為：「現在不少參賽運動員根本沒有經過傳統太極推手的訓練，競賽中習慣生推、硬掄、強別等招法，雖

然能使對方倒地或出圍，但讓人看了不舒服，而且更多的是失去了太極拳的意蘊。」

　　他在「太極推手之我見」的這個小標題下，尖銳地指出：「太極拳運動的發展，為什麼不能盡如人意，主要是『以力服人』的指導思想長期在一些運動員和教練員的頭腦中占據一定的位置。有些教練員、運動員不注重用傳統太極拳理論和訓練方法來指導自己的實踐，在選拔運動員、培養運動員的指導思想和方法上，存在著偏見，致使太極拳偏離了正確的軌道。」

　　他建議：「要從各方面包括指導思想、訓練方法、裁判規則等保證太極拳運動本著『寧輸力不輸理』的原則，沿著正確道路健康發展。否則強化力的訓練、強化招法的訓練，那就從根本上違背了太極拳的宗旨，把太極拳推手引向了死胡同。」

　　上述兩篇文章鞭闢入裡，言簡意賅。然而多年以來，儘管類似的反映和呼聲從未中斷過，但時至今日，仍未引起各級武術管理部門領導的足夠重視和應有反響。

　　談到這，不禁使我們聯想到前不久看到的一些學術研究論文，是圍繞著「傳統武術、現代武術、競技武術」的問題，從中西體育文化的發展及其相互關係的高度上來談的。有文章說，「競技武術是中西體育文化碰撞與融合的產物，是在傳統武術的基礎上吸取西方競技體育先進體育文明因素不斷發展變化的結果」；「西方體育運動的思想，正在促進著武術的改良，現代武術的發展是近一個世紀的事情，競技武術的形成，更是建立在全面西化的基礎上的」；「傳統太極推手是講究『沾連黏隨，不丟不

頂』，在圓活的運動中，運用各種太極技法，以求獲勝，而競技推手是在規則的制約下，鬥智較力，其目的是為了獲勝而非娛樂欣賞。頂牛現象實屬難免，這是太極推手競技過程中的正常現象」。

該文的作者還認為「散打和太極推手是按照現代體育的要求，對傳統武術、散打和太極推手的發展，他們是中西融合的產物」。

我們靜下心來，反覆思索著上面這些論述，百思不得其解。毋庸諱言，傳統武術有精華，也有糟粕，優劣並存。在西方體育文化影響和促進下，武術發展到今天，特別是要走向世界、與奧運接軌，對其進行適當的改良，是歷史發展的必然。但是不是一定要「全面西化」，甚至為了適應西方競技體育的規則，不惜拋棄中華民族傳統體育項目自身的文化特色呢？

從我們上面引用的學術論文裡，顯而易見可以看到，所謂「競技推手」實際上就是被異化了的「傳統太極推手」。有武術家稱此為「武術運動發展特定時期出現的畸形和怪胎現象。因為傳統太極推手的風格特點，在這裡已蕩然無存，現行競技推手的突出之處，即是『按照現代體育運動的要求』，在規則的制約下『鬥智較力』」，研究者解釋說：「為了達到獲勝的目的，頂牛現象實屬難免，這是太極推手競技過程中的正常現象。」這種背離太極拳這一特有拳種的根本原理和基本要求，徒有太極之名，而無太極之實。

美其名曰「中西融合的產物」的鬥智較力，國人並不陌生，它不就是數年前，因找不到頂牛現象的根本解決辦

法，而停擱下來的當今太極拳推手比賽運動的現狀嗎？

實踐證明，它一路走來，噓聲不斷。外行人不願看，認為「不如看摔跤、柔道、拳擊過癮」；內行人嗤之以鼻，認為「這不是太極推手，而是一種不倫不類的較力運動」。按說，對這種嚴酷的現實，哪能「視而不見，聽而不聞」，要不怎麼會突然停擱下來了呢？據我們所知，曾任中國武協主席的一位領導在合肥全國武術工作會議上，談到武術和太極拳比賽無觀眾時，也公開承認：「中國武術走進了死胡同。」其實，問題的關鍵不就是在於我們對此事持有什麼樣的認識和發展理念嗎？

國務院學位委員會體育專科委員、著名武術家（九段）、上海體院教授邱丕相教授在上海十屆五次政協會議上，心情激憤地說：「武術在今天，主要是作為一種體育運動形式存在，但往往忽略了老祖宗留給我們的這一份珍貴的文化遺產，忽略了對它的文化內涵和教育功能的認識……武術常常被作為一種簡單的體育項目，如同籃球、田徑一樣。沒有把武術作為具有中國特色的民族體育項目，淡化了武術的文化內涵。」

他認為，武術界「一直沒有整合出一套適應奧運、適應學校、適應大眾的模式和體系，單純地沿用了競技武術的模式」。他義正詞嚴地指出：「我們從不拒絕外來文化，卻不能忽視自己民族的文化，丟棄自己民族的傳統。」（《中華武術》2007 年 3 月）邱丕相教授這番話，有助於我們釐清一些糊塗理念，提高我們對武術事業如何發展的認識。

有人認為太極推手持巧不持力、不是爭強鬥狠，在沾

連黏隨、捨己從人的你來我往中，伺機順勢，借力取勝，形式比較儒雅斯文，所以把它比作「文鬥」和「君子之間的較技」。無怪乎，慧眼識金的徐才先生積極倡導要搞（太極）推手，他認為「（太極）推手比賽，更具中國武術對抗風格」。

國內有識之士的真知灼見，就不一一列舉了，試問，就連外國人也盛讚「太極推手與西方體育運動形式區別最大，特點最為突出」，作為炎黃子孫，我們有什麼理由不珍惜老祖宗留下的這份寶貴的民族文化遺產，竟然要「全盤西化」甚至為適應西方體育競賽規則，寧願捨棄自己民族文化傳統特色呢？

這種類似古代鄭人買鞋「削足適履」的做法，實在讓人難以苟同。這些理論研究者忘記了「越是民族的，越是國際的」，「國際性寓於民族性之中」這一基本定律。相比之下，看到電視訪談欄目，影視巨星成龍談起他當年闖蕩好萊塢的往事，就很受啟迪。

他講：「香港功夫片與西方動作打鬥電影有很大的差異，起初，我打的東西他們不喜歡……那時我每次去好萊塢，要飛六個小時，往往只談上幾分鐘就完事，後來情況好轉。」成龍說：「他們主動要找我拍戲，開始，自己有一種兒童報復心理，哪怕我遠在非洲，也讓他們飛過來與我商談。」接著成龍有些自責地說：「後來我感到不該這樣，已經時過境遷，物是人非了，太小孩子氣了。」（觀眾報以熱烈的掌聲和哄笑）

當問及好萊塢和西方影壇接納了他，是誰改變了誰時，成龍懷著高度的文化自信深情地說：「我是一個中國

人，中國給我的東西太多了，我全部的事，就是按自己的認識去做，我沒有因為他們改變了我，是我改變了他們。（指沒有放棄自己的特長，去適應西方的打鬥方式和審美情趣——筆者注）（觀眾熱烈鼓掌）……我不管到哪都喜歡穿著唐裝，因為我感到中國文化很強、很強……我穿的T恤衫，上面有英文，還印著中國字『龍』字，這邊有和平鴿，就是希望中西文化融合起來。」

　　成龍這一段「並非如煙」的往事，是多麼令人回味無窮啊！做一件有意義的事，如果自己都沒弄明白，不知道要珍視什麼，怎麼可能把事情做好，又怎麼可能期盼別人明白和積極響應呢？古人早就告誡我們：「不能以其昏昏，使人昭昭。」

　　結合上述對武術界存在問題的剖析看，中西體育文化在精神層面上的融合，還有待進一步溝通、深化，僅從競賽規則和參賽項目特點上的矛盾衝突就足以說明，中華武術及中華武術的首選太極拳目前進奧運的準備還不熟。我們必須正視上述事實，堅持科學發展觀和以人為本的精神，加強對武術文化的研究、宣傳和弘揚，特別是要加大、加快對武術各參賽項目特點的研究，找出它們在競賽中的可比性和量化標準，以便調整與競賽規則、評判標準等方面的矛盾和關係，並爭取各國人民的認同。

我所認知的太極拳
走架與推手

2014 年 5 月 10 日和 9 月 13 日，筆者先後兩次到北京紫竹院友賢山館參加北京吳式太極拳協會舉辦的學習研討太極拳推手活動。與會者約百十號人，會上門內菁英王乃相、張全亮、金滿良、王洪鄂、關振軍、劉慶奎等人都做了精彩的表演，有的邊實作邊側重從不同的角度進行講解，令人興味盎然。

根據兩次參加學習活動的體會，我深深感到「太極拳走架與推手」關係十分密切。北京吳式太極拳協會第一任會長劉晚蒼老師在 20 世紀 70 年代末曾與劉石樵合作撰寫了一本專著《太極拳走架與推手》，書中詳細講述了「太極拳法既不是單純走架，也不是單純推手而能求得的。太極拳術的造詣必須是在走架與推手緊密結合中才能獲得」。他們甚至認為從「學以致用、體用兼備」的角度講，「練時無人若有人，用時有人若無人」，概而言之：「走架即是打手，打手即是走架。」

不但劉晚蒼持上述觀點，他的繼任者——北京吳式太極拳協會第二任會長、我的老師王培生也同樣認為，「太極拳的『走架與推手』是一個整體的兩個方面。練拳架係

吳式太極拳推手大會合影，攝於 2014 年 5 月 10 日

鍛鍊身心以為體，學推手乃是由對練磨煉感覺的靈敏以致用。太極拳的功夫是長期在架子裡練出來的」。正因為如此，「拳架練到一定的程度，才有條件學推手，否則沒有一定的基礎，『推手』就根本不可能學好」。

楊式太極拳前輩鄭曼青說得好：「論致用，必先於體上著力，體為本。」反之也一樣，光練拳不學推手，等於學了「半拉拳」。因為「學拳架練的是『知己之功』，學推手練的是『知彼之功』」。

俗云：「知己知彼，百戰不殆。」所以拳架子練到一定程度，就必須學推手才全面，才算是「體用兼備」。而且透過推手互練，不但可以檢驗練架子時的指導理念是否正確，同時也是「體用兼備」和「身心兼修」進一步的修持和深化。

「身」，指的是體，姿勢是否正確，運動時身體內、外、上、下各部位是否符合要求；「心」，指的是「心性

在武術家白玉璽先生收徒儀式上合影，2008 年攝於北京山西大廈。
前排正中二位為白玉璽夫婦，右一為門惠豐教授，左一為筆者

修養」。比如太極拳強調「用意不用力」「不丟不頂」「捨己從人」等從思想上是否力求能做到。有沒有爭強好勝、怕輸想贏、心浮氣躁、自視甚高等心性修養差的表現。

　　1963 年，我隨吳鑑泉先生的高足徐致一先生習拳，因我對太極推手有著濃厚的興趣，他主要對我講解太極拳推手為演習應敵之用，只是太極拳訓練過程中學習聽勁、懂勁的一個必要的途徑和階段，不是太極拳的打法。它專練感覺，主化不主攻，並嚴格按照不丟不頂、捨己從人的要領，手把手教我從基礎入手，在單搭手畫平圓、走立圓時，仔細體悟，出手與對方相搭，手頭上不僅要表現出毫無侵犯之意（連眼神看哪兒都有講究），而且在對方推來時，接觸之處要以靜制動，既不能有絲毫的抵抗之意，也不能躲閃逃脫，必須在整個人保持自身平衡穩定的狀態

下，不先不後，用腰胯的變化來順應對方的進逼。

那時，我怎麼動都感覺欠妥，不像徐老師教白玉璽師哥那樣順當，教套路的同時就一式一式剖析其著法，教推手時就在你來我往中，細講內裡意氣和勁道的陰陽變化之妙。白玉璽師哥他們一聽就懂、一教就會，而我不但覺得「學得非常吃力」，而且也深感老師「教得十分費勁」，原因就是基礎差，「體」的問題還沒有解決好，條件尚不完全具備。

想起 20 世紀 70 年代中期，有幸結識王兆基師叔，他整趟架子是楊老一式一式「看」出來的，基礎紮實，「體」的問題解決得好。所以，他行功走架時神舒體靜、身上鬆透了，不能摸，不能按，一摸自己腳下發浮，一按就被反彈出去。

往深裡講就不得不再次提及三丰祖師的《學太極拳須斂神聚氣論》這篇百餘字的短文，內涵極豐：它涉及「拳以載道」「拳與道合」的問題。

「拳」與「道」兩者之間，乃是一種「象於外而藏於內」的表裡、本末的關係。不管太極拳是文練還是武練，其最終目的都是透過表象而深究其本，即「求道」「悟道」「證道」，乃是身心兼修，特別是心性的一種修為。如用太極先哲李道子在《授秘歌》中精闢的表述即是「盡性立命」。它不但鍛鍊人的體魄，而更主要的是不斷修練著人的靈魂。

正如金庸先生所說：「練太極拳，練的主要不是拳腳的功夫，而是頭腦中、心靈中的功夫。」又說：「最高境界的太極拳，乃是修養一種沖淡平和的人生境界。」總

之，對習練者來說，道與拳，此兩者既不能本末倒置，更不能捨本逐末。

向王兆基師叔請教「用意不用力」「不丟不頂」。他認為，常人的習慣，遇到來力，手頭上不是出力頂抗，就是把手縮回，要不就在下面做文章，把重心從前挪到後，或者索性就邊抗邊退，身體一點一點往自己後腿上坐。所有這些都不對！

因為，後退時自己給自己的後腿不斷層層加碼，增加壓力，把體重扎死在後腿上。一旦遇上大力，在超負荷的情況下，也還是必倒無疑。這種與對方拼氣力耗體能的方式也不符合太極拳的要求。

用郝少如的話說：「兩腿虛實必須分清，虛非全然無力，著地實點，要有騰挪之勢。騰挪者，即虛腳與胸有相繫相吸之意，實非全然占煞，精神貫於實股，支柱全身，要有上提之意。」

他邊說邊比試，我感到：第一，他不是單純地把重心從前挪到後，一味往後腿上坐；第二，後退時，他是在動，但不是一般的往後退，而是感到他從下往上有一股有前有後的漲力反彈過來，使進攻一方有站立不穩、不敢繼續使力之感。

王兆基師叔認為，練拳時，舉手投足，處處都應該鬆淨自然，不能有任何使用拙力的地方，這樣全身才能符合要求。怎樣才能使「周身俱要輕靈」起來呢？前人在《十三勢歌訣》中早有提示：「尾閭正中神貫頂，滿身輕利頂頭懸。」他特別強調，因為「其根在腳……形於手指」，手是聽命於腳的，它只能待命而行，不能自作主張，腳有

什麼感覺，手就有什麼感覺。

此外，太極拳強調「其根在腳」，是要求能夠接上地力，底盤穩固，再就是符合「腳下鬆力氣血行」的機制，做到「根起根落」。

出手根（腳下）、中（腰間）、梢（手頭），回來梢（手頭）、中（腰間）、根（腳下）。所以有的前輩講：化、打、拿、發，就在腳下起落之間。

但儘管如此，統帥「腳下」變化的還是「心」，從根本上講，一切又都是按照「先在心，後在身」「意氣君來骨肉臣」的規律磨煉自己，改變自己通常的行為習慣的。

理有未窮，知有不盡

——看「閻芳推手的影片」有感

網上看到「閻芳推手的影片」以後，最初的看法是：門兒裡訓練的情況，有必要這樣大肆宣揚嗎？

未幾，新聞媒體介入，竟引起軒然大波，癥結究竟又在哪？發人深思！

我既不是武術工作者，更不是專家、學者、教授，只是一名上了年紀的業餘太極拳愛好者，此生有幸接觸過眾多太極拳名家，也親眼見過、包括親身體驗過眾多前輩名家高超的技藝。我認為：門兒裡太極推手訓練的情況，多數帶有「餵手」的性質，自身沒有必要這樣大肆宣揚。客觀上，也更用不著如臨大敵，口誅筆伐，群起而攻之。

我與閻芳不認識，僅從《武魂》雜誌 2012 年第 10 期轉載央視網的一篇文章中瞭解到：

問：那是當時真實的反應，還是有表演的成分？

閻芳：第一，沒有表演的成分；第二，但是有一樣呢，我們很放鬆地在和弟子們推手，就是在試這裡面的勁。因為他們是「學者」（準確地說應該是：『學習的人』或『學生』——筆者注），並不是和我在這裡較勁，

看我有勁還是你有勁。太極拳不是比力氣的，他們都在跟我學怎樣很輕靈地把人摔出去。

當事人已經說得很清楚，太極拳不是比力氣的，相互推挽中，他們是在按「拳經」「拳論」的要求研究裡面的勁，特別是跟她學習的人，都抱著一種學習的態度，實作時，不是死乞白賴地跟老師較勁，看誰力氣大；也不是跟老師耍心眼，搞虛虛實實，任意變化，比誰輸誰贏；而是在研究給老師使出一種勁或兩種勁，體會老師是怎麼透過沾連黏隨的方法把它化掉，並使自己失去重心、發放出去的。我的老師王培生認為：「學推手有特定的步驟……初學時，須跟隨老師或較自己高明的人，經常在一起打輪劃圈，至純熟後再由老師口授……掤、捋、擠、按四手能一一分清，然後可學……在未練拿勁、發勁之前，須盡量讓教師或較自己高明的人任意拿、發，視其如何引己？如何拿己？如何發己？拿發之地在何處？拿發之時是早遲？拿發之方向是正隅？均須以身實地試驗，作為悟解之門徑，萬不可求之過急。」（《太極的練習方法》，見《中國當代太極拳精論》）

至於出現那種「隔空打人」以及「一二百斤的壯漢蹦蹦跳跳，看似輕而易舉地被摔出去很遠」，其實確如有位網友所說，很大程度上是學生的配合，他們認為有意識地使自己的身體變整，盡量與老師的動作合為一氣，這樣被摔出去（拳諺云：「被打欲跌須雀躍」）會感到很舒服，很有趣味！至於這樣做對還是不對，有待專家評斷。但是按理說，太極推手屬於門內相互研究、彼此訓練的一種方

法，一種知覺運動，並非技擊應敵的方法。說得更準確些，「太極拳推手」乃是太極拳從「明己」到「知人」、從「練體」到「散手應用」中間訓練的過程和階梯，而不是太極拳的打法。吳圖南前輩在《太極拳打手論》一文中，開宗明義闡明：「打手者，研究懂勁之法也。」（打手又稱推手、揉手）接著吳老援引先師的話：「著熟而漸悟懂勁，懂勁後而階及神明」，並扼要地講述了何謂著熟，怎樣才能懂勁，「勁」與「力」的區別和高低，以及「懂勁」的各種層次和階及神明後又是什麼狀態等。

正因為太極推手是研究「懂勁」之法的，而「懂勁」既存在不同的層次又必須循序漸進，因此在相互對練中，必須由沾連黏隨磨煉感覺的靈敏和逐步掌握聽勁、懂勁、化勁、拿勁、發勁等功夫，為的是在別人推逼之下，不但能很好地保持自己的平衡穩定，而且還能伺機問動對方的重心，並順勢借力將對方發放出去。

我是習練吳式拳的，徐致一、吳圖南、楊禹廷等各位老前輩和劉晚蒼、王培生老師都主張不要過早地「問勁」（指連用數勁，虛虛實實，包括方向、力度、速度的任意變化），而且還專門安排有「餵手」這樣一種訓練（即初始階段施出的「招」和「勁」，路數、方向、力度、速度等必須適合對方能夠接受的程度）。由此聯想到，楊式太極拳汪脈傳人石明老師有一次看到一個老學員不按對方水準和程度與一名新學員推手，當場予以嚴厲的訓斥：「你這是幫助他嗎？他什麼都不懂呢，聽（指『聽勁』——筆者注）都聽不明白，你這麼跟他推，把他捂死了，他永遠出不來！小老虎沒有能耐之前還被狗咬了呢！」言下之

意，必須像呵護小鳥似的，一口一口把它餵大，等它翅膀硬了，才能放其單飛，自己去覓食和應對一切。

央視主持人白岩松說得好：閆芳「隔空打人」「是熟人間的遊戲」。實際情況就是如此。

學推手，初、中級階段，因為技藝還不精純，必然帶有餵手的因素，倘若再加以誇大，看上去真是如同兒戲了！但不是一點不沾邊兒，因為功夫練到「階及神明」以後，純以神行，以神相接，用吳圖南吳老的話說就是「神打」，「神打」是不挨著的。

楊式太極拳在四川的開拓者——楊澄浦的弟子李雅軒也說過：「所謂沾者，非專指以手貼著跟隨之謂，雖在尚未接觸之際，以神氣將對方籠罩，吸著跟隨其伸縮而動，此謂之沾。」又說：「所謂沾者有三：①當皮膚接觸之後，聽對方之伸縮而為之，此為感覺之沾也；②在未接觸之前，以眼觀察判斷其距離伸縮而隨之，此為視覺之沾也；③以耳聽其聲音，判斷距離而隨之伸縮，此為聽覺之沾也。以上皆神氣虛靈之作用，故太極拳首在養靈。」（陳龍驤、李敏弟、陳驪珠《楊氏太極拳法精解》）

僅從這些就可以知道，太極推手是有「凌空勁」這一說的。如果從這個角度來看，閆芳和她的拳友們學習「純以神行，不尚拙力」，探索「凌空勁」，即便存在什麼缺點，可以指出來，進行探討研究，總比「悖理爭勝」強啊！因為路子是對的。

回想 21 年前，《武當》武術雜誌曾發表我寫的一篇文章《凌空勁辨析》，內裡談到什麼是「凌空」。

吳圖南老師認為：「太極拳在應用接手的時候，大體

上分兩種，一種是兩隻手和兩隻胳膊跟對方接觸，就像一般的搭手。兩個人還沒有接觸就能夠由一方制勝了另一方，它是太極拳所謂的高級部分，就是凌空。……如果兩個人的手或臂接觸上了，是使的近距離的感覺。因為接觸上了，用的是觸覺。但我們講的凌空是遠距離感覺。遠距離感覺大致可分為視覺、嗅覺和聽覺……遠距離感覺也可以叫遙控。我們用神就可以在較遠處將他控制起來。這聽起來似乎很玄妙，但它是太極拳經過刻苦訓練到高級階段，即『階及神明』以後所產生的一種實實在在的本領。……一個人的精和氣的結晶是神，它微妙得很。說它是陰，它不是陰，說它是陽，它不是陽，它非陰非陽，亦陰亦陽，故而『陰陽不側謂之神』。以神相接，這就是凌空，也就是『神打』。當然要做到這一步，並不是一件容易的事。首先得能無形無象，全身透空，而後才能在彼此往來時應物自然。也就是真正做到了捨己從人。在對待時，毫無主動意思，一切都服從客觀規律，始終以客觀的態度來對待客觀環境的規律。……功夫到此階段，就可做到『離而未發，你即知其將發。他何處欲動，你即知其將動』………到這個時候，『敵欲變而不得其變，敵欲攻而不得逞，敵欲逃而不得脫』，斯為上乘。至於『用一個勁兒能變動對方的一個勁兒』，這是中乘的功夫。『用一勢之得失，分一手之勝負』，則品斯下矣……至於蠻打蠻拼，都不是太極拳。雖然也可以叫太極拳，但實際不是太極拳，連個『品斯下矣』都不夠。它是用有力打無力，手慢讓手快，是皆先天自然之能，非關學力而所為也。」
（參吳圖南講授、馬有清編著《太極拳研究》）

「走二不走一，
走一也是為了走二」

──紀念吳式太極拳名家徐致一先生逝世四十一週年

　　1963 年，由武淑清師姐引領，我隨白玉璽師哥到清華大學，向時任北京市武協副主席的吳式太極拳名家徐致一先生學習吳式太極拳。

　　時光流逝，一晃五十多年過去了，當年許多細節都已日漸淡忘，但徐老師那和藹可親的笑容，超凡脫俗的奕奕神采，特別是他教推手時反反覆覆著重強調的一句話：「走二不走一，走一也是為了走二」，至今仍深深地銘刻在我腦海中！

　　所謂「走二不走一」，按徐老師的意思講就是：推手應敵，不應輕舉妄動搶先出手（「走一」），而應守我之靜待機而動，後發制人（「走二」）。兵書云：「知己知彼，百戰不殆。」拳雖小道，其理亦然。雙方交手，「勝負之機在知與不知，取勝之道在得失之間，以己之短當人之長謂之失計，以己之長當人之短謂之得計」（吳鑑泉之子、吳式太極拳名家吳公藻語）。

　　故敵我相交，一動之間，前前後後審己量敵，至關重要，絕不能冒冒失失魯莽從事，所謂「走一也是為了走

徐致一在中山公園留影　　　　與武淑清（右一）、白玉璽
（右二）陪同徐致一（右二）
遊覽中山公園

二」，徐老師認為，這更突出體現了太極拳不打無準備之
仗。不打無把握之仗的過人之處。在敵我雙方都不願貿然
出手的情況下，即便我出手在先，也絕不主觀盲動、不分
青紅皂白地去與對方死打硬拚。

　　我先出手的目的，是探彼之虛實，伺機破壞對方的平
衡而審機造勢（為了「走二」），正如吳公藻在其專著
《太極拳講義》中所說：「以意探之，以勁問之……我有
所問，彼有所答，一問一答，則生動靜……既有動靜，虛
實分明……彼實我則避之，彼虛我則擊之，隨機應變。聽
其勁，觀其動，得其機，攻其勢。如醫者視病投藥，必先
診其脈，觀其色，察其聲，問其症。故曰：虛實宜分清
楚，一處自有一處之虛實，處處總此一虛實。」

人所共知，太極拳之所以取名太極拳，是因為前人緣理造勢，以易理為本，把道家「太極者，無極而生，動靜之機，陰陽之母也。動之則分，靜之則合」這種陰陽互生，此消彼長同生共滅的陰陽變化哲理，用來指導練拳的緣故。

徐老師認為「走二不走一，走一也是為了走二」，正是基於太極拳的特性派生出來的一條應敵的基本原則，它不但體現了太極拳的特點，而且也揭示了太極拳持巧不持力，避免正面衝突，不做無謂犧牲以及有勝無敗和雖敗無傷的取勝之道。

徐老師還認為，太極拳在應敵時，不管是走一還是走二，它的每一動，看似千變萬化，概言之，無非就是一陰一陽。陰和陽這兩個字含義至廣，足以概括一切，比如動靜，剛柔，虛實，開合，順背，進退……體現在用勁上，一曰走，一曰黏。

拳論云：「人剛我柔謂之走，我順人背謂之黏。」所謂走，不是躲閃逃脫，而是毫無抵抗之意的「不頂」，既避免與對方硬碰硬，也不給對方一絲反作用力（打個通俗的比喻，即不給對方當柺杖，也不把對方當柺杖），它是保障自己，化險為夷的安全之法；所謂黏，就是「不丟」，敵力進擊落空，陷入背勢，我則乘勢貼近以遏制對方的變動，對方如果企圖掙扎，我便越黏越緊，促使其重心完全出於體外而毫無還手之力，此時正是我順勢發勁最佳的時機，不發則已，發則必中。

太極拳以柔化著稱，就是上述走勁和黏勁的合用，走以化敵，黏以制敵，走勁主退屬陰，黏勁主進屬陽。拳論

云：「陰不離陽，陽不離陰，陰陽相濟，方為懂勁。」太極高手練到神明階段，走即是黏，黏即是走，一而二，二而一，其間的差別和變化，幾乎難以覺察，加之太極拳「功夫全憑會借力」，力量主要來源於對方的反作用力，順勢借力，借力打力，故能舉重若輕，撒手放人於尋丈之外，表現出小力勝大力、柔弱勝剛強、「四兩撥千斤」等神奇的效果。

人說太極拳不是一種技術，是一種最省力省時並懂得在最恰當的時機擊人取勝的藝術。徐致一老師曾就太極拳技擊方面以靜制動、以柔克剛、以小勝大、以順避害等特點，詳述其取勝的機制。

僅以太極拳重柔輕剛、以柔克剛來說，他認為，柔之極為剛，這個「剛」不應專作堅硬解，應作柔而有彈性解。他說：「一種勁若有抵抗性者，不問其勁大小，皆謂之剛勁，反之，若有一種能隨敵勁以為伸縮而不含抵抗性者，應皆謂之柔勁，故柔勁以伸縮性為最要。」

他還認為：「剛勁以強為勝，遇強則折，雖與死勁不同，但致敗之由，與死勁無異……以柔敵剛，猶之以活勁與死勁較……太極拳以『因敵變化示神奇』，蓋本乎此理，非司斯術者，故神其說也。」（徐致一著《太極拳淺說》）

太極拳為何難以致用

—— 張全亮師哥一席談

　　太極拳的健身作用可以說又快又好，這是社會公認的，但是太極拳有沒有技擊作用，一直是人們長期以來爭論不休的問題。張全亮師哥復述了前輩們的觀點：「太極拳既然是武術，當然有技擊作用，要不就不能稱其為武術。」基於對太極拳這一特殊拳種及其特點深透的瞭解，他把太極拳為什麼達到使用（技擊）效果比較慢的原因剖析得淋漓盡致，一清二楚。因為習練者必須根據此拳種特點的需要，改變自己的認識，改變自己的心態，改變自己的習慣。否則縱然練到鬚髮皆白，也仍然不得其門而入。

　　所謂改變自己的認識。太極拳乃是中華武術百花園地中一朵奇葩。融儒、釋、道三家於一爐，涉及眾多學科，它博大精深，道技並重，內外兼修，是一種人生心性的「修為」。歷來眾多名家前輩，從各自的角度，多有論述：武式太極拳傳人郝月如認為「太極拳不在樣式而在氣勢，不在外而在內」。武聖孫祿堂則說：「太極拳乃研求一氣伸縮之道……太極即一氣，一氣即太極……（練到高級階段）純以神行，不尚拙力。」楊式太極拳在四川的開拓者李雅軒認為：「太極拳是一種輕妙柔軟、緩慢而又有虛靈感應的運動。與其他拳術不但表面著術不同，其主要

在於有穩靜心神之功夫。其動是靜中之動，雖動仍保持其靜，無斷續，無凸凹，無缺陷，如抽絲掛線一氣完成」，所以「太極拳的功夫是內功，是氣功，是柔功，是靜功」。吳式拳傳人吳公藻認為：「太極拳異於它技者，持巧不持力，非務以力勝人也。」在其專著《太極拳講義》「捨己從人」一節裡則更進一步談道：「在吾道中，其寓意至深，學者當於『惟務養性』四字下工夫。」吳式太極拳著名武術家王培生老師也認為：「太極拳是武藝，更是道藝」，「陽非道，陰非道，道在陰陽之間」。俗云：「學拳先明理，明理得法。理備才能法精。」說明改變自己認識的重要，所以張全亮師哥把它（改變認識）放在首位。

所謂改變自己的心態。是指要能做到遇事不怒不爭，甘願吃虧，練就「捨己從人」的功夫。「『捨己從人』是太極拳應用的至寶，如無『捨己從人』聽勁、化勁的功夫，就會等於不良於行的睜眼瞎子。」（鄭曼青的弟子吳國忠語）

所謂改變自己的習慣，是指要學會「順天性抑本性」，養成順其自然求自然，「不把別人當枴杖，也不給別人當枴杖」以及「其根在腳，主宰於腰，形之於手」，「根起根落」的習慣。而所有上述這些，不僅僅是認識問題，更涉及心性修為。據講，鄭曼青有一個外國學生曾問老人家：「老師，『青出於藍勝於藍』是中國人說的，那麼，有關太極拳，為什麼學生沒有辦法比老師好呢？」鄭曼青聽了笑答：「這原因，在我寫的《鄭子十三篇》第一頁裡就說了，但沒有人去做啊！」那位外國學生一時想不起來老師說的是什麼，直發愣。鄭曼青便又笑著說：「學

吃虧啦！」是啊，這個世界上，又有誰甘願吃虧呢？

鄭曼青認為：「人們大都不願意吃虧，推手時總是懷著一種『怕輸想贏』的心理。」鄭曼青有兩句名言：一句是「與天爭氣，與地爭力，與人爭柔」，另一句是「名不要，利不要，命不要，則太極拳成矣」！鄭曼青說的「學吃虧」「與人爭柔」，太極拳就能超凡脫俗，練成了！這不是笑談，其中的道理很值得我們琢磨和汲取。

有關太極拳難以致用的原因，除此之外，張全亮師哥還大膽地提出：必須改變教學方法──把練用緊密結合，而且講用法時，還不能只講推手不講擊打，必須在相互推挽的基礎上，循序漸進學會點、打、拿、發、摔等各種技擊方法。記得 20 世紀 30 年代，《江湖奇俠傳》的作者平江不肖生（即向愷然）曾在一篇文章裡詳細講述了「太極拳不是不能致用，而是難以致用」，兩相比較，張全亮師哥的見解可以說毫不遜色，甚至可以說有過之無不及（當然，不能忽視時代在前進，認識在發展的因素）。

2006 年秋，張全亮師哥曾為我趙芹師哥的太極拳專著《半瓶齋詮註：太極拳的健身和技擊作用》寫過一篇序《於無聲處聽驚雷》，內裡有非常透徹的講述，開卷有益，相信會有意想不到的收益。

另外，張全亮師哥的一份稿子《吳式太極推手的主要理論與技法》，對老師的傳承有深切的體悟，絕非人云亦云、老生常談。在主要理論部分，他談了陰陽相助的理論、公轉自轉的理論、按竅運身的理論、行雲流水的理論四個方面。完全突破了前人的模式，創新意識躍然紙上。這正是他的高明之處。

「太極拳推手理論」學習札記

什麼是太極推手？

太極推手是一種訓練。從傳統意義上講，太極推手屬於門內相互研究、彼此訓練的一種方法，並非技擊應敵的方法。也就是說，它不是太極拳的打法。說得更準確些，太極拳推手乃是太極拳從「明己」到「知人」、從「練體」到「散手應用」中間訓練的過程和階梯。太極拳走架與推手兩者的關係，密不可分。

《打手歌》講：「掤捋擠按須認真，上下相隨人難進，任他巨力來打我，牽動四兩撥千斤，引進落空合即出，沾黏連隨不丟頂。」學推手的人對上述歌訣與王宗岳的《太極拳論》包括其他有關推手的訣、諺，如《走架打手行工要言》《撒放密訣》《太極拳打手要訣》等不可不知。而且僅僅「心知」還不行，更重要的是「身知」。

因此學習太極推手，首先除了必須明白：什麼是「沾黏連隨」，怎樣才能做到「沾黏連隨」；什麼是「雙重」，如何才能「避免雙重」；還有太極推手講究聽勁、餵勁、問勁、拿勁、借勁、發勁等，什麼是「勁」，它與力有什麼區別；什麼是太極推手的「引進落空合即出」和

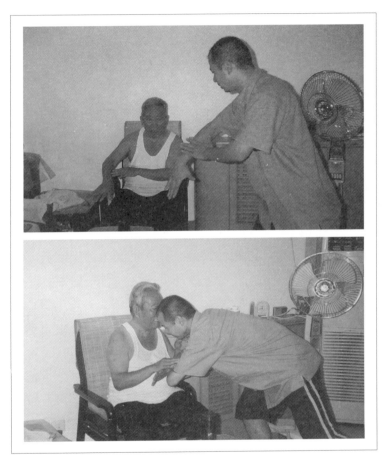

王培生老師根據易合當時的情況，因材施教，不但對其姿勢動作嚴格要求，一絲不苟，還經常讓他體會「引進落空」的妙趣

「順人之勢借人之力」等。

先賢和王培生老師都認為：（傳統）太極推手，是一種「知覺運動」。透過二人相互對練，磨煉感覺之靈敏，培養聽勁和懂勁的功夫，從而達到「以靜制動」「後發先至」，「順勢借力」「以弱勝強」的技擊效應。正如吳公

藻前輩所說：「推手初步，專在磨煉感覺，感覺靈敏，則變化精微，所以無窮也。」

在吳家珍藏的一本全佑拜門後，由班侯所授的百年老譜《太極法說》中，就談道：「要知人之『知覺運動』，初學者非明沾、黏、連、隨不可」；「所難者與對方接觸，不許頂、匾、丟、抗，要求沾、黏、連、隨」；「若以『沾、黏、連、隨』等待於人，而不是以『頂、匾、丟、抗』相對於人，不但『對待無病』，知覺運動也自然得矣，可以進於懂勁之功矣」；而且，前人還認為：「真懂勁以後，『自得屈伸動靜之妙，有自得屈伸動靜之妙，開合升降又有由矣。由屈伸動靜，見入則開，遇出則合，看來則降，就去則升，夫而後才為隨心所欲，階及神明矣』」（指懂勁後，自己的「屈伸動靜，開合升降」都已達到「雖是依人，實乃由己」隨心所欲的情況，自此一步一步，循序漸進，必然由懂勁而階及神明）。

由此可見，不但懂勁很重要，懂勁之前，掌握「沾、黏、連、隨」更重要。李璉 2010 年 7 月曾在《武魂》雜誌著文談道：「太極拳的『知覺運動』是修習太極拳的基礎。」「『知覺運動』首見於清代《太極拳法說》（或稱《太極拳秘譜》）中。在這裡面大宗師露禪先生提綱挈領地告訴我們，練習太極拳一定要清楚什麼是『知覺運動』，而且強調只有用『知覺運動』來體悟不同層次的十三勢變化，才能不斷地得到收穫，有所進益。否則難於達到懂勁和神明的階段。」

實踐證明：「知覺運動」既是「修習太極拳的基礎」，更是修習太極拳唯一能升堂入室的正確途徑。這足以說

明，太極拳推手不僅不是簡單的「鬥智較力」，而且推手的許多重要原則和技法的機制都有著豐富的文化內涵。

上了年紀的太極拳愛好者大都知道，傳統太極推手的二人對練目的是研究、學習，不是比輸贏，所以在你來我往、你進我退、相互的「對待」中，在初、中級階段，還包含著「餵手」的成分（即：基礎訓練時，一般來講，給什麼樣的勁，就是什麼樣的勁，中間絕不能變來變去，任意變化）。而這些，只有由門兒裡實作，老師掰開揉碎地講解，參與者反覆試驗體認，才能明白、上身。

俗話說，沒有規矩不能成方圓。太極拳的規矩是什麼？規矩就是「經」「論」的要求和練拳的要領。在吳氏門裡，簡而言之，就是「基礎入門八個字」（中、正、安、舒、輕、靈、圓、活）和「體用八要」（意、氣、勁、神為體之四要，化、引、拿、發為學推手時用之四要）。此外，無論是動態還是靜態，體態都要保持「中正安舒」，一時一刻都不能失去自身的平衡和穩定。

太極十三勢以中定為主，其他十二勢為輔。有中定就有一切，失去中定就失去一切，中定遍全身，法遍全身。用楊禹廷師爺的話來說：「推手的原理，其實也並不十分複雜，盤架子主要是從練姿勢中鍛鍊身體的平衡，推手是在對方推逼的情況下，則仍要不失掉自己的重心，相反還要設法引動對方失掉重心，這就比盤架子難了一步。所以過去說：『盤架子是以求懂自己之勁，推手是以求懂他人之勁。』」

金庸先生在為吳公藻的《太極拳講義》寫的「跋」裡說得更具體：「（太極拳）以自然、柔韌、沉著、安舒為

主旨,基本要點是保持自己的重心,設法破壞對手的平衡,但設法破壞對手的平衡,並不是主動的出擊,而是利用對手出擊時必然產生的不平衡,加上一點小小的推動力,加強他的不平衡。」又說:「練習太極拳,推手的訓練十分重要,那是用敏銳的感覺來捉摸對手力道中的錯誤缺失,如果他沒有錯誤缺失,那就設法造成他的錯誤缺失。重要的是,自己的每一個行動不能有錯誤缺失,練太極拳,練的主要不是拳腳的功夫而是頭腦中、心靈中的功夫。如果說『以智勝力』,恐怕還是說得淺了,最高境界的太極拳,甚至不求發展頭腦中的『智』,而是修養一種沖淡平和的人生境界。」吳公藻在《太極拳講義》裡,有如下一段話很值得太極拳愛好者反覆深思,即:「基礎最關重要,其姿勢務求正確,而中正安舒,其動作必須緩和,而輕靈圓活,此係入門之徑,學者循序漸進……而得其捷徑也」;「太極拳所以異於它技者,非務以力勝人也」,也就是「持巧不持力」。用孫祿堂的話說,練到高級階段就是「純以神行,不尚拙力」。

所以,人說太極拳不是一種技術,而是一種省力、省時並懂得在最恰當的時機擊人取勝的藝術。

首先王培生老師認為,要想練就「這種取勝的藝術」,「體」的問題解決以後(指基本上能做到一氣貫通、上下相隨、內外相合),也就是「意動形隨」了,在學習推手時,首先要求能做到「不丟不頂」「捨己從人」(也就是能「黏」、能「走」,「黏」「走」相生)。王老師講:「所謂『不丟』,從字面上雖然是『不要丟掉』或『不要離開』的意思,但在實際上還有要用感覺去『黏貼』住對

方的意思（也就是能『黏』）。我的手臂一面跟隨對方，依勢而動，同時還要一面微微送勁與之黏貼，在捨己從人的過程中，聽其勁，觀其動，知機造勢，驅使對方陷入不利或不穩的形勢中。這時如果感覺對方沒有反抗，便可乘機而動，隨即將其發出。如感到對方的接觸點沉重發不動，應及時將接觸點微微一鬆，使對方突然感到一空，腳下發浮（即把對方『拿』了起來，也有說，把對方『叫』了起來），隨即發之，可將其發得更遠。有人誤認為只要手上毫不用勁，任憑對方擺佈就成了，其實並非如此，因為任憑對方擺佈是自己處在被動的地位，而『不丟不頂』『捨己從人』，不僅要以主動的精神去適應對方的任何變化。同時還要在適應對方任何變化的過程中，要用感覺去偵察和瞭解對方動作的虛實變化，所謂『使敵不知吾之虛實，而吾處處求敵之虛實。彼實則避之，彼虛則擊之，隨機應變，聽其勁，觀其動，得其機，攻其勢，如醫者視病而投藥』，這也就是所謂的『知虛實而善利用，雖虛為實，雖實猶虛，以實擊虛，避實擊虛，指上打下，聲東擊西』；『兵不厭詐，以計勝人也，計者虛實之謂也』。」

其次，必須從「磨煉感覺」入手，重中之重先學「運化」，「運化」首先在腰腿，其次在胸，又次在手。因此拳諺說：「緊要全在胸中腰間變化」「有不得機不得勢之處，身便散亂，身必偏倚，其病必於腰腿求之」，也就是腰不舒服動動腿，腿彆扭了動動腰，學會養成「腰腿求之」的習慣（實際上就是先學會初級階段的「走化」）。

最後，太極愛好者必須牢記太極拳之道，為弘揚太極文化造福全人類而盡心盡力。

太極拳與健康

太極拳與靜坐氣功所不同的是把意識、呼吸、動作三者密切結合起來，既練意又練氣也練身，從而成為內固精神、外增體力、道技並重、內外兼修的優秀健身拳術。

拳是有形的意，意是無形的拳[①]

——小議遠離太極操

各位好：

很高興又有幸來跟大家談談我們的共同愛好——太極拳鍛鍊方面的問題。這次張站長給我出的題目是——如何遠離「太極操」（首先聲明一點，這個「太極操」是泛指，不是你們曾經學過的那個太極操）。

在我印象中，大家對身體健康的鍛鍊還是很重視的，每天按時到場，練時也相當認真，拳是一套接一套，劍也是一趟接一趟。中間除了等音樂播放的間隙，幾乎從不休息。每天一練就是個把小時，應該說，長期堅持，還是有一定收益的。

張站長提的遠離「太極操」這個問題，乍一聽，有些刺耳，其實很正常。我練了五十多年太極拳，因為走過很長一段彎路，也不敢說已經遠離「太極操」了。

一般來講，練太極拳的人，有不同的檔次。粗分有三個等級：著熟、懂勁、階及神明，徐致一老師就這麼分，這也是許多老前輩通常的分法。

---

① 本文是應邀給蓮花池軍休所太極拳輔導站所做的太極拳知識講座。

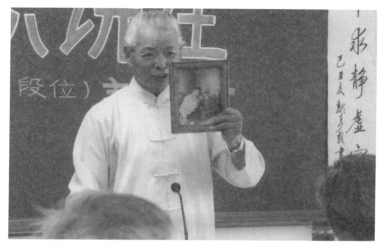

2009 年，應邀給蓮花池軍休所太極拳輔導站做太極拳知識講座

　　細分像汪永泉前輩，他認為可分七個台階，第一步，上下相隨；第二步，內外相合；第三步，內外相合的上下相隨；第四步，（會）折架子；第五步，（會）拆手；第六步，（能）分勁；第七步，入化。

　　分得更細點的是鄭曼青，他把太極拳運動發展的程序分為三階九級，因為每個台階內又各有三級，三三見九，所以共九級。第一階，是舒筋活血的運動，一階一級是舒筋自肩至手指，二級自胯至湧泉，一階三級自尾閭至泥丸；第二階，為開關達節之運動，二階一級為氣沉丹田，二階二級為氣達湧泉，二階三級為氣達泥丸；第三階是知覺作用之運動，三階一級為聽勁，三階二級為懂勁，三階三級，也就是最高階段，為階及神明。實際上，他的分法，包括三階一級在內，此前都是屬於粗分的第一個等級（著熟），他稱為聽勁。

各位自覺已達到哪一階哪一級，有興趣的話可以對號入座，不過每個人的素質不同，而且有些東西也不是死的，某個部位暢達了，某個部位可能還存在問題，總之，這只是個大概。

若認真算起來，我現在也只是達到粗分的第一個等級，著熟了，基本上會聽勁了，離懂勁、階及神明還遠著呢！跟在座的各位比，也就是六十步和一二十步、二三十步之間的差別吧。拳諺云：「太極之道，道傳有心人。」又說：「道不遠人，人自遠之。」我認為，你只要是有心人，想不斷地接近它（道），紮紮實實地拾級而上，相信練一天就會有一天的進步。

下面談談遠離太極操的途徑和方法。在我印象中，大家學過馮志強老師新編的「混元 24 式太極拳」，所以在上次太極拳講座中，我專門向大家推薦了馮志強老師新編的《陳式太極拳入門》這本書。

我曾經說過，馮志強老師雖是陳式拳的名家，但說的道理並不侷限於陳式拳，而是帶有普遍的指導意義（當然其他門派前輩專家也有類似的專著和言論）。他在前言中說：「近年來，太極拳日益普及，許多人喜愛這項運動，卻不明白練習的步驟和深造的途徑，雖下了許多工夫，仍不得其門而入。」為幫助習練者儘快入門，馮老師在書中運用了通俗易懂的語言，如：編寫「練拳需從無極始，陰陽開合認真求；不入無極圈，難成太極圖……」這樣的順口溜把拳理和步驟告訴大家（見《入門指引》）。經云：「太極者，無極而生」，據此，馮老師主張必須先從站好無極樁入手。

而太極又是陰陽對立的統一，動之則分，靜之則合。動分靜合是太極拳的核心，所以馮老師又提示大家一定要在站好「無極樁」的基礎上，把「陰陽開合的認真求索」落到實處。

此外，太極圖像是在一個圓圈的統一體當中含有陰陽對立的雙方，所以馮老師又進一步強調站好無極樁的重要性——「不入無極圈，難成太極圖」。在第 3 章《入門說要》中，馮老師同樣把練功的要領和方法，一一編成通俗易懂的順口溜，不但易懂好記，而且學起來方便。

說到這，應該就此打住了，因我不是練陳式拳的，恕我在此不能詳細講解此書的各個篇章，我只是根據你們的情況，借花獻佛，把馮老師提供的《入門指引》和《入門說要》作為解決遠離太極操的可行方法推薦給大家，盼大家結合實踐仔細研讀體悟。

下面，我想理論聯繫實際，剖析幾個日常鍛鍊中的式子，跟大家研討一下，怎麼練才是太極拳，怎麼練就是太極操；共同體悟一下「拳」與「操」兩者的區別。

接受任務後，我用了一點時間到現場看了看。我發現大家盤拳時，有些式子虛實不分。比如，打左右摟膝拗步時，右掌或左掌前按，隨著重心逐漸轉換，後腿逐漸舒展，並且應該由實變虛，可是不少同志後腿沒有舒展到位，也就是說沒有鬆開、鬆淨，還有一些力量在支撐著，結果兩腿虛實不分，雙重了。

楊澄浦在《太極拳說十要》中提到：「太極拳術以分虛實為第一要義。」《武式太極拳》一書內，身法要點第 13 條，也談道「何謂虛實分清」，內裡不但談到兩腿虛

陳易合演示摟膝拗步

實必須分清，而且還進一步談道：「虛非完全無力，著地實點要有騰挪之勢。騰挪者，即虛腳與胸有相繫相吸之意，否則便成偏沉。實非全然占煞，精神貫於實股，支柱全身，要有上提之意。」就是說要虛中要有實，實中要有虛。書中還說「如虛實不分，便成雙重」。這可是個大事，因為雙重之病實乃習練太極拳者之大忌，不論是平時個人練體，還是應用時雙方對敵，都是必須解決的大問題。

因為從練體而言，本身雙重必然導致「滯」，不靈活；從應敵對待而言，彼此雙重必然導致「頂」。只能是力大勝力小，也失去太極拳以小勝大、以弱勝強的意蘊了！因此拳經要求，「虛實宜分清楚，一處有一處虛實，處處總此一虛實」。

虛實是什麼呢？虛實者陰陽也，可以說，打太極拳時，陰陽虛實無處不在，即所謂周身處處皆虛實，而且虛實反應在太極拳運動中的形式也極為複雜，如上下、前後、左右、內外、兩手之間、兩腳之間，手腳之間，兩手兩腳之間等。儘管複雜，但仍有一定的規律可循。

如上虛則下實，前虛則後實；左虛則右實，右虛則左

實。以兩腿間的關係而論，若左腿為虛則右腿為實，右腿為虛則左腿為實。以兩手兩腳之間的關係而論，則三虛抱一實，等等。太極拳運動最主要的特點，就是陰陽對立的統一和相互轉化。

還是以摟膝拗步第五動左掌下按和第六動右掌前按為例，王培生老師在傳授時提示我們：左掌下按，不是左掌著意往前下使力，是在前動左掌前按的基礎上，當對方用右腳向我踢來時，我以左掌食指為引導，因別處作功，左掌自然產生一種既鬆且沉的下按勁，對準其膝蓋骨往前下按去（個人練時，按至自己的右膝為止），這個所謂的「別處做功」，即右腕鬆力，向上提至右耳旁，意想右虎口要貼上右耳門，接著鬆右肩墜右肘，兩眼注視左食指指尖，重心在右腿，意在左肩。此動是左掌順勢去下按對方的膝蓋，待機而發。

第六動右掌前按，是在前動左掌下按的基礎上，因對方一腳踢空，必向其前下落步，落在我下按手的側旁，我則趁勢進左步，用左陽陵泉緊貼其右陰陵泉，並迅即抬頭看著對方身後，發右掌進擊其面或胸。

王老師特別強調：眼往哪裡看，掌往哪裡發；掌往哪裡發，不是想推對方的動作，而是想外三合，肩、肘、手與胯、膝、足一一相合。所發之手，既不要用力也不要軟，以無名指引導，好似穿針引線，向前搆針眼（俗稱打閃紉針，形容用時之快速）。這時重心已由右腿逐漸移到左腿。當右掌沾上對方後，立掌，凸掌心，中指朝天，右手大拇指與食指朝右上的第一節橫紋線成水平，右臂外旋，此時意在左掌心，接著意想左掌食指往前指，中指欲

與左肘尖成水平，略含向後耙摟之意。

實際上是鬆肩墜肘，手臂一屈，左肘向側後虛空處一沉，身子也隨之下沉，同時右腿從胯到膝到足，節節舒展蹬右腳，開後腳跟，到右腳將要離開而未離開地面時為度。這時前面的右手已完全由虛變實了。

對上述右腿從胯到膝到足的變化，王培生老師曾做過一個形象化的類比，就好比用秤稱物時，把秤砣不斷往後挪，挪到與被秤之物均衡時打住。俗云「秤砣雖小能壓千斤」，因其中包含著力學原理，作用力與反作用力必須均衡。基於此，秤砣要想壓住秤，必須是虛懸著並擱在適當的地方，方能起作用，所以後足也必須鬆開虛懸。這就是後腿由實變虛，虛中有實的由來。

先賢說，以拳證道，即勢明理。上述這些，無一不體現著太極拳「重意不重力」「有前有後，有上有下，有左有右」「實中有虛，虛中有實」「此消彼長，同生共滅」和「視靜猶動，動中求靜」「一動無有不動」等道理。你要想遠離太極操，練好太極拳，悟得太極之道，就必須在這方面做有心人！

下面再談一談同志們在鍛鍊中，「形」跟「意」有些脫節的問題。

太極拳強調「重意不重力」，要求「先在心，後在身」「意氣君來骨肉臣」。也就是盤拳時，先由意動，繼而內動，接著氣動，最後形動由內達外，內外協調一致。

人無論做什麼事，行動前必須先有意，打太極拳更是如此，一招一式無不是用意節節貫串循環往復，直到整趟架子結束。人說「拳」是「有形的意」，「意」是「無形

的拳」。練拳時，意動形隨，形隨意動；走劍時，劍掩身形，身隨劍走，身劍合一。當然，這說的是高級階段，不是初學者一下子就能達到的境界。

目前，不少人「形」與「意」脫節，乃正常現象。因為儘管太極拳強調「重意不重力」，要求「先在心，後在身」「意氣君來骨肉臣」，但初學時，還是「先形後意」，不是「先意後形」，只有這樣，才便於大家學習，否則皮之不存，毛將焉附。何況初學時，大家想的只是努力要記住每個姿勢的動作、順序、要領等，這必須思想集中，排除雜念。實際上此時這種「動作思維」的過程，已經是「以意導體」，是用意的第一步了。

現在大家已練了好些年，每天都在比比畫畫，能說其中沒有意嗎？如果一點意都沒有，練拳、練劍時，早就亂套了，說明大家練時還是有點意，不足之處是拳意不夠濃，還不夠到位。比如弓步前刺、弓步上刺，目標在哪兒？刺上了沒有？感覺刺透了嗎？還有回身劈，劈上了沒有？劈開了嗎？有的人意還在自己胳膊或手腕子上呢！還有撩陰劍，撩哪兒？撩上了沒有？怎樣才能使內勁達到劍梢撩上目標？再如盤拳時，每一式比比畫畫動作都做了，其實，對業餘愛好者來說，不在步子邁多大，蹲身有多低，關鍵在意，在精神貫注到位了沒有。

建議大家目前還是首先把姿勢動做作對，掌握好每個式子的要領，努力體悟由內達外、內外協調一致，也就是，用內形來「支配」外形，借無形來「支配」（影響、感應）有形。關於「有形」和「無形」的關係，我在前面有論述，這裡就不再贅述了。

心靜用意「站、走、坐」，
袪病延年有妙招

　　我今年八十多歲，習拳五十多年，有幸接觸過眾多武術名家。感覺堅持太極拳鍛鍊，身體就會很不錯，根據個人切身體悟，想到年歲大的人，平時如能刪繁就簡，心靜用意，按太極拳的理念堅持練習「站、走、坐」，實乃「得其一而萬事畢」，對袪病延年，定會起到意想不到的良好效果，具體練法如下。

　　所謂「站」，可以是並步，也可以是自然步，還可以開步與肩同寬。基本姿勢即太極拳的預備式，也有的老師稱無極式，也有的老師稱太極勢。在這個姿勢中，最關鍵的就是要注意擺正頭頸和腿腳，如此才能蘊養五臟，端正脊椎。

　　著名的武術前輩薛顛在他的專著《象形拳法》中強調：「無論行止坐臥，務要使脊柱正直無曲……道經云：『尾閭中正神貫頂，氣透三關入泥丸。』此姿勢宜常保守，不但練時為然，無論何時何地，勿忘卻此法，因為『脊柱中正才能練精化氣』。」

　　所謂「站」，在前人提示的基礎上，若用粗淺的體悟予以概述，即「站著好似坐著」。

所謂「站著好似坐著」，人往那兒一站，立在那兒，心氣必然是往上的，如意想屁股（尾閭）要往下落座，胯必往下落，腰就摘開了，必然形成對拉拔長、一氣二奪之勢；膝蓋和胯窩也就出現自然彎曲的狀態（整個人周身肌肉鬆弛，骨節舒展，猶如一盞懸掛著的、打開了的、摺疊的燈籠）。

檢查姿勢正確與否，首先看是不是頂勁虛領著，沒有丟頂；膝蓋是不是自然彎曲了；胯窩是不是自然凹進去了；腳踝是不是放鬆了……總體上就是胸空腹實，氣沉丹田，尾閭中正神貫頂。

一個人會不會站，還有一個方法，就是想像站在一塊豆腐上。腳下是一塊很大的豆腐，看到豆腐都出水了，心裡想著：「哎喲！別把豆腐踩爛了！」

必須運用內想、內視、內聽的方法，不斷切實地去想像，從而達到周身節節舒展，通體貫串，體氣平和的那種內感。這種內在的感覺與太極拳經、拳論裡提到的「如履薄冰，如臨深淵」那種周身謹小慎微、不敢出一點差錯的感覺是完全一樣的。

所謂「走」，就是在上述立身中正安舒、支撐八面的狀態下的前進、後退、左顧右盼。美國曾研究用打太極拳的方法來防止老人摔跤。因為練太極拳時，要求每一勢都必須平衡穩定。

我的體會就是心靜用意，想像瞻前、顧後、左顧、右盼、通天、貫地。訣竅就在「意想」從前面能看到下面，從後面能看到前面；從左面能看到右面，從右面能看到左面；從上面能看到下面，從下面能看到上面。

這六個方向是貫通的，是一個非常渾厚的立體的龐然大物（實際上由「意想」，產生了一個立體的場效應）。往前走是整個立體的龐然大物往前走，不是孤零零的一根長桿往前走，往後退、往左轉、往右轉亦復如是。

意拳宗師王薌齋有句名言：「執著己身永無是處，離開己身無物可求。」說的就是在練習中，「意想」很重要，但必須與身體密切結合，否則就成為「臆想」了。

太極拳心靜用意，也是如此，「意想」與身體必須聯繫著而且渾然一體，所以，有人說太極拳是一種「身肢延長的彈性運動」。關鍵就看你認真不認真，專心不專心，有沒有毅力和恆心！

所謂「坐」，就是正襟危坐。正襟危坐，這句話指的是一種儀表和心態。具體講，就是要求豎腰、立頂，使脊柱正直無曲，端坐在椅子上（坐時盡量靠前一些）；兩手自然地放在膝蓋上。

立頂就是虛領頂勁（是頂貼天而不是頂捅天），豎腰不是挺腰。

我有位老師教我們「坐」的時候，甚至讓我們想像脊柱每一節就是一個雞蛋，從頸椎到胸椎到腰椎包括尾骶骨，就是一個個雞蛋疊擺起來的。正因為雞蛋通常不容易放平，不容易疊擺，所以需要心靜、意專、謹小慎微。

那位老師就是透過這種形象的比喻，經常讓我們從上到下觀照檢查，從而使脊柱每一個骨節鬆鬆地豎起，並使之達到正直無曲的目的。

《太極法說》裡有一則要訣：「身形腰頂豈可無，缺一何必費功夫，腰頂窮研生不已，身形順我自伸舒，捨此

真理終何極，十年數載也糊塗。」說的是「築基練體」時，強調對身形、腰、頂（即間架結構）這些主要部位的要求。

我體會，上了年紀的人，如能按太極拳運動的要領，心靜用意練習站、走、坐，即便不練整趟拳，同樣能起到「祛病延年」的功效，因為身體裡面血脈和氣機是通暢的。僅供上了年紀的老同志們參考。

淺談太極拳的
健身效應和體悟

　　當下，我已 87 歲了！近年來，在許多場合，經常有一些朋友，對我的實際年齡表現出驚詫的神情，認為從言談舉止、眼神步態和精神頭等方面看，也就是六十開外，一點不像已進入耄耋之年的人！

　　有位朋友甚至直言不諱地向我坦言：「以前不理解你怎麼會喜歡上太極拳呢？慢吞吞地純屬老年人和病患者的活動方式，現在看來，你這健康投資還真是投對了……你們話劇團 50 年代參加工作的一批老同志，已故的不說，不少人身體狀況都不太好，有拄拐的，有坐輪椅的，也有的三天兩頭往醫院跑的……相比之下，你仍一如既往，腰不彎，背不駝，神采奕奕，似乎變化不太大，靠的是什麼？依我看，主要得益於你的業餘愛好──堅持太極拳鍛鍊。」

　　確實，旁觀者清，我是太極拳的愛好者，更是太極拳鍛鍊的受益者。我年復一年、日復一日堅持太極拳的鍛鍊，雖然談不上有什麼功夫，但強身健體的目的還是達到了。而且一人受益，帶動全家，後來，不但我自己練，我妻子練，我女兒練，就連兒子陳易合（剛）也喜歡上了太

極拳。

回顧自己半個多世紀以來習練太極拳的歷程，有一陣，自己也感到十分憋屈，練了十多年拳不能說沒有進步，但比起周圍的拳友們和老師的那些要求，又覺得並不十分令人滿意。怨老師不真教，不對；怪自己腦子笨沒悟性，又不甘心承認。總覺得工夫下得不比別人少，對拳熱愛的程度也不比別人差，為什麼自己只是「沾點邊，不摸門」（拳友語）呢？

在此後的好多年中，幸有師友們真誠的幫助和自己虛心的學習，練了這麼些年，現在總算明白過來了，我正在逐漸遠離「太極操」這條道兒。

談到具體的體悟，當前有這樣幾點粗淺的認識。

學拳需明理，明理得法，避免少走彎路

我師爺楊禹廷生前常說：「練拳練的就是一個理。」很多太極名家談起太極推手也是「只能循理求精，不能悖理爭勝」，強調的還是一個「理」字。

按近代武術實踐家孫存周的觀點，即便是「實戰」，也不能僅以勝負代替一切。他認為：「一場較技的結果，要從技擊技能、身心素質、戰術經驗、臨場機遇四個方面來分析和發現問題，這樣，實戰才具有檢驗理論的效用。」所以，不能只看誰輸誰贏，更要研究「贏」，贏在哪裡，「輸」，輸在哪裡。用孫先生的話說，就是「打中求理」「拳與道合」。所有這一切，不難看出太極拳名家和前輩們對「理」的重視和追求。

1992 年，《武當》雙月刊連續 3 期刊登了周宗樺撰

寫的《太極拳之道，道傳有心人》一文，涉及「心知」與
「身知」的問題，也就是理論與實踐此兩者相結合的問
題。沒有「心知」不行，光有「心知」不付諸實踐，也不
行。所以，既要有「心知」，更要能經由實踐獲得「身
知」。沒有理論指導的實踐，是盲目的實踐，必然要走彎
路，這方面我的教訓是相當深刻的！

「運而後動」是太極拳鍛鍊的特點

1977 年，汪永泉老師問我：「知道太極拳運動與一
般運動有什麼區別嗎？」我沒有立即回答。他說：「運
動，運動，運而後動，是太極拳鍛鍊的特點。一定要明白
是以什麼運的，身體四肢又是怎麼動起來的。」

接著他諄諄告誡我，日常要按太極拳的規矩來練拳，
明規矩、守規矩，而後是脫規矩、化規矩。規矩是什麼？
規矩就是練功要領。當即他就引用《十三勢行功心解》和
《十三勢歌譜》中的兩句話「以心行氣，以氣運身」和
「意氣君來骨肉臣」，問我練拳時對這兩句話有什麼體悟
嗎？慚愧得很，練拳多年，拳經、拳論也看過不少遍，這
些話也很熟悉，但結合實踐，練時有什麼體悟，一時還真
難以作答。

說明上述字句看起來淺顯，意思也懂得，但在實踐中
並未按要求一絲不苟地認真去做。所以儘管練拳多年，只
是「沾點邊，不摸門」，仍在門外瞎逛蕩！

回想起鄭曼青曾在其專著《鄭子十三篇》中講過的
話：「所謂以心行氣，以氣運身，皆運而後動也。即猶電
車氣船然，借氣之力，運而後動，與肢體及局部之動大相

逕庭。」──我怎麼就沒有認真琢磨呢？

汪老看我有些尷尬，耐心地跟我講：「以心行氣」不是故意努氣，而是心意一動，也就是腦子一想，意氣必然運行，心意到哪，內氣到哪，也就催動形體發生變化和產生相應的動作，這就叫意到氣到，氣到力到。

汪老在其專著《楊式太極拳述真》中談到太極內功勁法時曾詳細講述了意、氣、勁、形四者的動分靜合、由內而外，內外協調一致的關係。內指的是意氣，外指的是骨肉（形體），也就是身體姿勢的變化和四肢動作的屈伸。

所謂「意氣君來骨肉臣」就是後者聽命於前者，而且內裡的心意與外在的身體各部既有主從先後之別，又是協調一致、密不可分的，顯現的結果是一動無有不動，周身一家，完整一氣。

在談到我以前練完拳大汗淋漓、覺得口乾舌燥、似乎有些氣上不來、不願說話時，汪老指出這是沒有按「運而後動」的法則鍛鍊的結果。

他告誡我：「切記要按要領練，內氣催外形，得養；外形叫內氣，身體必然受到傷害。你口乾舌燥，似乎有些氣上不來，這是傷了氣。」

他反覆強調「運動，運動，運而後動」，這個特點千萬不能忘。也就是說，太極拳必須注重內功修練，培養內氣，求得內氣充盈通暢，並使內氣與外形相配合，只有這樣才能達到袪病延年、強身健體的效果。

目前，絕大多數人都是為養生而練的，即使有些人為掌握技擊的功夫而練，也必須在此基礎上（健康的體魄和充足的內氣），加練揉手技法及其他，到能夠「知己知

彼」了，而後，才談得上掌握太極拳的技擊本領。所以培養內氣，使內氣與外形相配合，這是根本。

太極拳藝是在身法的基礎上建立起來的，必須重視身法的鍛鍊

何謂身法？它包括哪些內容？對此，各派太極拳專著、論述不盡相同。鍛鍊時由於每一個姿勢都是透過手法、步法、身法和眼神等動作變化協調配合而形成的，所以「身法一詞，在太極拳中，有時是作為身、手、步法的統一體來說的」（郝少如語）。

基於這種認識，郝式拳把身、手、步法概括為十三條。而且由於身法在太極拳運動中有著特殊重要的位置，他們甚至將身法的教學和習練作為一個至關重要的階段來對待，可見其對身法鍛鍊是何等重視。

「吳式拳」王培生老師則把身法概括為九種，並強調「基礎訓練要從身法著手，因為身法既是最基本的，也始終是最主要的一個法規」。

楊澄浦太極拳抄本內有《身法十要》。

台灣楊式太極拳傳人張肇平在其專著《太極拳論》內，雖然將手法、步法、身法和眼神詳詳細細分而述之，但談到太極拳身法的特點時，他認為：「在於中正安舒、輕靈圓活和沉著穩重三者相結合。這是沉肩墜肘、涵胸拔背、鬆腰鬆胯、氣沉丹田與尾閭中正等基礎要求。非如此則不能學好太極拳，非如此則不足以言太極拳身法。」說明各式太極拳的專家前輩們，都是十分重視身法鍛鍊的。

這使我開始老老實實靜下心來，對幾條重中之重的

「身法」逐一孜孜以求。經過一段專心致志的實踐，我總算真正體會到老師、名家、前輩們所說的「太極拳藝是在身法的基礎上建立起來的」「它是最基本的，也始終是最主要的一個法規」，因此「必須從基礎訓練著手」「非如此則不能學好太極拳」。字字真切，無一句虛言！

說到這，我不得不再次提及周宗樺先生在《太極拳之道，道傳有心人》一文中所說的話：「按吳圖南能享高年，從外形上看，得力於他的太極拳和虛領頂勁。」他說：「我們打太極拳的人，哪個不曉得虛領頂勁呢？……可是有多少練拳的人真正能做到虛領頂勁呢？」

「道本自然一氣遊」與「道在陰陽之間」

這是 2008 年 6 月和 12 月，我在《武魂》雜誌上，先後發表的兩篇有關孫祿堂武學遺產探尋的短文。

前者是說，一代武學宗師本著「武術非私有，惟有德者居之」的宗旨，為使從學者能透徹理解其傳承，在《太極拳學》裡，他開宗明義一語道破：「太極拳乃研求一氣伸縮之道。」他認為，「人乃是先後天合一之形體，人生天地之間，本有先天渾然之元氣。先天元氣賦予後天形質，後天形質包含了先天元氣，斯氣即為中和之氣。平時洋溢於四體之中，浸潤於百骸之內，無處不有，無時不然，內外一氣，流行不息。於是拳之開合動靜即根此氣而生，放伸收縮之妙即由此氣而出，太極即一氣，一氣即太極，以體言則為太極，以用言則為一氣」。

所謂「道本自然一氣遊，空空寂寂最難求，得來萬法終無用，難比周身似水流」。後者「道在陰陽之間」一文

是想說，正是這個按常人思維難以理解的「之間」，既非這又非那；既是這，又是那，恰恰體現著太極陰陽變化的哲理——對立雙方共存於統一體中，此消彼長、同生共滅、相互轉化的規律。

書中凡能用文字表述清楚的地方，武聖孫祿堂盡量言簡意賅、深入淺出地予以表述。舉凡涉及拳經、拳論裡諸如「陰中有陽，陽中有陰」「虛中有實，實中有虛」「有上即有下、有前即有後、有左即有右」「意欲向上即寓下意」「下就是上」「上就是下」「靜中有動，雖動猶靜」「動靜循環，相連不斷」「黏即是走，走即是黏」「黏走相生」……奧妙難言處，他皆頻頻運用形象類比法如撕絲棉、拔鋼絲、拉硬弓、按氣球、如同藤子棍曲回……啟迪人們發揮想像，得其竅要，以廣其傳。

半個多世紀以來，由於自己在太極拳鍛鍊中，對「道本自然一氣遊」與「道在陰陽之間」這兩個問題逐漸有些粗淺的體悟並有良好的健身效應，因其重要，這裡特予以複述，不當之處，敬請方家指正。

太極拳與健康長壽

　　太極拳廣泛應用於醫療體育方面，由於療效顯著，所以引起了國內外廣泛的重視和受到越來越多的人的喜愛。

　　據專家和研究者們提供的資料，其醫療機制有如下一些說法：

　　——太極拳用意不用力，它的行功要領是「以心行氣，以氣運身」，這就是說它對人的大腦是一個很好的訓練手段。因為一舉手、一投足都必須先由大腦思維然後才形成的，正因為如此，使大腦經由活動的形式而得到真正的休息。所以有人把太極拳鍛鍊稱作意識的體操，是一項高質量的休息運動。

　　——太極拳鍛鍊要求氣沉丹田、氣宜鼓盪。腹式呼吸，橫膈膜的張縮，使腹腔進行時緊時鬆的腹壓運動，不但對輸送血液和促進肝臟功能活動有很大的幫助，而且還有助於潤滑內腸、增強腹壁肌的韌性。

　　——氣功講求打通大小周天，小周天指的是「前任後督，行氣滾滾」（也就是內氣沿身軀順時針由前往後、由後往前、週而復始、環行不息）。通常督脈之後三關（即尾閭、夾脊、玉枕）不易貫通。太極拳鍛鍊要求：立身中

正安舒，頭頂百會穴與前後陰之間的會陰穴上下一線相
對，這就為接通任、督二脈之氣提供了便利的條件。而練
拳時，時時保持立身中正安舒，脊柱節節鬆沉，隨著動作
的開合，會陰間襠勁有上翻之意，百會處頂勁虛領，氣往
下沉。用功日久，內氣沿任脈和督脈自然流轉，因此氣功
追求的「通督」（即打通「前三田」、後三關）在太極拳
鍛鍊中，是不求通而自通的。

　　——太極拳鍛鍊要求「腰脊為第一主宰」「力由脊
發」「牽動往來氣貼背，斂入脊骨」等運動時，且不說變
動脊柱脊背（即胸椎）的調節活動（由前弓形轉為後弓
形），能使脊髓神經獲得良好的鍛鍊，肩背部分的肌肉也
相應得到很好的舒展，脊椎骨更加有力、更富有彈性；而
且按經絡學說，腧穴是人身氣血的總匯，臟腑經氣都由腧
穴相互貫通，而腧穴都在背部，太極拳行功時脊背部的鍛
鍊可以起到調節陰陽、調和氣血、開通閉塞的作用，從而
達到人體的陰平陽秘（陰平指體質適宜，陽秘指功能相
稱。即：陰陽對立並存，相對平衡）。

　　類似的說明資料還有很多，比如：太極拳的基本要點
是時時保持身體的平衡和重心的穩定，它在平衡、穩定中
求運動，而在運動中又時時要求保持身體的平衡和重心的
穩定。因此，美國曾有人把太極拳鍛鍊作為防止老年人跌
跤致死的一種有效手段。又比如：有人認為演練太極拳中
「攬雀尾」一式中，第五、第六兩動，能促進胰臟功能，
對糖尿病有治療作用；演練「倒攆猴」能治關節炎；「提
手上式」能調理脾胃；「白鶴亮翅」可去三焦火，對眼疾
有幫助等，不一而足。

　　總之太極拳的整體機制是循理於陰陽哲理，運行於經脈醫理，因而能養氣通絡，袪病延年。

　　吳圖南前輩曾說，「人與天地生生不息者，蓋一氣之流行爾，是氣也，具於身中，名曰宗氣」「此宗氣在人體內流行百脈，貫串臟腑，乃氣之宗主，它能支配全身，上自頭頂下至腳，四肢百體無微不至」。

　　吳老認為，「後人只知營、衛，而不知此宗氣當與營、衛並稱，以見三焦上、中、下皆此氣而為之統宗也。而太極拳氣功的妙用，也正是端賴宗氣之鍛鍊，因而方能收到不藥而醫、袪病延年之功效」。

　　太極拳鍛鍊為什麼能保健治病、使人健康長壽？吳老短短的幾句話可謂言簡意賅、一語中的，說到根本上了！

附錄

家道有傳人

由於家庭薰陶，亦為繼承道統，陳易合奉父命先後拜李璉、王洪鄂為師學習太極拳、器械和太極功等。赴法之後，他積極推廣和弘揚太極拳及太極文化之道。

　　陳易合（陳剛），中國武術協會會員，吳圖南武術思想研究社理事，中國武術六段。兒時跟隨父親陳惠良學練姚宗勳先生所傳意拳樁功和吳圖南先生所傳太極拳定勢；早年曾向牛寶貴先生學練形意拳；後拜在吳圖南先生嫡傳徒孫李璉先生門下學練太極拳、用架、太極功、太極刀等。曾跟隨父母向吳式太極拳著名武術家王培生先生學習吳式太極拳、四正推手等，並遵父命復拜王培生先生的嫡傳徒孫王洪鄂先生為師，學練吳式太極拳、太極粘桿等。

　　1999 年 10 月赴法留學，先後就讀於巴黎第四大學和巴黎自由電影學院。

　　課餘應巴黎市政府、法國武術聯盟總會及民間武術協會之邀，參加武術表演和交流活動。2004 年 6 月，創辦了「Rhe Yi Tao」法中文化交流協會，開始傳授吳式太極拳傳統套路和推手等。

　　2009 年 8 月受聘為《武魂》雜誌海外觀察員。

　　2010 年 1 月通過培訓考核，獲得法國國家青年體育部頒發的中國傳統武術師資文憑，受聘於巴黎市政府青年體育部和巴黎政治科學院等單位任武術教練。

課餘，陳易合在體育館室外輔導參加健身太極拳推手的愛好者

法國武術雜誌《龍》報導了陳易合在巴黎的文化交流活動，
圖為相關的封面和內文

2009 年 8 月陳易合受聘
為《武魂》雜誌海外觀
察員，同年 11 月，成
為該雜誌封面人物

法國武術雜誌《龍》
刊登的陳易合拳照

2010 年 8 月陳惠良夫婦赴法看望陳易合，與熱心幫助其成立
法中文化交流協會的兩位法國朋友歡聚時合影

陳易合應巴黎十九區青少年活動中心之邀傳授中華武術

20 世紀 90 年代中期，陳惠良赴西班牙探親並參加中西太極文化交流

西班牙當地媒體
的介紹與宣傳

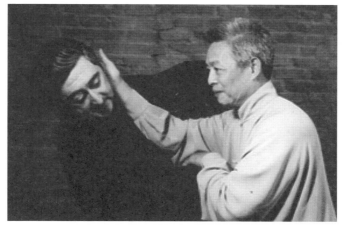

1999 年，陳惠良與外國太極拳愛好者推手

春風化雨

——法國的中國武術活動掠影

　　法國，位於歐洲大陸西部，三面臨海。首都巴黎是政治、經濟、文化和交通中心。這座美麗的城市，隨時能讓人感受到它濃郁的法國風情和悠久的歷史文化積澱。在這裡，文化、歷史、建築、繪畫、香水、電影、葡萄酒、時尚、咖啡以及競技體育，甚至中國功夫等，都是人們熱衷的有趣話題。

　　在法國，日本柔道、合氣道，韓國跆拳道，巴西柔術以及英、法式拳擊都相當普及，這方面有著歷史和政治的原因，據說日本政府曾經很早就派柔道教練到歐洲，免費為歐洲各國培訓教練，並順應歐洲人的習慣和思維方式，簡化教學程序，因此吸引了大批練習者。

　　然而，以介紹東方競技體育為主的四五種專業刊物，如《武道》《空手道》《合氣道》《龍》等，並沒冷落同屬東方而且歷史悠久的中華搏擊術，頁面上也不乏刊登介紹各種中國功夫的文章及圖片。

　　每年 5 月，上述各雜誌編輯部和有線電視台等多家媒體，都爭相牽頭，組織邀請來自世界各國的武林高手，參加在法國國家體育館舉辦的一年一度的國際武術節。在每

年的武術節上，中國功夫尤為引人注目，使中國武術在近年來也逐漸受到青睞[1]。

　　但是，由於中國武術拳種繁多、門派林立、練法各異、缺乏統一的規範，因此推廣起來很不容易。在法國，人們大都把中國武術當作一般業餘體育活動來看，愛好者

法國武術學員們演練吳式太極拳，
上圖為野馬分鬃式，下圖為金雞獨立式（陳易合 攝）

───────────

[1] 少林功夫和李小龍的截拳道在國際上影響很大，西方人習慣將它們視為中國傳統武術的代表，籠而統之稱「功夫」，而對於中國國家規定的競賽套路，則稱之為「武術」．

習慣每週一兩次到室內的體育場館去上課、練習，課後，他們認為已經活動過了，日常也就無須再練習了。

而且法國人還會根據季節的變化、作息時間的變更、節假日的長短以及收入預算等情況，每年更換不同的體育活動方式。加之，由於東西方文化的差異，老年人一時難以理解中國武術的文化內涵，往往不大認可中國武術，而會選擇一些簡便易學的健康娛樂活動；中年人雖有經濟條件，也有鍛鍊身體的需求，但業餘學習的時間往往有限；至於年輕人，有時間也有興趣，而且在他們心目中，中國功夫簡直神奇透頂，但一般餘錢不多。

以上情況，只是基於宏觀地考察和泛泛地分析，而實際上，在上述各年齡段的人群中，還是有不少真正喜歡中國武術的人。

筆者認識一位中文名字叫謝瑞的法國青年，曾專程到北京體育大學學了 3 年的中國武術。能講一口順暢普通話的謝瑞，在實踐中體會到中國武術有著豐富的文化背景，蘊含著自然規律與哲學原理，且能強身健體，陶冶情操。他喜歡器械，希望能更好地增強自身的爆發力。在武術老師的建議下，最終他選擇了槍術。

像謝瑞這樣，執著又能專門拿出幾年的時間到中國學習武術的人，只是極少數。

可喜的是，近年來在法國各地傳授各類中國武術的協會越來越多。應該說，這種現象反映了人們的認識和社會需求在不斷地發生著變化。

在法國並沒有類似中國武協的官方機構，唯一被國家承認的，經法國國家青年體育部法國授權的是武術聯合總

會（以下簡稱總會），總會主席戴赫雅茨・裕格先生熱愛中國傳統文化，他於 1985 年創立該會，下設外家拳、內家拳和氣功三個部門，教練中也包括部分旅法華裔武術教練，總會會員近 4 萬人，囊括全法境內大中小幾千家中國武術協會俱樂部。

法國武術聯合總會每年 1 月和 6 月組織各類武術比賽、表演，以及高、中、低三個等級的技術審評考試。2009 年 2 月 26-28 日三天，筆者曾有幸作為特邀太極拳套路評委，參加了總會在巴黎舉辦的兩年一屆的「2009 年歐洲太極大會」。來自歐洲 10 個國家的 47 個武術協會選拔出的 145 名選手，參加了 38 個項目的以太極拳套路、推手和器械為主的各類競賽。

其中套路競賽包括：24 式、42 式太極拳，陳式 36 式和 56 式，楊式 108 式和 40 式，吳式 83 式，李式 84 式，武式 45 式，郝式 47 式，孫式 73 式和武當太極拳等，此外也包括當今海外較流行的鄭曼青、董英傑後人和傳人重新整理編纂的一些套路。

歐洲武術聯合會的秘書長帕德里克・馮・肯芬豪特先生也作為特邀嘉賓出席大會觀賞。

筆者採訪到了總會外家拳的負責人席勒・伯納（習武數十年，精通南拳功夫蔡李佛），他向我介紹，隨著近年來中國傳統武術在法國的日益普及，各種武術協會林立。總會的職能和目的，就是把大家組織在一起，對武術的教學進行規範化、專業化、系統化，這對武術運動的發展具有非常重要的意義。

談到今天在中國有些年輕人對中國的傳統文化十分冷

漠甚至把武林聖地當作旅遊景點，他感到非常遺憾。他說，1986 年短短 6 個星期的中國之行給他留下了深遠的回味，雖然二十多年彈指一揮，但他始終憧憬著有機會再次踏上神州。

最後席勒先生在和我握手道別時說道：「我真心希望，武術能夠成為奧林匹克競賽項目，這是每一個中國武人的夢想，同時也是我們法國武人的夢想！」

談起中國武術教練在法蘭西，值得一提的是畢業於上海體育學院武術專業的袁洪海老師和他 1998 年創立的巴黎精武會。該會由袁老師親自教授武術、氣功和太極拳課程。袁老師為了推動太極文化交流活動，從 2007 年起，連續 3 年於 5 月 8 日（法國「二戰」勝利節假日）邀請中國旅法的資深武術教練舉辦全法健身太極推手交流會，向廣大太極推手愛好者介紹各門派推手方法及特點，參加人數之多、場面之大，蔚為壯觀。

2008 年他還邀請中國健身氣功協會張征副秘書長率團第三次訪問巴黎精武會，傳經送寶，同時舉辦健身氣功通段考評。此外，袁老師還多次邀請自己的恩師——我國著名的武術家、上海體育學院的蔡龍雲、王培琨兩位教授赴法講學。

在法國將近 20 年的他鄉創業，袁老師克服了語言不通以及東西方文化背景差異和中國武術難以言表的文化內涵帶來的困難和障礙，年復一年地為弘揚中國傳統文化、傳播中國武術事業做出艱辛的努力。

1991 年，袁老師的中國文憑得到法國官方正式承認，並被聘為法國國家武術隊的教練。他 5 次帶隊參加歐

與巴黎精武會創始人、總教練袁洪海老師（左二）、巴黎精武會
主席安娜‧瑪麗女士及其他各門派參加交流會的旅法資深武術家
合影留念

應邀參加 2007 年全法健身太極推手交流會，並在交流會上暢談己見

洲及世界武術錦標賽，成績顯著。然而法國國家武術隊成員都是業餘兼職的，每年只有幾次集中賽前訓練。這使他認識到，整體水準的提高必須建立在普及的基礎上。故而1998 年，袁老師在學生和朋友們的幫助下，成立了巴黎精武會。現在，巴黎精武會已經覆蓋全法，擁有 30 個分會、2000 餘名學員。

巴黎精武會的主席安娜・瑪麗女士原是袁洪海教練太極班的學生，經由一年的太極拳鍛鍊，脊椎病不治而癒，她便毅然決定協助老師幫助更多的人學習中國武術、健康身心。巴黎精武會的成立，終於為袁洪海老師實現自己遠大的理想提供了一個堅實的平台。

像袁老師這樣旅居海外的華裔武術教練在世界範圍內數不勝數，對於大多數人來說首先必須渡過這第一道難關——語言關，然後才能更加深刻地認識理解異國他鄉的文化歷史及特有的習慣思維方式……在此基礎上更好地傳播中國傳統武學並達到其特有的精神層次，引導習武者在習武的同時秉持仁義禮智信、溫良恭儉讓、忠孝廉恥勇的優良品質，透過由外而內不斷的努力，完善從壯士、勇士、義士到俠客、劍客、劍仙的修練歷程。

王培生師爺爺教我貼牆蹲身功

──紀念吳式太極拳著名武術家王培生先生逝世五週年

今天是吳式太極拳著名武術家王培生先生逝世 5 週年紀念日。從青少年時代起，我曾有幸跟隨父母向他老人家學拳。王培生先生自幼習武，18 歲獨立執教，中晚年邊教拳邊著書，終生未事二業，致力於武學研究凡 70 年，為中華武術事業的發展貢獻良多。他執著的敬業精神和精湛的武學技藝，特別是對追隨者及小輩們的關愛和期盼，給我留下了終生難忘的印象。

看到我手邊珍藏著的一張他督促我練功的照片，觸景生情，思緒萬千。回想當年，雖然我已經站過幾年樁，練過幾年拳，具備一定的基礎，自認為比起上了年紀的父輩們來，腰腿已經很不錯了，但沒想到，他卻說：「樁還要繼續站，身上還不夠鬆。就好比一塊剛搓揉成團的生麵，既需要一定的時間餳發，更需要花時間不斷搓揉。」他認為：「有人條件差，沒辦法。有人條件不錯，不嚴格要求，是誤人子弟！」語氣十分嚴峻。他發現我練拳時頭頂歪斜而不自知，教了我貼牆蹲身功，讓我私下裡多練。

具體練法是：心靜體鬆，面牆而立，立身中正站好。鼻尖、腳尖離牆約一指距離，頂勁虛領，兩肩頭和兩胯骨

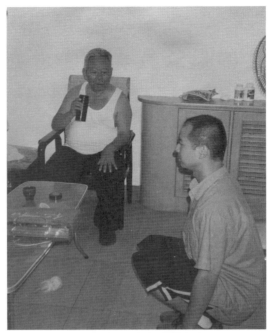

師爺爺教我練貼牆蹲身功

頭略含微微抱牆之意，身軀徐徐下落（意想落座，不要想屈膝下蹲），落到大腿與膝蓋平行時，特別要注意尾閭前指與鼻尖對正，要溜臀，不能撅臀。待繼續降落到極限，仍須保持立身中正，貼著牆慢慢起身，起時勿忘頂勁虛領，鬆解谿，腳底板向四面鬆開，湧泉落地。整個人的起落，猶如一盞摺疊的燈籠。熟練後，也可背牆而立練習。身背後好似有個「量天尺」。

王培生先生要求：「堅持不懈，循序漸進，日積月累，從每次 20 下至 100 下，中間只要有一次練得不到位，被牆撞出來，都不算數，必須從頭再來。」

父母與我都曾跟隨師爺爺學拳

太極拳十三勢行功歌訣上來就是「命意源頭在腰隙」，「刻刻留心在腰間，腹內鬆靜氣騰然。尾閭中正神貫頂，滿身輕利頂頭懸。」

貼牆蹲身功簡稱蹲牆功，是幫助鬆腰、立頂之秘法，乃身法中的重中之重。練到相當程度，有助於打通後三關，開啟前三田。王培生先生講過，上丹田在百會垂直向下一寸與兩眉之間的祖竅平行向裡一寸交會處；中丹田在肚臍與命門之間的連線上，人躺著從上往下的十分之三處；下丹田則在襠內前後陰之間的會陰處，它們都不是一個點，是一個區域。蹲牆功除了能夠有助調整身形之外，還能有效地促使任督二脈行氣滾滾，對蓄補內氣大有裨益。

適逢王老逝世 5 週年之際，僅以此短文，獻上心香一炷，以慰老人家在天之靈。

志存高遠寫「粘桿」

——王洪鄂師父小記

　　王洪鄂師父，為人低調謙和，待人、說拳總是笑眯眯的，平易近人。王培生先生晚年時洪鄂師父一直陪伴在他身邊。我的父親是王老多年的入室弟子，感到洪鄂師傅對王老教的東西領悟得深，是同門中的佼佼者，而且對拳理拳法，表述清楚，教學有方。因此，本著「道之所存，師之所存」的古訓，復命我拜在洪鄂的門下，以延續吳式拳王培生支脈的傳承。

　　記得師爺爺王培生先生在拜師會上語重心長講的那番話：「要想練好太極拳，首先，要加強品德修養，只有做到心正才能學到東西，技藝才能上身。千萬不要好鬥逞強，不要老想跟人比，過去我就好比手，誰不信就馬上試試。這不對，雖然這是過去的事了，但現在想起來，就希望告訴後人：老想跟人家比手不對，應該相互學習，取長補短。其次，太極拳推手是一項非常奧妙的技藝，要想學好它，不僅要刻苦鍛鍊，還要學會動腦筋，更要認真學理論。要多看多練多想多琢磨，才能提高悟性，提高技藝。切記光靠傻練蠻練是不行的。我希望你們超過前人，我臉上才有光。你們的師父洪鄂，雖是我徒孫，但他為人、人

與孟雲彤（後排右一）的拜師會是在王培生先生家中舉行的，時任中國太極網負責人。中華武術副主編周荔裳女士也參加了。前排中間是王洪鄂師父

在拜師會當天與王培生先生合影

在拜師會上與王培生先生（中坐者）、師爺王乃詢（後排右二）、師父王洪鄂（左三）、師兄孟雲彤（右一）合影

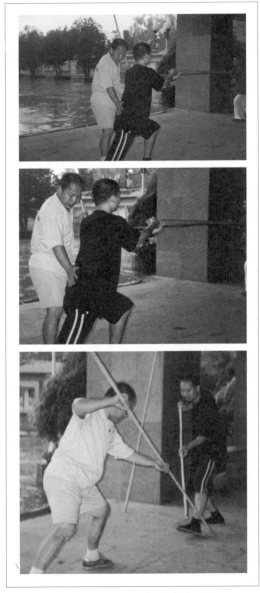

洪鄂師父傳授太極粘桿組圖

品都很好，悟性也好，一點就通，還肯下工夫，你們要好好跟他學。」

接著他老人家又特地對我說，「你父親跟我學了二十多年拳，現在又把你送進門裡來，為什麼？不要辜負你父親的一片苦心。你到法國學習，在那裡要好好弘揚中國傳統文化太極拳。」

時光過得真快，一晃好些年過去了！這期間我雖不能經常向洪鄂師父學習，但每次返京，接觸中都感到他始終是那麼耐心細緻、誨人不倦。

他給我印象最深的是，一直都在探求太極拳的生活化、通俗化並學習王老生前習慣用形象類比的方法，把自己所學所悟，深入淺出地告訴別人，所以教學中深受大家的歡迎。比如拳經拳論上講：「陰不離陽，陽不離陰」「有前有後，有左有右」「去就是回，回就是去」……他比喻說：

「小時候在農村，孩子們愛淘氣，動不動就登高上牆掏鳥窩。窟窿小，又深，看不見裡面，只能踩在梯子上，扭轉頭，側著身子伸手往洞裡去夠。既要往裡摸，同時又有些膽怯，老擔心別摸著一堆軟乎乎的東西——蛇，在那種心態和感覺下，手頭上體現出來的勁，就是非陰非陽、亦陰亦陽的太極勁。又如在農村的小鎮上，爺爺領著小孫子往家走，看到路邊一堆小孩兒圍著個賣糖人的挺招人，孫子拉著爺爺鬧著要去買，爺爺不肯過去，小孫子不依不饒，死乞白賴要過去。這時爺爺既要拉住小孫子的手，不讓他過去，同時又不能使太大勁，太使勁擔心把小孫子的胳膊拽脫臼了，所以既要拉又不敢使勁拉，還要就和著

他，隨著他上下左右亂掙巴。這也能體會到什麼是『陰不離陽，陽不離陰』『來就是去，去就是來』的太極勁……」

我學太極扎桿時，正趕上王老遷居回龍觀，家人們考慮到老爺子八十多了，應該以養為主，徵得老爺子的同意，城裡北京舞蹈學院的授課點就由洪鄂師父接替授課。

太極扎桿亦稱太極粘（音ㄓㄢ）黏桿也叫太極粘桿，為太極拳中重要功夫之一，其粘（音ㄓㄢ）、黏、化、拿、引、發諸勁，與徒手拳式相同。功深者，桿即手之延長，「周身之勁，可直達桿頭，猶如水銀裝在管中，發可至首，收可至尾」「物之輕者，一粘（音ㄓㄢ）即起」；「其與人對桿時，無論拿人、發人、皆如用手，人遇其桿，即失自主，被擊出一如手發，往往不知其所以然。」（陳炎林《太極拳刀劍桿散手彙編》）

吳式拳、械源於楊家，聽說王老年輕時就曾親身領略過王茂齋師祖太極扎桿「二郎擔山」的滋味。

有一次兩人對桿時，師祖的桿頭剛搭到他肩上，他頓覺有千斤之力直貫腳下，簡直不堪重負，他剛想掙扎，忽見對方一背身，自己就好像被釣的魚一樣，一下子被對方從身背後提溜到了身前，心都懸起來了。王培生師爺爺說，「那滋味真是終生難忘」！

粘黏桿練習，對身法、步法、手法和眼神都要求十分嚴格。靠的是腰腿勁不是手使力；兩手握把不能攥死，而是要好像攥虎尾，又驚又怕還要將其制服；腕部鬆沉翻轉靈活；前把如準星，變化著意在後手和步眼，腳下如臨深淵、如履薄冰。

　　單人練習要一絲不苟按要求來，前後左右和上下動作協調一致，先要人桿合一。

　　雙人練習時均左手在前，甲方進步為左右左左，乙方退步為右左右右。兩桿相互粘黏，不能發出聲響，要求兩人兩桿合一。

　　大家可以在網上找到王培生老先生早年和崔公偉先生師徒二人練習雙人粘（音ㄓㄢ）桿的精彩視訊，一睹大家風範。

後繼者的榜樣

—— 李璉師父小記

　　我的太極拳師父李璉先生，是一位中醫大夫，是北京四大名醫施今墨學術流派傳人。我父親比他年長 20 歲，與他是忘年之交。早在 20 世紀 60 年代中期，他們先後跟吳老學拳，相識時他才 16 歲。

　　從 1968 年初春到 1989 年 1 月吳老離開人世，這 20 多年間，李師父除了一年多上山下鄉之外，一直追隨吳老左右學習太極拳術。吳老傳授的太極拳分練架與用架。練架有定勢與連勢，秉承於吳鑑泉。用架亦稱小架，秉承於楊少侯。其教學也保持傳統方法，先從定勢入手，繼而連勢、推手、刀、劍，及至入室弟子則授以用架和太極功等。循序漸進，按部就班。

　　開始練定勢時，每個動作要停幾個呼吸，有人不解其意，問及吳老，吳老回答說：「老師怎麼教我，我就怎麼教你們。定勢是吳家練習功力的拳法，是太極拳的基本功，一定要好好練才是。」

　　當年，吳老怎麼教，師父李璉先生就怎麼練，來到拳場不言不語，就一個動作一個動作地練。他的拳藝和理論造詣，僅從他透徹的理論見解和一幀幀動靜相間、形神兼

在李璉師父家中與來自日本的楠元克彥師兄夫婦及其徒弟合影

與李璉師父、師母及先明師弟在師父家中合影

與李璉師父在吳圖南師祖墓前

李璉師父傳授太極勁功四功之一揚鞭提斗（組圖）

備的拳照中就依稀可感。師父為人實誠、謙和，不愛張揚且極富同情心。吳老和老伴兒無兒無女，師父自參加工作起就照應二老的生活，及至成家後，更與梁師母對兩位老人照顧備至。後來由他父母出面，把師父過繼給吳老當義孫。老兩口生活中許多日常瑣事，都由我師父、師母幫助料理。吳老和老伴兒也一直把李璉先生看作是自家小輩與至親的人。

1989 年 1 月 10 日吳老臨終前留下遺言，家中三件事，其中之一即是「人死道不能滅」，讓李璉拜自己的徒兒馬有清為師，繼續研習太極拳用架和太極功，把太極拳的道統傳承下去。

為了實現吳老生前「人死道不能滅」的遺願，1989年 1 月間師父李璉向師爺馬有清執弟子禮，為發揚光大吳圖南承傳的太極拳和太極功法，他伴隨自己的師父奔走於鄒平、塘沽等地，也經常一起接待海內外各方來訪者。

1989 年，法國電視二台的一支攝製組來北京拍攝有關太極拳的紀錄片，李璉師父應邀表演了吳老所傳太極拳

用架搬攔捶第四動

用架彎弓射虎

練架用架和太極玄玄刀。

20 世紀 90 年代至今，師父還多次應邀東渡日本講學，他與日本弟子楠元克彥先生一道，先後成立了「中國太極功研究會日本分會」「日本吳圖南太極拳研究會」等組織，並被聘為上述兩協會終身高級顧問。

21 世紀初，一些武術專業雜誌上頻頻出現對楊式太極拳用架「尋蹤」「呼喚」「介紹」的文章，在眾好友的不斷鼓勵和敦促下，經過一年多伏案工作，2002 年秋，師父李璉先生撰寫的《楊少侯太極拳用架真詮》一書終於面世了。

它不但改變了楊式太極拳用架（即小架子）後世稀傳的景況，填補了楊式太極拳技擊架的空白，並向廣大太極拳愛好者提供了完整的學習內容和訓練手段；更為重要的

李璉師父拳照組圖

是，有助於人們更全面地認識太極拳，揭開了長期以來令人迷茫難解的「太極拳是否有技擊效能」的謎團。

人民體育出版社負責編審的周荔裳老師認為：「該書有傳承、有體悟、文筆很好、可讀性很強。」在國內發行的同時，她還熱情撰稿譯成英文，分 4 期發往當時已有 25 年歷史的美國《太極》雜誌刊登，向世界推薦。

2004 年春，吳老逝世 15 週年，李璉師父又向世人奉獻出他第二部太極拳專著《太極拳練架真詮》。此書不單是介紹吳圖南傳太極拳練架（定勢、連勢）動作，套路的練法、用法，更可貴的是本著吳圖南先生多年的研究和教誨──太極拳是中國祖先們精雕細刻的傑作，是中國傳統文化的結晶──這一指導思想，側重從太極拳與中國傳統文化的層面，深入淺出地論述了習練太極拳過程中涉及的方方面面的問題，見解獨到，令人警醒，發人深思。

兩年前一個非常偶然的機會，一個朋友給我拿來一張影片光碟，是早年法國電視二台播出的一部關於太極拳的紀錄片的錄影，看著看著突然眼前一亮，畫面中赫然入目的竟然是師父李璉先生幾十年前演示吳老傳下來的太極拳練架的影像。

第一段練架從起勢開始至攬雀尾單鞭 3 個式子 25 秒，第二段玄玄刀從提刀探海式、卸步閃展式至合太極的最後二十來個動作 43 秒，第三段楊少侯快架從尾部六十一式撲面掌、十字擺蓮、指襠捶至最後的合太極 14 個式子 17 秒完成。

雖然都是簡短的片段，師父舉手投足，中規中矩，神形合一，靜若處子又動如脫兔，連綿不斷又果斷乾脆，短

小緊湊又舒展大方，如果用文字來形容，師父李璉先生的這三段演練最恰當的表述莫過於吳圖南先生對於太極拳高度精練概括的十字訣，即「準、是、穩、脆、真、恰、巧、變、改、整」。

這十個字每個字都有大學問，準，指的是出手時指尖和眼神一定要有一致的方向性，有的放矢，不論胸口或是眉心都準確無誤；是，指的是嚴謹純粹，攬雀尾就是攬雀尾，搬攔捶就是搬攔捶。穩的意思是力道和心態都穩穩噹噹成竹在胸，十全十美，方方面面都顧及到了。脆的意思是在發人時一觸即發，乾脆通透。真，指的是實事求是，真實不虛地下工夫，沒有半點含糊不清，更不能有半點弄虛作假。

吳老講話：練太極拳能把這十個字練出來，初步的太極功夫才算到家。這細膩質樸、實實在在的太極功夫不是配樂劈腿扇扇子，不是頂牛推車加下絆子，更不是似挨非挨就安了發條踩了彈簧鬼神附體似的胡蹦躂……

世間各個國家民族都有先人留下的寶貴的文化遺產，太極拳是我們的國寶，需要我們一代代人悉心呵護齊心協力、薪火相傳，以不負先祖。

我對「拳與道合」的一點認識
—— 寫於師祖吳圖南先生誕辰一百三十週年紀念

今天（2014 年 2 月 22 日）是吳圖南師祖誕辰 130 週年紀念和師父李璉先生收徒儀式，意義很不一般！我體會這是師父現身說法，以實際行動激勵大家勿忘祖訓，實際上乃是有關「人死道不能滅」的一次再教育。

師父曾經說過：「影響他一生的，除了父母就是吳圖南先生了。」在他心目中，師祖吳圖南先生是一位自幼刻苦鍛鍊，獲得真傳、知識淵博、造詣精深、享譽世界的武術大家，被人稱為「百年太極拳發展的歷史見證人」。

多年來師父李璉先生為實現師祖吳圖南先生「人死道不能滅」的遺願，發揚光大吳圖南傳承的太極拳和太極功法，把太極拳的道統傳承下來，默默無聞、排除萬難所做的努力，令吾等後輩有目共睹、刻骨銘心。

不久前在巴黎，一個偶然的機會，我上了兩節日本傳統弓道的入門課，課前還專門復讀了師父推薦的由余覺中翻譯的德國人歐根・赫里格爾著的《學箭悟禪錄》①，實

---

① 禪宗向來是以不立文字著稱的，為了弄清「禪」這類說不清、道不明的東方傳統文化特產，德國哲學家歐根・赫里格爾不畏艱

學太極為載道之基

踐中有些感觸和聯想，就教於大家，敬請指正！

日本弓道將悟禪與箭術聯繫起來，也非常強調用意、放鬆、心平氣和、有意無意。他們認為，射箭不單純是一門技術，更是一種修為，「學習射箭的過程也是悟禪的過程」，因此十分講究「步驟嚴謹」。

從握弓、執箭、行步（有點像八卦掌的蹚泥步）、站位、視靶、搭箭、舉弓、拉弓、定靶，直到最後放箭共分十個步驟，每一步驟對身體各部位姿勢的要求都極為嚴格，不但要求放鬆，而且每一動都要與自然的呼吸配合。

拉弓搭箭不是簡單地用手指夾箭尾，而是由右手手套

難，不是直奔禪宗的故土，而是來到與中國一衣帶水的日本，經過 6 年的努力，在日本箭術大師的指點下，將悟禪與箭術聯繫起來，逐步跨越悟禪路上的一道道難關，終於使抽象玄妙、高深莫測的「禪」顯得具體可感，可觸可摸了！《學箭悟禪錄》記敘了他「學箭的過程就是他悟禪的過程」。該書寫於 20 世紀 50 年代，在西方成為一版再版的暢銷書。作者所讀的版本是譯者余覺中根據 HULL 的英譯本翻譯的。

拇指處的凹槽和中指、食指相搭，很輕靈地扣住箭尾。在此之前的一切，既可以反覆單操，又都不過是為了最後撒手的一瞬間所做的準備，特別是既要認真到位，又不能太執著，否則越是執著，脫弦之箭偏離箭靶越遠。在撒手的一瞬間，必須能盡性立命，真正做到自然、放下，視射無射。

日本禪宗大師鈴木大拙在《學箭悟禪錄》序言中提示，「那一刻自己和弓箭及箭靶都要融為一體」。也就是列子所說：應該忘掉弓，忘掉箭，無我，無他，才能全神合一，神色不變，放縱自如。[2]

當時，我一邊模仿教練的動作，同時體會著裡邊的味道。主教練吉曼是個又瘦又高的法國人，是法國國家日本弓道聯盟的負責人之一，弓道五段。看我放了幾箭後，走過來驚奇地對我說：「我不知道你過去練過什麼，你一來就能達到這個水準，很不錯，要是大家都能這樣就好了！」我說：「我是中國人，在中國古代，射箭是必修課，今天，我是來補課的。」

閱讀日本弓道的資料，我們可知，在觀摩射手放箭前，大家都要正襟危（跪）坐，上身保持豎腰立頂，雙腿併攏，腳面觸地，腳跟墊在臀部下方。如果是武士，腳掌還要保持直立，並以腳趾抵住地面以備隨時起身應敵。這實際上是我國上古至漢唐時期的坐法。在中國箭道的故土，《列子》裡有兩則與箭道密切相關的故事。

一則是「列子學射」，說的是列子向關尹子學射，偶

---

[2] 見蔡志忠漫畫《列子說·湯問第五》「不射的神箭」。

爾有一次射中靶心，但並不知道射中靶心的方法。

關尹子認為：心中無數，不清楚射中靶心的整個過程，即便偶爾一次中的，也沒有多大價值。必須知道射中靶心的整個過程，並熟練到「得心應手」，才能算是掌握了射箭的訣竅。

另一則是「紀昌學射」。紀昌立志要做天下第一神箭手。他先後拜了能百步穿楊的飛衛和飛衛的老師甘蠅老人為師，經歷了「不眨眼」「視小如大」「視遠如近」等的基本功的訓練，摒棄了洋洋得意和傲慢自負的心態，終入「不射而射」的箭道佳境。據說，紀昌得道後，他家的屋頂好像有人拉動一種無形的弓弦，勁氣沖天，即使遷移的候鳥，都不敢從上面飛過……

這個故事更像是則寓言，其中介紹的經驗和所含的哲理值得人們吸取，如：強調基本功的重要性，強調最好的射箭能手，應該忘掉弓、忘掉箭、無我、無他，才能全神合一，收放自如，神色不變；同樣的道理，畫家作畫也應忘掉紙、忘掉筆的名相，才能使人與紙、與筆合一，將內心深處的感受充分傳達到畫上。③再往大處引申，中華武術特別是內家拳種如太極拳，它的最高境界，又何嘗不是如此呢？

香港著名武俠小說家金庸先生，在 1980 年 1 月為吳公藻的專著《太極拳講義》再版時所寫的「跋」裡談道：「太極拳的基本構想，在世界任何拳術、武功、搏擊方法中是獨一無二的……練太極拳，練的主要不是拳腳的功

---

③ 同上書。

白鶴亮翅

下勢

夫，而是頭腦中、心靈中的功夫。如果說『以智勝力』，
恐怕還是說得淺了，最高境界的太極拳，甚至不求發展頭
腦中的『智』，而是修養一種『沖淡平和』的人生境界。
不是『以柔克剛』，而是根本不求『克』，頭腦中時時有
著一個『克制對手』的念頭，恐怕練不到太極拳的上乘境
界，甚至帶著想『練到上乘境界』的念頭去練拳，也都不
可能達到上乘境界罷。」

聯想到恩師李璉先生教我們的──師祖吳圖南先生傳
授的──太極拳和太極功，實在來之不易！必須提高認
識，加深領悟。

據我父親講：他習練太極拳五十多年，初始階段跟吳
老學習練架的「定勢」時，當年就是因為對太極拳缺乏正
確的認識和理解，加之急於求成、好高騖遠，總覺得這樣
練進展太慢、太費勁了，不如一上來就劃道道、學習怎麼
「用」解渴。忘卻了先賢們的名言：「學太極拳為入道之
基」「沒有載道之體，難為載道之基」。因此把吳老的真
言「定勢乃太極拳傳統的練法之一，是吳家練習太極拳基
本功的功架」，更是「從開展中求鬆柔的一種行之有效的
方法」當成了耳邊風，所以盲人瞎馬走了很長一段彎路。

當下，我幸運地由「學射」這件事，觸類旁通，進一
步加深了對「學太極拳為入道之基」以及「拳與道合」的
印象和認識。

三丰祖師在「聚氣斂神論」中說：「入道以養心定
性、聚氣斂神為主。故習此拳，亦須如此。若心不能安，
性即擾之，氣不能聚，神必亂之。心性不相接，神氣不相
交，則全身之四體百脈莫不盡死。雖依勢作用，法無效

也。」我在自己以往練拳的過程中和現在傳拳的教學實踐中，確確實實對此深有所感。

另外，太極功單操與太極拳用架兩者結合的重要性，以往李璉師父也強調過，由學習射箭，體悟弓道，由此及彼，無形中也幫助我在認識上有所加深。局部與整體、基礎與運用，實乃密不可分。

太極功即著功、勁功、鬆功、氣功。就此四種功本身來講，也並非互不關聯，它們之間存在著相互滲透、相互補充、相互促進的關係。特別是，由於「鬆」是練太極拳的必要條件，它不是一種招法，而是習練者經由刻苦鍛鍊後形成的一種狀態，一種能讓太極拳著、勁、氣發揮得淋漓盡致的狀態。

所以，師父和師祖強調「以鬆功作為練功的入手之階，然後再及其他」。其練習的具體步驟是上肢、軀幹、下肢、全體，由裡往外分層鬆，鬆骨、鬆筋、鬆肌肉、鬆腠理，直至毛孔、汗毛。既分層次，又有階段。

師祖吳圖南曾用三種不同的樹的臨風狀態做比喻：起初，如風吹柳樹，枝條搖擺而根不拔；進而，如風吹樺樹，枝葉作響而本不動；發展到高級階段，如風吹松柏，寂然不動，感而遂通，體氣平和，應物自然。所謂「根不拔」「本不動」「寂然不動，應物自然」都是指「中定」而言。

眾所周知，太極十三勢以中定為主，其他十二勢為輔。有中定就有一切，失去中定則失去一切。故師祖認為，脫離中定去談鬆和脫離鬆去談中定都是毫無意義的。

實踐證明，一步一步，一層一層，如能練到鬆的高層

次，周身將無一處不輕靈，無一處不堅韌，無一處不沉
著，無一處不順遂，通體貫串，絲毫無間。在應用對待之
時，猶如條件反射，無形無象，應物自然，不思而得，從
容中道。在傳授太極拳用架時，師父按師祖吳老的要求，
特別強調要把太極功融於拳法的套路中，只有隨著太極功
不斷操練、不斷昇華，用架也才能名副其實得以完善。
1984 年 4 月，師祖所做《關於太極拳四種功》的學術報
告，獲得中國武術協會頒發的武術教育獎。這說明國家權
威部門對吳老的武術思想、觀點、方法是認同和讚賞的。

　　總之，師祖吳圖南所傳的太極拳技藝是一個十分完備
的大體系。若論理備法精和造福人群之廣，比起日本弓
道，可以說有過之無不及。正如恩師李璉先生所說：「它
不但進階有級，而且先後有序。分階段，分層次，有側
重，有條理。先練什麼，後練什麼，一個層次，一個層
次，循序漸進，以至練到蛻變之時，練著捨著，練勁捨
勁，捨勁求意，捨意求氣、求神，最後達到渾身透空，應
物自然的神明之境。」④

---

④ 參李璉著《楊少侯太極拳用架真詮》。

習練太極拳之見聞與體悟

著　　者｜陳惠良
責任編輯｜胡志華

發 行 人｜蔡森明
出 版 者｜大展出版社有限公司
社　　址｜臺北市北投區（石牌）致遠一路 2 段 12 巷 1 號
電　　話｜（02）28236031，28236033，28233123
傳　　真｜（02）28272069
郵政劃撥｜01669551
網　　址｜www.dah-jaan.com.tw
E - m a i l｜service@dah-jaan.com.tw
登 記 證｜局版臺業字第 2171 號

承 印 者｜傳興印刷有限公司
裝　　訂｜佳昇興業有限公司
排 版 者｜菩薩蠻數位文化有限公司
授 權 者｜北京科學技術出版社
初版 1 刷｜2023 年 10 月

定　　價｜420 元

國家圖書館出版品預行編目(CIP)資料

習練太極拳之見聞與體悟/陳惠良著 ──初版，
──臺北市，大展出版社有限公司，2023.10
　　面；21公分─（武學釋典；59）
　　ISBN　978-986-346-433-4（平裝）
　　1.CST：太極拳

528.972　　　　　　　　　　　　　　　　112015029